导游不可不知的 1000 多个服务技巧

黄明亮 刘德兵 李志强 编著

北京·旅游教育出版社

策　　划：李荣强

责任编辑：张　毅

图书在版编目(CIP)数据

导游不可不知的1000多个服务技巧/黄明亮,刘德兵,李志强编著.－北京:旅游教育出版社,2014.12

ISBN 978-7-5637-2831-2

Ⅰ.①导… Ⅱ.①黄… ②刘… ③李… Ⅲ.①导游—旅游服务 Ⅳ.①F590.63

中国版本图书馆 CIP 数据核字(2013)第 274408 号

导游不可不知的1000多个服务技巧

黄明亮　刘德兵　李志强　编著

出版单位	旅游教育出版社
地　　址	北京市朝阳区定福庄南里1号
邮　　编	100024
发行电话	(010)65778403 65728372 65767462(传真)
本社网址	www.tepcb.com
E-mail	tepfx@163.com
印刷单位	北京嘉业印刷厂
经销单位	新华书店
开　　本	787毫米×960毫米　1/16
印　　张	21.5
字　　数	265千字
版　　次	2014年4月第1版
印　　次	2014年12月第2次印刷
定　　价	38.00元

(图书如有装订差错请与发行部联系)

前　言

　　随着我国旅游事业的不断发展,特别是随着国内外游客对导游服务工作的要求越来越高,我国旅游界人士逐步认识到并达成共识:导游是旅游活动的灵魂,导游服务在所有旅游中处于主导地位,导游服务工作是一项集知识、语言、技能为一体的一门艺术和学问。为此,广大旅游界人士、专家、学者和身处第一线的旅游界朋友们对导游服务工作,从理论到实践进行了广泛、深入、系统的探讨和研究。

　　笔者从长期担任导游服务、导游教学、培训和导游工作研究中深深体会到,导游服务工作的成功与否,不仅要求导游人员要具有广博的旅游知识、文明健康的身心,而且要具有高超、过硬的服务技巧。为此,笔者在广泛学习、参阅和借鉴了国内外旅游界行家的经典、摄取了众多奋斗在第一线导游朋友们的宝贵经验基础上,编写了这本《导游不可不知的1000多个服务技巧》,仅希望以此响应国家旅游局关于"打好导游教育仗"的战略布署,为提高导游服务工作质量提供一些参考和帮助。

　　本教材由江西旅游商贸职业学院黄明亮教授、刘德兵副教授和南昌教育学院李志强副教授共同担任主编,合作撰写完成。

　　在全书编写过程中,我们特别参阅了王连义、窦志萍等其他学者的一些研究成果,有的未能一一注明引用出处,只能在此向这些辛勤耕耘的学者们表示衷心的致意和感谢!同时感谢南昌师范学院老师黄刚、江西科技师范大学研究生谢江陵同学为本书的整理做了大量工作。

　　由于导游服务工作发展迅速。我们水平有限,疏漏和不当之处在所难免,敬请广大读者不吝赐教。

黄明亮　刘德兵　李志强
2014年3月

目 录

第一篇　导游行为依法律己篇

第一章　学习贯彻《旅游法》 ……………………………………… 3
1. 十二届全国人大常委会审议通过的《中华人民共和国旅游法》,是我国旅游业发展史上的第一部法律(以下简称《旅游法》)。它涵盖了哪些内容?将于什么时间开始实施? ………………………………………………… 3
2. 《中华人民共和国旅游法》的诞生具有什么重大意义? …………… 3
3. 《旅游法》从哪几个方面对导游权益进行了保护? ………………… 3
4. 《旅游法》规定导游和领队从事导游服务业务活动时应当做到哪些? ………………………………………………………………………… 4
5. 文明旅游是一项系统工程。从旅游角度讲,除宣传引导之外,《旅游法》中还提到有哪两项工作是必须加强和完善的? …………………………… 4
6. 《旅游法》规定旅游者与旅游经营者发生纠纷,可以通过哪些途径解决? ……………………………………………………………………………… 4
7. 哪些人员可以申请取得领队证? ……………………………………… 4
8. 导游和领队人员应怎样做才能承接导游业务? ……………………… 5
9. 邵琪伟在"提升中国公民出境游文明素质需要抓好六项工作"的讲话中,针对导游、领队提出的具体要求是什么? …………………………… 5
10. 旅游业的核心价值观是什么? ……………………………………… 5
11. 导游人员有哪些权利?《旅游法》明确了哪些从业条件和权益? … 5

第二章　行为律己篇 ………………………………………………… 7
1. 导游人员的职业道德规范体现在哪些方面? ………………………… 7
2. 什么是导游人员的行为规范? ………………………………………… 7

— 1 —

3. 导游人员的情操修养从哪几个方面养成? ……………… 7
4. 导游人员应在哪些方面加强学风修养? ……………… 8
5. 导游人员应持什么态度为旅游者服务? ……………… 8
6. 导游人员的仪表美有哪些要求? ……………………… 8
7. 导游人员的身心健康包括哪几个方面? ……………… 9
8. 导游人员应具备的素质包括哪几个方面? …………… 9
9. 导游人员应具备的知识有哪些? ……………………… 9
10. 导游人员为什么需要掌握心理学知识? ……………… 10
11. 导游人员为什么要掌握旅途才艺? …………………… 10
12. 导游人员为什么要掌握美学知识? …………………… 10
13. 导游人员应具备的心理素质有哪些? ………………… 11
14. 导游人员的高雅风度如何体现? ……………………… 11
15. 导游人员在导游服务中应尽量规避哪些问题? ……… 11
16. 导游人员如何为旅游者提供优质的心理服务? ……… 11
17. 导游人员如何做到宽容旅游者? ……………………… 11
18. 导游人员与旅游者交往时要做到哪四个"不计较"? … 12
19. 导游人员与异性旅游者交往时要注意哪些方面? …… 12
20. 导游人员应遵循哪些原则处理旅游者所提要求? …… 12
21. 导游人员如何做好自身的服饰美? …………………… 12
22. 导游人员使用礼貌用语的基本原则有哪些? ………… 12
23. 导游人员使用手势规范的基本要求有哪些? ………… 12
24. 导游人员规范化的表情神态表现在哪些方面? ……… 13
25. 导游人员陪同旅游者出席宴会时应注意哪些问题? … 13
26. 导游人员对待小费的正确态度有哪些? ……………… 13
27. 导游服务时的礼节有哪些? …………………………… 13
28. 导游人员人际交往中待人接物的礼节有哪些? ……… 13
29. 导游人员与旅游者同乘电梯时应注意哪些问题? …… 14
30. 导游人员进出旅游者房间应注意哪些礼节? ………… 14
31. 与旅游者行握手礼时有哪些禁忌? …………………… 14
32. 导游人员怎样维护自己的职业形象? ………………… 15
33. 女性导游人员化妆时须注意哪些问题? ……………… 15

34. 导游人员接电话时应注意哪些细节? …… 15
35. 导游人员的职业标准是什么? …… 15
36. 导游人员为什么要重视"第一印象"? …… 15
37. 导游人员的良好形象主要表现在哪些方面? …… 16
38. 交换名片时应注意什么? …… 16
39. 行鞠躬礼应有哪些要求? …… 16
40. 问候他人时应注意哪些礼节? …… 16
41. 行合掌礼有哪些要求? …… 16
42. 导游词写作的基本要求是什么? …… 16
43. "鲜明"的导游词写作有几种基本方法? …… 17
44. "具体"的导游词写作有哪些要求? …… 17
45. "生动"的导游词写作有哪些方法? …… 17
46. 导游词写作必须掌握哪几个方面? …… 17
47. 导游人员自己编写、制作、讲解宣传材料时应注意什么? …… 18
48. 导游人员应怎样制作和使用音像类导游材料? …… 18
49. 导游讲解应从哪些方面突出重点? …… 19
50. 除讲解外,导游人员还可从哪些方面来增加导游的艺术内容? … 20
51. 培养个人良好礼貌修养的途径有哪些? …… 20
52. 对文化、习俗内容,导游人员如何讲解才能透彻、明了? …… 20
53. 导游人员在旅游主管部门和有关部门依法实施监督检查时,如何维护自身权益? …… 20
54. 导游人员有哪些义务? …… 21
55. 导游人员高度的政治觉悟主要体现在哪些方面? …… 21
56. 导游人员应怎样加强职业道德修养? …… 22
57. 导游人员为什么要学习政策法规知识? …… 22
58. 导游人员为什么要学习社会知识? …… 23
59. 导游人员为什么要学习史地文化知识和美学知识? …… 23
60. 导游人员在学习上要做到哪几点? …… 23
61. 导游人员文化修养包含哪几点内容? …… 24
62. 导游服务的智力技能主要有哪些? …… 24
63. 高标准的导游服务包含哪些内容? …… 24

64. 导游人员的性格要求包含哪些内容? ……………………………… 25
65. 为什么导游人员要富于情感? ………………………………………… 25
66. 为什么导游人员要具有良好的身体素质? ……………………… 26
67. 旅游者对导游人员在性格上有什么要求? ……………………… 26
68. 旅游者对导游人员在意志上有什么要求? ……………………… 26
69. 旅游者为什么在情感上对导游人员有要求? 导游人员情感主要反映在哪些方面? ………………………………………………………… 26
70. 导游人员的道德感包含哪些内容? ……………………………… 27
71. 导游人员的美感包含哪些内容? ………………………………… 27
72. 导游人员的理智感包含哪些内容? ……………………………… 27
73. 旅游者能感知的服务质量标准主要体现在哪几个方面? …… 27
74. 导游人员的思想素质主要表现在哪几个方面? ………………… 28
75. 导游人员行为规范包含哪些内容? ……………………………… 28
76. 导游人员应自觉遵守哪些禁止性规定? ………………………… 29
77. 导游人员自尊、自爱,不失人格、国格包含哪些内容? ……… 29
78. 现代导游人员应具备什么样的风采? …………………………… 29
79. 世界各国的旅游业对导游人员有什么要求? …………………… 30
80. 旅游者对导游人员在认识能力上有什么要求? ………………… 30
81. 导游人员敏锐的观察能力包含哪些内容? ……………………… 30
82. 导游人员稳定而灵活的注意力包含哪些内容? ………………… 31
83. 为什么导游人员要具有文明、礼貌、准确、生动、灵活的表达能力? ……………………………………………………………………… 31
84. 为什么导游人员要具有丰富的想象力? ………………………… 31
85. 导游人员为什么要具有良好的记忆力? ………………………… 31
86. 导游人员的活动能力包含哪些内容? …………………………… 31
87. 导游人员准确自觉的执行政策能力包含哪些内容? …………… 32
88. 导游人员灵活机动的组织协调能力包含哪些内容? …………… 32
89. 导游人员顾全大局的交往能力包含哪些内容? ………………… 32
90. 导游人员沉着果断的办事能力包含哪些内容? ………………… 32
91. 导游人员较高的导游服务技能包含哪些内容? ………………… 32
92. 导游人员的特殊能力主要表现在哪些方面? …………………… 33

93. 为什么导游人员要具备心理承受力? ……………………… 33
94. 导游人员在运用眼神魅力时包含哪些方面? ……………… 33
95. 导游人员日常活动礼仪包含哪些内容? …………………… 34
96. 导游人员景点参观时的礼仪包含哪些内容? ……………… 34
97. 世界公认的导游人员职业"三标准"和我国导游人员培训的"三严"各是什么? ……………………………………………………… 35
98. 导游人员在学习态度上须坚持的治学"四正道"是什么? ……… 35
99. 导游人员在学习中要注意的"四勤"是什么? …………… 35
100. 导游人员的职业发展和生存空间面临什么挑战? ………… 36
101. 导游角色的再定位主要表现在哪几个方面? ……………… 36

第二篇　导游服务知识篇

第一章　中外宗教、民俗与禁忌 …………………………… 41
1. 香港地区的饮食民俗包含哪些内容? ……………………… 41
2. 香港地区的宗教信仰、禁忌包含哪些内容? ……………… 41
3. 澳门地区的饮食民俗包含哪些内容? ……………………… 41
4. 澳门地区的宗教信仰、禁忌包含哪些内容? ……………… 42
5. 台湾地区的饮食民俗包含哪些内容? ……………………… 42
6. 台湾地区的宗教信仰、禁忌包含哪些内容? ……………… 42
7. 满族的饮食习俗包含哪些内容? …………………………… 43
8. 满族的宗教信仰、禁忌包含哪些内容? …………………… 43
9. 为什么满族人忌吃狗肉? …………………………………… 43
10. 彝族的饮食习俗包含哪些内容? …………………………… 43
11. 彝族的宗教信仰、禁忌包括哪些内容? …………………… 43
12. 朝鲜族的饮食民俗包含哪些内容? ………………………… 44
13. 朝鲜的宗教信仰、禁忌包含哪些内容? …………………… 44
14. 蒙古族的饮食民俗包含哪些内容? ………………………… 44
15. 蒙古族的宗教信仰、禁忌包含哪些内容? ………………… 45
16. 回族的饮食民俗包含哪些内容? …………………………… 46
17. 回族的宗教信仰、禁忌包含哪些内容? …………………… 46

18. 哈萨克族的宗教信仰、禁忌包含哪些内容? ……………………… 46
19. 维吾尔族饮食习俗包含哪些内容? ……………………………… 46
20. 穆斯林的姓和名有什么特点? …………………………………… 47
21. 壮族饮食习俗包含哪些内容? …………………………………… 47
22. 壮族的宗教信仰、禁忌包含哪些内容? ………………………… 47
23. 布依族饮食民俗包含哪些内容? ………………………………… 47
24. 布依族的宗教信仰、禁忌包含哪些内容? ……………………… 47
25. 侗族的宗教信仰、禁忌包含哪些内容? ………………………… 48
26. 瑶族的宗教信仰、禁忌包含哪些内容? ………………………… 48
27. 高山族的饮食民俗包含哪些内容? ……………………………… 48
28. 高山族的宗教信仰、禁忌包含哪些内容? ……………………… 49
29. 纳西族饮食习俗包含哪些内容? ………………………………… 49
30. 纳西族的宗教信仰、禁忌包含哪些内容? ……………………… 49
31. 羌族的饮食习俗包含哪些内容? ………………………………… 50
32. 羌族的宗教信仰、禁忌包括哪些内容? ………………………… 50
33. 苗族的饮食习俗包含哪些内容? ………………………………… 50
34. 苗族的宗教信仰、禁忌包含哪些内容? ………………………… 50
35. 白族饮食习俗包含哪些内容? …………………………………… 51
36. 白族的宗教信仰、禁忌包含哪些内容? ………………………… 51
37. 傣族的饮食习俗包含哪些内容? ………………………………… 51
38. 傣族的宗教信仰、禁忌包含哪些内容? ………………………… 51
39. 藏族的饮食习俗包含哪些内容? ………………………………… 52
40. 藏族的宗教信仰、禁忌包括哪些内容? ………………………… 52
41. 土家族的饮食习俗包含哪些内容? ……………………………… 53
42. 土家族的宗教信仰、禁忌包括哪些内容? ……………………… 53
43. 黎族的饮食习俗包含哪些内容? ………………………………… 53
44. 黎族的宗教信仰、禁忌包含哪些内容? ………………………… 54
45. 畲族的饮食习俗包含哪些内容? ………………………………… 54
46. 畲族的宗教信仰、禁忌包含哪些内容? ………………………… 54
47. 藏族"哈达"的含义是什么? …………………………………… 55
48. 维吾尔族人在用饭前后有何习惯? ……………………………… 55

49. 到维吾尔族人家中做客应注意哪些禁忌? ……… 55

50. 抛绣球是我国哪个民族的自由恋爱习俗? ……… 55

51. "袈裟"的原意是什么? ……… 55

52. 与苗族人交往要注意什么? ……… 56

53. 福建惠安女的装束有什么特点? ……… 56

54. "无事不登三宝殿"和"唐三藏法师"是什么意思? ……… 56

55. 何谓金瓶掣(抽)签? ……… 56

56. 跳出三界外,不在五行中的"三界"、"五行"指什么? ……… 57

57. 道教吸取了巫术中的哪些杂术? ……… 57

58. 愚人节的由来? ……… 57

59. 《圣经》是一部什么样的书? ……… 58

60. 基督教的"十字军"是怎么回事? ……… 58

61. 日本人交往中注重什么礼俗? ……… 58

62. 为什么在日本一些地方一般不穿白色和红色和服? ……… 58

63. 在日本就餐时为什么不能用一双筷子依次给每个人夹菜? ……… 59

64. 韩国的饮食风俗包含哪些内容? ……… 59

65. 韩国的宗教信仰、禁忌包括哪些内容? ……… 59

66. 蒙古的饮食风俗包含哪些内容? ……… 59

67. 蒙古国的宗教信仰、禁忌包括哪些内容? ……… 60

68. 新加坡的饮食习俗包含哪些内容? ……… 60

69. 新加坡的宗教信仰、禁忌包括哪些内容? ……… 60

70. 印度的饮食民俗包含哪些内容? ……… 60

71. 印度的宗教信仰、禁忌包含哪些内容? ……… 61

72. 越南的饮食民俗包含哪些内容? ……… 61

73. 越南的宗教信仰、禁忌包含哪些内容? ……… 61

74. 缅甸的饮食民俗包含哪些内容? ……… 62

75. 缅甸的宗教信仰、禁忌包括哪些内容? ……… 62

76. 泰国的饮食习俗包含哪些内容? ……… 62

77. 泰国的宗教信仰、禁忌包含哪些内容? ……… 62

78. 菲律宾的饮食习俗包含哪些内容? ……… 63

79. 菲律宾的宗教信仰、禁忌包含哪些内容? ……… 63

80. 马来西亚饮食习俗包含哪些方面? ……………………………… 63
81. 马来西亚的宗教信仰、禁忌包含哪些内容? ……………………… 63
82. 印度尼西亚的饮食习俗包含哪些内容? …………………………… 64
83. 印度尼西亚的宗教信仰、禁忌包含哪些内容? …………………… 64
84. 马尔代夫共和国的饮食民俗包含哪些内容? ……………………… 64
85. 马尔代夫共和国的宗教信仰、禁忌包含哪些内容? ……………… 64
86. 澳大利亚的饮食民俗包含哪些内容? ……………………………… 65
87. 澳大利亚的宗教信仰、禁忌包含哪些内容? ……………………… 65
88. 新西兰的饮食习俗包含哪些内容? ………………………………… 65
89. 新西兰的宗教信仰、禁忌包含哪些内容? ………………………… 66
90. 新西兰人反感什么? ………………………………………………… 66
91. 英国的饮食民俗包含哪些内容? …………………………………… 66
92. 英国的宗教信仰、禁忌包含哪些内容? …………………………… 67
93. 英国人是如何看待"女士第一"的? ……………………………… 67
94. 在英国,朋友之间送礼有什么讲究? ……………………………… 67
95. 什么是"黑色星期五"? …………………………………………… 67
96. 英国人在饮酒方面有哪些习惯? …………………………………… 68
97. 莎士比亚的四大喜剧和悲剧是什么? ……………………………… 68
98. 法国的饮食民俗包含哪些内容? …………………………………… 68
99. 法国的宗教信仰、禁忌包含哪些内容? …………………………… 68
100. 德国的饮食习俗包含哪些内容? ………………………………… 69
101. 德国的宗教信仰、禁忌包含哪些内容? ………………………… 69
102. 俄罗斯的饮食习俗包含哪些内容? ……………………………… 69
103. 俄罗斯的宗教信仰、禁忌包含哪些内容? ……………………… 70
104. 西班牙的饮食习俗包含哪些内容? ……………………………… 70
105. 西班牙的宗教信仰、禁忌包含哪些内容? ……………………… 70
106. 波兰共和国的宗教信仰、禁忌包含哪些内容? ………………… 70
107. 意大利的饮食民俗包含哪些内容? ……………………………… 71
108. 意大利的宗教信仰、禁忌包含哪些内容? ……………………… 71
109. 意大利人常用哪些手势进行沟通和交流? ……………………… 71
110. 瑞士的饮食民俗包含哪些内容? ………………………………… 71

111. 瑞士的宗教信仰、禁忌包含哪些内容? …………………………… 72
112. 瑞典的宗教信仰、禁忌包含哪些内容? …………………………… 72
113. 挪威的饮食民俗包含哪些内容? …………………………………… 72
114. 挪威的宗教信仰、禁忌包含哪些内容? …………………………… 72
115. 美国的饮食民俗包含哪些内容? …………………………………… 73
116. 美国的宗教信仰、禁忌包含哪些内容? …………………………… 73
117. 美国为什么没有外交部? …………………………………………… 73
118. 美国人在探望病人或送朋友远行时大多喜欢赠送什么礼品? … 73
119. 美国人有什么着装习惯? …………………………………………… 74
120. 加拿大的饮食民俗包含哪些内容? ………………………………… 74
121. 加拿大的宗教信仰、禁忌包含哪些内容? ………………………… 74
122. 巴西的饮食民俗包含哪些内容? …………………………………… 75
123. 巴西的宗教信仰、禁忌包含哪些内容? …………………………… 75
124. 以色列的饮食民俗包含哪些内容? ………………………………… 75
125. 以色列的宗教信仰、禁忌包含有哪些内容? ……………………… 75
126. 南非的饮食习俗包含哪些内容? …………………………………… 76
127. 南非的宗教信仰、禁忌包含哪些内容? …………………………… 76
128. 埃及的饮食习俗包含哪些内容? …………………………………… 77
129. 埃及的宗教信仰、禁忌包含哪些内容? …………………………… 77
130. 沙特阿拉伯的饮食民俗包含哪些内容? …………………………… 77
131. 沙特阿拉伯的宗教信仰、禁忌包含哪些内容? …………………… 78
132. 鸽子为什么能成为和平的象征? …………………………………… 78
133. 穆斯林为何不握左手寒暄? ………………………………………… 79
134. 酒吧首先出现在哪个国家? ………………………………………… 79
135. 《古兰经》是一本什么样的书? …………………………………… 79

第二章 导游服务相关知识 ……………………………………………… 80
1. 什么是玉? ……………………………………………………………… 80
2. 玉有哪些种类? ………………………………………………………… 80
3. 为什么讲中国玉器文化源远流长? …………………………………… 80
4. 在中国新民主主义革命时期军阀割据的局面是如何形成的? …… 81

5. 什么是翡翠，其为什么被称为"玉中之王"？ …………………… 81
6. 我国玉的主要产地是哪些地方？ ……………………………… 81
7. 古玉有哪些功能？ ……………………………………………… 82
8. 古代玉器是怎样制作的？ ……………………………………… 82
9. 古代玉器都有哪些器型？ ……………………………………… 83
10. 如何鉴赏古代玉器？ …………………………………………… 83
11. 中国玉雕传统图案有哪些？有何象征意义？ ………………… 85
12. 如何鉴别真假玉器？ …………………………………………… 85
13. 如何养护玉器？ ………………………………………………… 85
14. "战国七雄"是指哪些诸侯国？ ………………………………… 86
15. 哪些可称为古代玉器之"最"？ ………………………………… 86
16. 什么是文物？文物主要包括哪些内容？ ……………………… 87
17. 歇后语的基本要求有哪些？ …………………………………… 87
18. 文物可分几个等级？ …………………………………………… 88
19. 如何鉴赏文物？ ………………………………………………… 88
20. 哪些文物受国家保护？ ………………………………………… 88
21. 哪些文物属于国家所有？ ……………………………………… 88
22. 文物出境有何管制？ …………………………………………… 89
23. 哪些文物可以民间收藏？哪些文物不得进行民间买卖？ …… 89
24. 违反《文物保护法》规定的行为将会受到怎样的处罚？ …… 89
25. 我国书画艺术在世界艺术上具有什么地位和影响？ ………… 90
26. "杯酒释兵权"指的是哪段史迹？ ……………………………… 90
27. 什么是古书画？ ………………………………………………… 90
28. 古书画有何民族特点？ ………………………………………… 91
29. 古书画的常见格式有哪些？ …………………………………… 91
30. 古书画各部位的名称是什么？ ………………………………… 91
31. 书法艺术经历了哪些发展阶段？ ……………………………… 92
32. 汉字书体可分为哪几种？ ……………………………………… 93
33. 什么是石鼓文？ ………………………………………………… 93
34. 什么是甲骨文？其是如何被发现的？ ………………………… 94
35. 王羲之为什么被称为"书圣"？ ………………………………… 94

目 录

36. 什么是"颜筋柳骨"？ ·········· 94
37. "苏黄米蔡"是指哪几位书法家？他们各有何特点？ ·········· 95
38. 古代绘画经历了哪些发展阶段？ ·········· 95
39. 古代绘画有什么艺术特点？ ·········· 96
40. 古代绘画可分为哪些类型？ ·········· 96
41. 如何鉴赏古代书画？ ·········· 96
42. 什么是人物画？历史上有哪些著名的人物画家？ ·········· 97
43. 什么是山水画？历史上有哪些著名的山水画家？ ·········· 98
44. 什么是花鸟画？历史上有哪些著名的花鸟画家？ ·········· 98
45. 《洛神赋图》作者是谁？该画内容是什么？ ·········· 98
46. 被称为"画圣"的是哪位画家？ ·········· 99
47. 《清明上河图》的作者是谁？该画内容是什么？ ·········· 99
48. 唐伯虎书画有何艺术特点？ ·········· 99
49. "扬州八怪"各是何人？ ·········· 100
50. 郑板桥的绘画有何特点？ ·········· 100
51. 如何收藏古书画？ ·········· 100
52. 哪些可称为我国古代书画之最？ ·········· 101
53. 什么是青铜器？青铜器有何优点？ ·········· 102
54. 中国古代青铜器有何特点？ ·········· 102
55. 青铜器在古代有何用途？ ·········· 102
56. 古代青铜器是如何铸造的？ ·········· 102
57. 古代青铜器有哪些类别？ ·········· 103
58. 如何鉴赏青铜器？ ·········· 103
59. 青铜器的纹饰有哪些？ ·········· 104
60. 什么是铭文？其是如何铸刻的？ ·········· 104
61. 现存古代铭文最长的青铜器是哪件？ ·········· 105
62. 什么是铜镜？如何鉴赏铜镜？ ·········· 105
63. 什么是铜鼓？铜鼓有何用途？ ·········· 105
64. "马超龙雀"是在何地出土的？ ·········· 106
65. 哪些古代青铜器可以称"最"？ ·········· 106
66. 为什么外国一直称中国为"陶瓷之国"？ ·········· 107

67. 春秋五霸是指谁？ ………………………………………… 107
68. 陶器与瓷器有何区别？ ……………………………………… 107
69. 古陶器是如何制作的？ ……………………………………… 108
70. 古陶器上的纹饰是如何制作的？ …………………………… 108
71. 古代名陶有哪些？ …………………………………………… 109
72. 如何鉴赏古陶器？ …………………………………………… 109
73. 紫砂陶为什么被称为"天下神品"？ ………………………… 111
74. 中国瓷器的发展经历了哪些阶段？ ………………………… 111
75. 历代创新的瓷器品种有哪些？ ……………………………… 111
76. 唐三彩是如何烧制的？ ……………………………………… 112
77. 什么是瓷器的釉色？ ………………………………………… 112
78. 瓷器的装饰方法有哪些？ …………………………………… 113
79. 如何鉴赏古代瓷器？ ………………………………………… 113
80. 古代陶瓷的纹饰有哪些？各有何寓意？ …………………… 114
81. 宋代有哪五大名窑？其瓷器各有何特点？ ………………… 115
82. 景德镇为什么被称为"瓷都"？其传统名瓷有哪些？ ……… 116
83. 什么是青瓷？历代著名的青瓷瓷窑有哪些？ ……………… 116
84. 什么是白瓷？历代著名的白瓷瓷窑有哪些？ ……………… 116
85. 什么是影青瓷？历代著名的影青瓷瓷窑有哪些？ ………… 117
86. 什么是青花瓷？其经历了哪些发展阶段？ ………………… 117
87. 什么是颜色釉瓷？ …………………………………………… 118
88. 什么是玲珑瓷？什么是青花玲珑瓷？ ……………………… 118
89. 什么是斗彩瓷？ ……………………………………………… 118
90. 什么是珐琅彩瓷？ …………………………………………… 118
91. 什么是五彩瓷？ ……………………………………………… 119
92. 什么是粉彩瓷？ ……………………………………………… 119
93. 有关陶瓷的逸闻趣事有哪些？ ……………………………… 120
94. 古代陶瓷之最有哪些？ ……………………………………… 120
95. 百家争鸣是怎么回事？ ……………………………………… 121
96. "独尊儒术"是谁提出来的？ ………………………………… 121
97. 中国共产党是如何诞生的？ ………………………………… 121

98. 旅途朗诵的目的及基本要求是什么? ·················· 121

99. 旅途朗诵时应注意什么? ························ 122

100. 朗诵时应怎样注意体态语的运用? ················· 122

101. 唱歌时应怎样运用呼吸? ······················· 123

102. 唱歌时应怎样纠正不正确的发声? ················· 123

103. 唱歌时怎样纠正不正确的咬字? ·················· 124

104. 唱歌时应注意哪几个问题? ····················· 125

105. 舞蹈的基本要素有哪些? ······················ 125

106. 导游人员一般应掌握哪些基本舞蹈? ················ 125

107. 跳舞的艺术要求有哪些? ······················ 126

108. 组成谜语的元素有哪些? ······················ 126

109. 猜谜的基本要求是什么? ······················ 127

110. 猜谜的基本方法有哪些? ······················ 127

111. 何为旅游景区? ··························· 127

112. 绕口令的基本要求是什么? ····················· 128

113. 脑筋急转弯的基本要求是什么? ·················· 128

114. 文字接龙的基本要求是什么? ···················· 128

115. 接唐诗的基本要求是什么? ····················· 129

116. 谚语的基本性质是什么? ······················ 129

117. 谚语的结构与分类包含哪些内容? ················· 129

118. 谚语的特色与功能包含哪些内容? ················· 130

119. 谚语运用时应遵守哪些原则? ···················· 131

120. 中国旅游整体形象标志是什么? ·················· 131

121. 何为海洋旅游? ··························· 132

122. 何为生态旅游? ··························· 132

123. 何为乡村旅游? ··························· 132

124. 中国菜分为几大类? ························· 132

125. 中国民间流传最广、影响最大的"四大传说"是什么? ······ 133

126. 我国古典音乐中的"十大古典名曲"是什么? ·········· 133

127. 中国人到底有多少个姓? ······················ 133

128. "共产党"名称是怎么来的? ···················· 133

129. "长征"一词是谁提出来的？ ………………………………… 134
130. 什么是 A 股、B 股、H 股？ ………………………………… 135
131. "中国人民银行"的书写者是谁？ …………………………… 135
132. "三教九流"到底包括哪些？ ………………………………… 135
133. 你知道世界十大文豪吗？ …………………………………… 136
134. 我国最早的小说是什么样的？ ……………………………… 136
135. 中国有哪四大名绣？ ………………………………………… 137
136. 伞是我国发明的吗？ ………………………………………… 137
137. 为什么要吃"闭门羹"？ ……………………………………… 138
138. 中国有哪些名酒？ …………………………………………… 138
139. 如何解释"东南西北"？ ……………………………………… 138
140. 最初的"借光"是什么意思？ ………………………………… 138
141. 男子为何称"汉子"？ ………………………………………… 139
142. 为什么把医生叫"大夫"？ …………………………………… 139
143. 最早的床是用来睡觉的吗？ ………………………………… 140
144. 过年为什么要吃饺子？ ……………………………………… 141
145. "解手"的说法是怎么来的？ ………………………………… 141
146. 久烧的开水能饮用吗？ ……………………………………… 142
147. 中国酒的种类和白酒的香型有哪些？ ……………………… 142
148. 世界古代史上最大的一次奴隶起义是什么？ ……………… 142
149. "结发夫妻"一词源于什么仪式？ …………………………… 142
150. 中秋节为什么要吃"月饼"？ ………………………………… 143
151. 奥运会期间火炬为什么不能熄灭？ ………………………… 144
152. 古代欧洲文明古国有哪些？ ………………………………… 144
153. 中国象棋是由什么演变而来的？ …………………………… 145
154. "气功"一词最早出现于哪里？ ……………………………… 145
155. 中国红葡萄酒的特点是什么？ ……………………………… 146
156. 中国茶叶有多久的历史？ …………………………………… 146
157. 中国古代皇陵主要分布于何处？ …………………………… 146
158. 中国著名的"四大名窟"是什么？ …………………………… 146
159. 中国古代的"四大名亭"指哪些？ …………………………… 146

160. 江西人为什么被称为"老表"? ……………………………… 147
161. 中国旅游日是哪天? …………………………………………… 147
162. 何为邮轮旅游? ………………………………………………… 147
163. "三山五岳"是指什么? ……………………………………… 148
164. 我国著名的红茶有哪些? …………………………………… 148
165. 何为"工业旅游"? …………………………………………… 148
166. 何为"会展旅游"? …………………………………………… 148
167. 导游人员怎样才能成为旅游者的"开心词典"? ………… 148
168. 世界旅游日是哪一天? ……………………………………… 149

第三篇　导游服务技能篇

第一章　导游基本服务程序 …………………………… 153

1. 送别旅游团前,地陪导游人员对交通票据应做哪些工作? ……… 153
2. 旅游团退房前,导游人员须做好哪些工作? ……………………… 153
3. 团队离开饭店前,导游人员应如何办理行李托运? ……………… 153
4. 送站途中导游讲解的主要内容是什么? …………………………… 153
5. 欢送词的内容主要包括哪几个方面? ……………………………… 154
6. 送走旅游团后,地陪导游人员与司机还应做什么工作? ………… 154
7. 地陪导游人员在送别旅游团前的业务工作有哪些? ……………… 154
8. 送走旅游团之后,地陪导游人员还应做好哪些善后工作? ……… 154
9. 地陪导游人员应如何处理手中游客和领队的证件? ……………… 155
10. 什么情况下旅游团集合较慢,须引起导游人员的高度注意? …… 155
11. 商定日程时,地陪导游人员应怎样处理旅游团提出的意见和要求? ………………………………………………………………… 155
12. 在景点游览中,地陪导游人员应如何防止游客走失? …………… 155
13. 入境旅游团参观工厂、企业时,主讲者言语有误,导游人员应怎么办? ………………………………………………………… 156
14. 导游人员怎样为散客提供送站服务? ……………………………… 156
15. 旅游团即将离站,但游客对当地的接待服务表现出十分不满,导游人员该怎么办? ……………………………………………… 156

16. 地陪导游人员接团前的准备工作主要有哪些? …………… 157
17. 地陪导游人员接站的一般程序是什么? ………………… 157
18. 地陪导游人员的主要工作职责是什么? ………………… 157
19. 地陪导游人员应怎样与旅游团队商定日程安排? ……… 157
20. 地陪导游人员如何接待不合作的海外领队? …………… 158
21. 地陪导游人员应怎样引导旅游团成员登车? …………… 158
22. 前往饭店途中,地陪导游人员的主要工作有哪些? …… 158
23. 接站后,从机场(车站、码头)到下榻饭店途中,地陪导游人员的工作有哪些? ……………………………………………… 158
24. 地陪导游人员应如何确定和通知叫早时间? …………… 158
25. 游客入住自订饭店时,导游人员应如何起"协助"作用? … 159
26. 导游人员自我介绍时应把握哪些基本原则? …………… 159
27. 地陪导游人员在接站时如何认找旅游团? ……………… 159
28. 导游人员第一次亮相时应重视什么? …………………… 159
29. 地陪导游人员如何与全陪导游人员进行行李交接? …… 159
30. 导游人员接待入境旅游团前的知识准备包括哪些内容? … 160
31. 地陪导游人员接团前的物质准备主要有哪些? ………… 160
32. 为了避免漏接和空接,地陪导游人员在阅读接待计划时应注意什么? ……………………………………………………… 160
33. 入境口岸地陪导游人员应掌握旅游团交通票据哪些方面的内容? ……………………………………………………… 160
34. 地陪导游人员上团前应如何做好语言和知识方面的准备? … 160
35. 市容导游讲解的一般内容是什么? ……………………… 161
36. 游客入住酒店后,地陪导游人员应如何保持与旅游团的联系? ……………………………………………………… 161
37. 前往景点途中,地陪导游人员的主要工作是什么? …… 161
38. 抵达景点游览前,地陪导游人员应向游客交待哪些注意事项? ……………………………………………………… 161
39. 返程途中导游讲解的内容是什么? ……………………… 161
40. 在景点游览中,地陪导游人员应怎样进行导游讲解? …… 162
41. 地陪导游人员的现场导游讲解应具备什么特点? ……… 162

目 录

42. 地陪导游人员应如何带领旅游团队用好第一餐? …………… 162
43. 首次沿途导游讲解的主要内容是什么? …………………… 162
44. 怎样预防客人托运行李出错? ……………………………… 162
45. 导游人员怎样与领队或全陪合作? ………………………… 163
46. 导游人员怎样与司机合作? ………………………………… 163
47. 导游人员怎样与其他旅游接待单位合作? ………………… 163
48. 导游人员怎样与游客建立伙伴关系? ……………………… 163
49. 旅游景区讲解员的语种准备包括哪些? …………………… 164
50. 旅行社产品说明书中的不确定要素包括哪些? …………… 164
51. 全陪导游服务准备工作有哪些? …………………………… 164
52. 全陪导游人员须做好哪些联络工作? ……………………… 164
53. 全陪导游人员途中服务工作有哪些? ……………………… 165
54. 在离境前的末站服务中,全陪导游人员须做好哪些服务工作? …………………………………………………………… 165
55. 全陪导游人员在送别离境旅游团时应注意什么? ………… 165
56. 全陪导游人员如何参与商定旅游活动日程? ……………… 165
57. 全陪导游人员在饭店内的工作有哪些? …………………… 166
58. 全陪导游人员应怎样监督各地旅游服务质量? …………… 166
59. "全陪日志"包括哪些内容? ……………………………… 166
60. 全陪导游人员的作用是什么? ……………………………… 166
61. 入境旅游团的全陪导游人员在接站前应做好哪些准备工作? … 166
62. 全陪导游人员接站的一般程序是什么? …………………… 167
63. 全陪导游人员在全程陪同服务中的位置在哪儿? ………… 167
64. 带团出境旅游前领队的准备工作有哪些? ………………… 167
65. 领队怎样开好出国旅游说明会? …………………………… 167
66. 领队召开出国旅游行前说明会前须注意哪些问题? ……… 168
67. 领队对旅游行程接待计划应掌握哪些要点? ……………… 168
68. 领队带团出境旅游须特别做好哪些工作? ………………… 168
69. 领队带团出境应携带并稳妥保管的业务资料有哪些? …… 169
70. 中国人出境的工作流程是怎样的? ………………………… 169
71. 外国(地区)人入境的工作流程是怎样的? ……………… 169

— 17 —

72. 领队在境外带团期间的主要工作有哪些? ………………… 169

73. 结束一地旅游,领队的离别讲话有哪些内容? …………… 169

74. 领队带团归国时如何办理入境手续? ……………………… 170

75. 带团归国后,领队有哪些工作需要交接? ………………… 170

76. 中国公民出境旅游过程中生命财产受到损坏或严重威胁时,应急处理工作的原则是什么? ……………………………………………… 170

77. 领队对出境游客日常行为规范应做哪些提醒? …………… 170

78. 哪些是领队行为之忌? ……………………………………… 171

79. 领队在对地方导游人员推荐自费项目时,须特别注意哪些方面? ……………………………………………………………… 171

80. 领队如何当好旅游团队的代言人? ………………………… 171

81. 领队在提供乘机服务时应注意哪些事项? ………………… 172

82. 有人要求游客携带物品出入我国海关时,领队应向游客提醒什么? ……………………………………………………………… 172

83. 领队如何指导游客在境外兑换、使用外币? ……………… 172

84. 游客在境外购物时,领队应提醒游客注意哪些问题? …… 172

85. 领队应提醒游客在境外旅游期间如何保管现金和贵重物品? … 172

86. 领队应提醒游客在境外旅游期间如何树立防盗、防抢意识? … 173

87. 领队应提醒游客在境外旅游期间如何进行自由活动? …… 173

88. 在境外海滨旅游时,领队应提醒游客注意哪些事项? …… 173

89. 在境外遇到警察盘问时,领队应提醒游客注意什么? …… 173

90. 在境外旅游时,领队应提醒游客如何注意交通安全? …… 174

91. 旅游景区讲解员开始接待服务时的要求有哪些? ………… 174

92. 在境外旅游时,领队应提醒游客如何注意防火? ………… 174

93. 在境外旅游期间,领队应提醒游客,向国内打电话须注意哪些事项? ……………………………………………………………… 174

94. 在境外旅游入住酒店后,领队应提醒游客注意什么? …… 174

95. 领队应提醒游客注意哪些有关行李物品的事项? ………… 175

96. 在东南亚国家旅游,导游人员应提醒游客如何对待当地华人问题? ……………………………………………………………… 175

97. 在境外旅游期间,导游人员应提醒游客怎样树立防盗、防抢

意识? ……………………………………………………………………… 175
　　98. 在境外旅游期间,领队应提醒游客夜间自由活动时须注意
什么? ………………………………………………………………………… 176
　　99. 散客旅游与团队旅游的主要区别在哪儿? ………………… 176
　　100. 为散客提供旅游服务有哪几种类型? ……………………… 176
　　101. 散客旅游有什么特点? ……………………………………… 177
　　102. 散客小包价旅游团有什么特点? …………………………… 177
　　103. 导游人员怎样为散客做好接站服务? ……………………… 177
　　104. 如未接到散客旅游者,导游人员须做哪些工作? ………… 177
　　105. 导游人员怎样为散客入住饭店提供服务? ………………… 178
　　106. 旅游景区讲解员的导游方法与技巧有哪些? ……………… 178
　　107. 导游人员怎样为散客提供送站服务? ……………………… 178
　　108. 在散客接待中应该注意什么? ……………………………… 179
　　109. 旅行社产品说明书应该包括哪些内容? …………………… 179
　　110. 旅游服务产品设计应符合哪些要求? ……………………… 179
　　111. 旅行社门市部的营业环境有何要求? ……………………… 180
　　112. 旅行社营业销售人员有何职业要求? ……………………… 180
　　113. 旅行社产品销售的基本原则是什么? ……………………… 180
　　114. 旅行社的旅游产品销售方法有哪些? ……………………… 180
　　115. 旅行社产品售出后,须与旅游者办理哪些相关手续? …… 181
　　116. 旅游景区的讲解管理部门(或小组)有何职责? ………… 181
　　117. 旅游景区语音讲解器材有何要求? ………………………… 181
　　118. 旅游景区讲解活动中有何安全要求? ……………………… 182
　　119. 领队怎样为旅游者提供购物服务? ………………………… 182

第二章　导游人员接待服务技能技巧 ……………………………… 183
　　1. 对年长游客,导游人员应怎样提供导游服务? ……………… 183
　　2. 对年少游客,导游人员应怎样提供导游服务? ……………… 183
　　3. 导游人员怎样带领小朋友旅游团? …………………………… 183
　　4. 导游人员应怎样为女性旅游者提供导游服务? ……………… 183
　　5. 如何接待稳重型旅游者? ……………………………………… 184

6. 怎样接待急躁型的旅游者？ …………………………………… 184
7. 为游客提供娱乐服务对导游人员的知识积累有哪些要求？ ……… 184
8. 怎样接待活泼型旅游者？ ……………………………………… 184
9. 如何接待散漫型旅游者？ ……………………………………… 184
10. 怎样接待"难伺候"的旅游者？ ………………………………… 185
11. 怎样接待自高自大型旅游者？ ………………………………… 185
12. 怎样接待慢性子旅游者？ ……………………………………… 185
13. 怎样接待宗教人士？ …………………………………………… 185
14. 怎样为特殊身份的旅游者提供导游服务？ …………………… 186
15. 怎样为残疾人旅游者提供导游服务？ ………………………… 186
16. 怎样为忧郁型旅游者提供导游服务？ ………………………… 187
17. 如何接待由年轻人组成的旅游团？ …………………………… 187
18. 如何对待旅游团队中的"群头"？ ……………………………… 187
19. 如何为伊斯兰教旅游者提供导游服务？ ……………………… 187
20. 为什么要了解旅游者的旅游动机？ …………………………… 188
21. 东西方旅游者有什么不同的性格和思维方式？ ……………… 188
22. 怎样为欧洲旅游者做好导游服务工作？ ……………………… 188
23. 怎样为美洲旅游者做好导游服务工作？ ……………………… 188
24. 怎样为亚洲旅游者做好导游服务工作？ ……………………… 188
25. 如何为中东和非洲旅游者做好导游服务工作？ ……………… 189
26. 如何为俄罗斯和东欧旅游者做好导游服务工作？ …………… 189
27. 如何为大洋洲旅游者做好导游服务工作？ …………………… 189
28. 如何为华侨及港、澳、台地区旅游者做好导游服务工作？ … 190
29. 如何为珠江三角洲地区旅游者做好导游服务工作？ ………… 190
30. 如何为长江中下游地区旅游者做好导游服务工作？ ………… 190
31. 如何为京津地区旅游者做好导游服务工作？ ………………… 191
32. 导游人员应如何对待旅游者在不同阶段出现的心态？ ……… 191
33. 旅游者晚间自由活动，导游人员应提供什么服务？ ………… 191
34. 怎样为旅游者安排旅途中的饮食？ …………………………… 192
35. 怎样安排旅游者乘机前的饮食？ ……………………………… 192
36. 怎样指导旅游者避免水土不服？ ……………………………… 192

37. 导游人员须掌握哪些"吃"的知识? …………………… 193
38. 导游人员为游客介绍中国菜肴应注意哪些方面? …… 193
39. 导游人员应怎样讲解菜肴的特色? …………………… 193
40. 吃中国菜肴的程序一般是怎样的? …………………… 194
41. 怎样为游客提供参与性娱乐项目的服务? …………… 194
42. 导游人员为游客提供"住"的服务程序是什么? ……… 194
43. 饭店的特色主要表现在哪些方面? …………………… 195
44. 介绍饭店时应突出什么? ……………………………… 195
45. 不同的饭店应着重从哪些方面进行讲解? …………… 195
46. 怎样为旅游者选择、安排饭店? ……………………… 195
47. 为游客提供乘机服务的内容有哪些? ………………… 195
48. 为游客提供乘坐火车服务的内容有哪些? …………… 196
49. 为游客乘坐轮船服务的内容有哪些? ………………… 196
50. 为游客乘坐其他特殊交通工具服务的内容有哪些? … 197
51. 与外国相比,我国景点有什么突出特点? …………… 197
52. 检验景区(点)导游成功与否的基本标准是什么? …… 197
53. 导游人员为游客提供导游讲解时所处位置应怎样
选择? ……………………………………………………… 197
54. 引导游客购物的原则是什么? ………………………… 198
55. 应旅游者要求提供购物服务时应注意什么? ………… 198
56. 旅游购物的知识要求主要包括哪些方面? …………… 199
57. 导游人员应怎样指导游客购物避免上当? …………… 199
58. 导游人员安排娱乐活动时应注意什么? ……………… 199
59. 导游人员应怎样为游客提供娱乐活动服务? ………… 199
60. 一般旅游纪念品有什么特点? ………………………… 200

第三章 导游的讲解技能 …………………………………… 201
1. 导游人员的"开场白"一般有哪几种方式? …………… 201
2. 导游人员的"结尾"一般有哪几种方式? ……………… 201
3. 在景区(点)游览时,导游人员应注意什么? …………… 202
4. 幽默讲解有哪几种方法? ……………………………… 202

5. 景点讲解应注意哪几个层次？ ……………………………… 202
6. 导游讲解应具备哪"三感"？ ……………………………… 203
7. 怎样把握好讲解时机与地点？ ……………………………… 203
8. 为什么同一景区（点）的讲解内容要有取有舍？ ………… 203
9. 怎样对自己的导游水平、技巧、艺术进行自测？ ………… 204
10. 进行旅游宣传时，导游人员须遵循的原则有哪些？ …… 205
11. 怎样为游客讲解娱乐活动？ ……………………………… 205
12. 景点导游讲解服务的内容有哪些？ ……………………… 205
13. 导游讲解基本原则有哪些？ ……………………………… 206
14. 导游人员在景点平面图前须向游客讲明的内容有哪些？ … 206
15. 提升导游语言魅力的实现途径有哪些？ ………………… 206
16. 自然景观的特点是什么？ ………………………………… 206
17. 自然景观美的类型有哪几种？ …………………………… 207
18. 自然景观美有哪几个层次？ ……………………………… 207
19. 自然景观包括哪些内容？ ………………………………… 207
20. 自然景观导游讲解的要求是什么？ ……………………… 207
21. 山体景观的内容主要有哪几种？ ………………………… 207
22. 山体景观的美感主要体现在哪几个方面？ ……………… 208
23. 山体景观的形态美主要体现在哪几个方面？ …………… 208
24. 如何组织旅游者游览山体景观？ ………………………… 208
25. 山体景观导游讲解的切入点有哪些？ …………………… 208
26. 人文景观讲解的要求是什么？ …………………………… 208
27. 水体景观包括哪些内容？ ………………………………… 208
28. 水体景观的本身造景功能有哪几种？ …………………… 209
29. 植物的造景功能有哪几种？ ……………………………… 209
30. 如何利用距离和位置（角度）观赏美景？ ……………… 209
31. 怎样调节好游客的体力？ ………………………………… 209
32. 如何利用"动"、"静"结合观赏美景？ ………………… 209
33. 如何调节观赏节奏？ ……………………………………… 209
34. 山岳景观导游讲解的程序是什么？ ……………………… 209
35. 中国园林造园要素有哪几种？ …………………………… 210

36. 中国造园的基本法则是什么？ …………………………… 210
37. 应从哪几个方面讲解园林艺术？ ……………………… 210
38. 怎样才能激发游客的审美想象？ ……………………… 210
39. 怎样引导旅游者正确观景审美？ ……………………… 210
40. 观景审美的艺术方法有哪些？ ………………………… 211
41. 讲解中国的景观资源有哪些具体要求？ ……………… 211
42. 水体景观的导游讲解包括哪些内容？ ………………… 211
43. 水体的主要旅游效用有哪些？ ………………………… 211
44. 导游讲解瀑布景观时必须交代哪几个数据？ ………… 211
45. 导游讲解观花为主的植物主要内容有哪些？ ………… 212
46. 导游讲解以观果为主的植物主要内容有哪些？ ……… 212
47. 导游讲解动物的要领是什么？ ………………………… 212
48. 气候、气象景观的特点是什么？ ……………………… 212
49. 导游讲解古建筑一般应遵循什么模式？ ……………… 212
50. 怎样看待中国建筑的文化意蕴？ ……………………… 213
51. 导游讲解古建筑的基本内容有哪些？ ………………… 213
52. 从哪几个方面讲解中国古建筑文化的具体体现？ …… 213
53. 从哪几个方面讲解古建筑中吉祥文化的意蕴？ ……… 213
54. 古建筑审美内容包括哪几个方面？ …………………… 213
55. 导游人员一般怎样组织带领旅游者游览观赏古建筑群？ … 213
56. 怎样把握古建筑的导游讲解要点？ …………………… 214
57. 导游人员应怎样把握园林艺术美？ …………………… 214
58. 导游人员应戒除的语调语气是哪些？ ………………… 214
59. 怎样游览和导游讲解古镇民居？ ……………………… 215
60. 怎样讲解民族民俗文化？ ……………………………… 215
61. 导游讲解红色旅游时应注意哪些事项？ ……………… 215
62. 向旅游者进行风情介绍时应包括哪些内容？ ………… 215
63. 人文景观导游讲解的基本要求有哪些？ ……………… 216
64. 园林导游讲解的基本内容有哪些？ …………………… 216
65. 什么是导游讲解中的导入意境法？ …………………… 216
66. 导游人员怎样运用好"名人效应法"？ ……………… 216

67. 什么是导游讲解中的"数字法"? ……………………………… 216
68. 导游人员怎样活用"数字法"? ……………………………… 217
69. 什么是导游讲解的"虚实结合法"? ………………………… 217
70. 什么是导游讲解中的"类比法"? …………………………… 217
71. 什么是导游讲解中的"问答法"? …………………………… 217
72. 含蓄讲解有哪几种方法? …………………………………… 217
73. 运用"客问我答"法时,应注意哪些方面? ………………… 218
74. 运用"我问客答法"时,应注意哪些方面? ………………… 218
75. 什么是导游讲解中的"画龙点睛法"? ……………………… 218
76. 什么是导游讲解中的"触景生情法"? ……………………… 218
77. 什么是导游讲解的"制造悬念法"? ………………………… 218
78. 什么是导游讲解中的"分段讲解法"? ……………………… 219
79. 什么是导游讲解中的"突出重点法"? ……………………… 219
80. 什么是导游讲解中的"课堂讲解法"? ……………………… 219
81. 什么是导游讲解中的"有的放矢法"? ……………………… 219
82. 什么是导游讲解中的"引用名句法"? ……………………… 219
83. 什么是导游讲解中的"组织故事法"? ……………………… 219
84. 什么是导游讲解中的"引而不发法"? ……………………… 219
85. 什么是导游讲解中的"创新立意法"? ……………………… 220
86. 什么是导游讲解的"启示联想法"? ………………………… 220
87. 什么是导游讲解中的"详细描绘法"? ……………………… 220
88. 导游讲解文物时应注意什么? ……………………………… 220
89. 什么是导游讲解中的"寓情于景法"? ……………………… 220
90. 什么是导游讲解中的"因人而异法"? ……………………… 220
91. 什么叫导游讲解中的"以熟喻生法"? ……………………… 221
92. 什么是导游讲解中的"此处无声法"? ……………………… 221
93. 什么是导游讲解中的"由此及彼法"? ……………………… 221
94. 什么是导游讲解中的"点面结合法"? ……………………… 221
95. 导游人员运用"点面结合法"时应注意哪些内容? ………… 221
96. 导游讲解中语调对表达感情有什么作用? ………………… 221
97. 导游人员与游客开展"谈天"互动,应注意哪些问题? …… 222

98. 什么是导游讲解中的"谈笑有度法"? ······ 222
99. 导游人员与游客谈笑时应注意哪些问题? ······ 222
100. 如何合理组织安排游览日程及讲解内容? ······ 222
101. 导游语言有什么特点? ······ 223
102. 实现导游语言清楚的途径有哪些? ······ 223
103. 导游语言正确性的实现途径有哪些? ······ 223
104. 导游语言如何才能体现生动性? ······ 223
105. 怎样体现导游语言的"适中"? ······ 224
106. 怎样掌握正确导游语言的语音、语调? ······ 224
107. 什么是导游语言的节奏? ······ 224
108. 怎样掌握讲解的节奏? ······ 224
109. 怎样掌握声调的节奏? ······ 224
110. 导游人员为什么要运用体态语言? ······ 225
111. 导游人员的体态语言包括哪几种? ······ 225
112. 导游人员应怎样正确使用目光语? ······ 225
113. 导游人员应怎样正确使用微笑语? ······ 225
114. 导游人员怎样正确使用手势语? ······ 225
115. 导游人员应怎样正确使用姿态语? ······ 226
116. 怎样体现导游语言的美学特征? ······ 226
117. 语言的规范性有什么基本要求? ······ 226
118. 从哪些方面体现语言的适应性? ······ 227
119. 从哪些方面体现语言的情感性? ······ 227
120. 导游语言的道德原则是什么? ······ 228
121. 导游人员怎样为旅游者传递正确的审美信息? ······ 228
122. 幽默在导游中有什么作用? ······ 228
123. 导游人员怎样为散客进行导游讲解? ······ 228
124. 调节情绪的作用体现在什么地方? ······ 229
125. 为什么使用幽默可以帮助摆脱困境? ······ 229
126. 为什么使用幽默能起到寓教于乐的作用? ······ 230
127. 导游人员在语言表达方面应特别注意避免什么问题? ······ 230
128. 导游语言按其表达形式可分为哪几类? ······ 230

129. 在导游讲解中怎样控制音量？ ……………………………………… 231

130. 导游人员应怎样正确使用首语？ ………………………………… 231

131. 导游人员使用态势语言时应注意什么？ ………………………… 232

132. 导游语言的美感在导游人员的实际运用中具体表现在哪些方面？ …………………………………………………………………… 232

133. 描述性语言用词"华丽"时须注意什么？ ……………………… 232

134. 叙述性语言流畅时须注意什么？ ………………………………… 232

135. 导游语言"现场性"特点包含哪些内容？ ……………………… 232

136. 怎样才能体现导游语言的准确性？ ……………………………… 233

137. 导游语言运用"灵活"时应注意哪些问题？ …………………… 233

138. 在导游讲解中怎样运用汉语的四种语调？ ……………………… 233

139. 幽默导游语言运用有几种主要方法？ …………………………… 234

140. 怎样讲解才可称之为"特色讲解"？ …………………………… 234

141. 特色讲解的关键体现在哪几个方面？ …………………………… 234

142. 怎样才能做到"言之生动"？ …………………………………… 234

143. 怎样才能做到"言之友好"？ …………………………………… 235

144. 怎样才能做到"言之文雅"？ …………………………………… 235

145. 什么叫幽默导游语言的"语义交叉法"？ ……………………… 235

146. 什么叫幽默导游语言的"正题曲解法"？ ……………………… 235

147. 什么叫幽默导游语言的"移花接木法"？ ……………………… 235

148. 什么叫幽默导游语言的"模拟套用法"？ ……………………… 235

149. 什么叫幽默导游语言的"故意套饰法"？ ……………………… 236

150. 什么叫幽默导游语言的"借题发挥法"？ ……………………… 236

151. 什么叫幽默导游语言的"颠倒语句法"？ ……………………… 236

152. 什么叫幽默导游语言的"一语双关法"？ ……………………… 236

153. 什么叫幽默导游语言的"自我解嘲法"？ ……………………… 236

154. 导游讲解时为什么要注意语言上的"停顿"？ ………………… 236

155. 体现导游语言的逻辑性应注意哪些方面？ ……………………… 236

156. 从说话的习惯方面停顿可分为哪几种？ ………………………… 237

157. 强调语义停顿的作用是什么？ …………………………………… 237

158. 暗示省略停顿的作用是什么？ …………………………………… 237

159. 等待反应停顿的作用是什么? ……………………………… 237

第四章 导游人员的带团技能 …………………………… 238

1. 规范化导游服务应遵循的标准有哪些? ……………………… 238
2. 导游服务的基本原则是什么? ………………………………… 238
3. 导游服务的特点是什么? ……………………………………… 238
4. 导游服务的性质是什么? ……………………………………… 238
5. 导游服务的发展趋势是什么? ………………………………… 239
6. 什么叫规范化的导游服务? …………………………………… 239
7. 怎样为旅游者提供个性化服务? ……………………………… 239
8. 为旅游者提供个性化服务时须注意什么? …………………… 239
9. 旅游服务集体中协作共事的原则是什么? …………………… 239
10. 怎样做好旅游者的"安慰"工作? …………………………… 240
11. 与旅游者交往中,采用"婉言"时应注意哪些问题? ……… 240
12. 与旅游者交往中,为什么要重视"道歉"? ………………… 240
13. 如何做才能收到道歉的最佳效果? ………………………… 241
14. 与旅游者交往,导游人员怎样才能把话"说"好? ………… 241
15. 怎样与旅游者寒暄? ………………………………………… 241
16. "对症下药法"应注意哪些问题? …………………………… 242
17. 什么叫"拟人比喻法",以此法带团能起到什么作用? …… 242
18. 什么是"故意示错法",其作用在哪儿? …………………… 242
19. 运用"故意示错法"进行导游讲解应注意什么? …………… 243
20. 导游人员为什么要掌握"说理法",运用此法时应注意什么? … 243
21. 导游人员带团时为什么要使用"弥补缺陷法"? …………… 243
22. 把握"全局法"应注意哪几个方面? ………………………… 244
23. 合理搭配游览活动内容的具体做法有哪些? ……………… 244
24. 旅游者产生干扰的原因有哪些? …………………………… 244
25. 把握"最佳控制法"应注意哪几个方面? …………………… 244
26. 游览顺序为什么要先高后低? ……………………………… 245
27. 导游人员为什么要掌握旅途才艺?其采取的形式和方法是什么? ………………………………………………………… 245

28. 讲故事、说笑话的目的和基本要求是什么？ 245
29. 讲故事、说笑话时应注意什么？ 246
30. 怎样引导旅游者进行静态与动态观赏？ 246
31. 怎样引导旅游者立于最佳的空间观赏距离？ 246
32. 观赏美景除掌握空间距离外为什么还要考虑心理距离？ 247
33. 怎样引导旅游者掌握观赏时机？ 247
34. 怎样引导旅游者掌握观赏节奏？ 247
35. 导游人员怎样做到"言之有神"？ 248
36. 导游人员怎样做到"言之有情"？ 248
37. 导游人员怎样做到"言之有据"？ 248
38. 导游人员怎样做到"言之有礼"？ 248
39. 导游人员怎样做到"言之有喻"？ 248
40. 导游人员怎样做到"言之悦人"？ 248
41. 导游人员怎样做到"言之畅达"？ 248
42. 怎样安排才能使参观游览活动有张有弛？ 249
43. 怎样安排才能使参观游览的行进速度有急有缓？ 249
44. 从哪几个方面激发旅游者兴趣？ 249
45. 导游如何引导旅游者观赏美景？ 249
46. 为什么要调节旅游者的审美行为？ 250
47. 调节旅游者的审美行为一般有哪几种方法？ 250
48. 导游人员怎样做到"言之有理"？ 250
49. 导游人员怎样做到"言之有趣"？ 250
50. 导游人员怎样做到"言之有物"？ 251
51. 导游人员控制自己的音色应注意哪些问题？ 251
52. 导游人员掌握运用"语速"应注意哪些方面？ 251
53. 导游人员怎样激发旅游者的想象思维？ 252
54. 如何帮助旅游者保持最佳审美状态？ 252
55. 为什么要引导旅游者掌握审美方法？ 252
56. 从哪些方面引导旅游者掌握审美方法？ 252
57. 导游讲解中设问句的作用是什么？ 253
58. 导游讲解语气亲切时须注意什么？ 253

59. 导游讲解主题升华时须注意什么？ ·················· 253
60. 如何消除旅游者的消极情绪？ ······················ 253

第四篇　问题处理篇

第一章　导游服务一般问题的处理 ·················· 257
1. 中国公民出境旅游时丢失证件,领队该怎么办？ ·········· 257
2. 游客要求提供送餐服务该如何处理？ ·················· 257
3. 游客邀请导游人员到酒吧去玩该如何处理？ ············ 257
4. 游客因外出自由活动而不随团用餐该如何处理？ ········ 257
5. 游客把旅行途中所有困难和麻烦都归咎于导游人员时怎么办？ ·· 257
6. 游客邀请导游人员外出品尝风味该如何处理？ ·········· 258
7. 游客要求代办托运该如何处理？ ······················ 258
8. 游客要求自由活动时间单独外出购物该如何处理？ ······ 258
9. 旅游团要求自费品尝风味该如何处理？ ················ 258
10. 游客临时提出换餐该如何处理？ ····················· 258
11. 游客要求延长住店时间该如何处理？ ················· 259
12. 游客在来华途中丢失了行李该如何处理？ ············· 259
13. 游客违法行为处理的一般程序是什么？ ··············· 259
14. 游客遇同室人睡觉打鼾,要求换房该怎么办？ ·········· 259
15. 游客要求购买饭店房中的物品该如何处理？ ··········· 259
16. 游客想自费观看演出该如何处理？ ··················· 260
17. 游客要求前往不健康的娱乐场所该如何处理？ ········· 260
18. 游客请导游利用自由活动时间陪同购物该如何处理？ ··· 260
19. 如何减轻时差对人体的影响？ ······················· 260
20. 台湾同胞不慎丢失了"回乡证"该如何处理？ ·········· 260
21. 游客要求购买古玩或仿古艺术品该如何处理？ ········· 260
22. 旅游团中有客人不愿随团活动该如何处理？ ··········· 261
23. 原定的双人房被三人房取代,客人不愿入住该如何处理？ ··· 261
24. 游客发现自己买到的贵重工艺品是赝品,要求导游人员协助退货该如

— 29 —

何处理? ………………………………………………………………………… 261
25. 游客无特殊原因执意退团该如何处理? ……………………… 261
26. 游客出错,导游人员该如何处理? …………………………… 261
27. 游客要求再次前往某商店购物该如何处理? ………………… 262
28. 游客参观完某一景点后要留下继续参观,然后再单独返回该
如何处理? ………………………………………………………………… 262
29. 游客想购买中国瓷器(礼品),但确定不了买哪种好该如何
处理? ……………………………………………………………………… 262
30. 游客要求导游人员组织他们到附近的海滨游泳该如何处理? … 262
31. 游客请导游人员帮助租自行车上街该如何处理? …………… 262
32. 如何接待旅游途中已多次遭遇不愉快的旅游团? …………… 262
33. 游客要求去不对外开放的地方该如何处理? ………………… 263
34. 与游客交谈时出现忌讳问题该如何处理? …………………… 263
35. 游客不慎遗失交通票据该如何处理? ………………………… 263
36. 游客在华不慎丢失了护照该如何处理? ……………………… 263
37. 游客在离开某城市前要求自由活动该如何处理? …………… 263
38. 游客想单独留在饭店休息而不随团活动该如何处理? ……… 263
39. 游客丢失财物该如何处理? …………………………………… 264
40. 游客在中途站下车后未能赶上火车该如何处理? …………… 264
41. 外国游客请导游人员转递物品该如何处理? ………………… 264
42. 外籍游客委托导游人员帮助寻找在华亲人该如何处理? …… 264
43. 导游人员在何种情况下不宜同意游客自由活动? …………… 264
44. 外国游客要求会见中国同行洽谈业务该如何处理? ………… 265
45. 游览途中因天气原因需要改变原定计划该如何处理? ……… 265
46. 旅游团领队提出增加参观景点时该如何处理? ……………… 265
47. 外国游客要求会见在华外国人该如何处理? ………………… 265
48. 小贩向游客强拉强卖该如何处理? …………………………… 265
49. 发现旅游团中游客与我国境内文物走私犯有联系该如何
处理? ……………………………………………………………………… 265
50. 导游人员送站时发现原定的硬卧车票改变为硬座车票该如何
处理? ……………………………………………………………………… 266

目 录

51. 新闻或报刊记者要求随团活动该如何处理? ………… 266
52. 少数游客要求一起离团活动该如何处理? ………… 266
53. 由于客观原因,旅游团要提前离开某地该如何处理? ………… 266
54. 游客对旅游安排不满,要求中途退团该怎么办? ………… 266
55. 旅游团要求向灾区捐赠款物该如何处理? ………… 267
56. 如何预防游客丢失证件、钱物、行李的事故发生? ………… 267
57. 因特殊原因游客要提前离团该如何处理? ………… 267
58. 个别游客要拜见我国宗教界著名人士该如何处理? ………… 267
59. 旅游团中发现有特殊身份和地位的人该如何处理? ………… 267
60. 游客产生抱怨时该怎么办? ………… 268
61. 游客需要办理延长签证手续该如何处理? ………… 268
62. 团队旅游终结后继续留下的游客需要帮助该如何处理? ………… 268
63. 游客不慎丢失了身份证,而该团即将乘飞机返回原地该如何处理? ………… 268
64. 游客因"没能如愿见到在华朋友"而愤然要求中断旅游该如何处理? ………… 268
65. 游客向导游人员请教烧香拜佛的礼仪该如何处理? ………… 269
66. 外国游客问导游人员是否信佛教该如何处理? ………… 269
67. 导游人员应如何预防游客走失? ………… 269
68. 港澳同胞不慎丢失了自己的旅行证明该如何处理? ………… 269
69. 游客与寺院僧人发生争执时该如何处理? ………… 269
70. 游客要求延长逗留期限该如何处理? ………… 270
71. 客人将物品遗忘在已离饭店该如何处理? ………… 270
72. 宗教旅游团要过礼拜该如何处理? ………… 270
73. 中国公民出境旅游时丢失证件,领队该怎么办? ………… 270
74. 旅游团即将离站,但游客对当地的接待服务表示十分不满时该如何处理? ………… 270
75. 台湾地区游客回到内地故乡所在地要求单独活动该如何处理? ………… 271
76. 如何做好旅游营养食品的补充? ………… 271
77. 怎样帮助游客减轻失眠带来的不安和烦躁? ………… 271

78. 游客与他人发生争吵该如何处理？ …………………………… 271
79. 外国游客想与中国朋友联络,请导游人员帮忙该如何处理？ 272
80. 与旅游团同住饭店的散客希望参团活动应怎样处理？ …… 272
81. 游客彻夜不归该如何处理？ ………………………………… 272
82. 部分游客在夜间玩耍以致影响他人休息该如何处理？ …… 272
83. 爱好摄影的游客要求单独游览以便自由拍照该如何处理？ … 272
84. 如何预防游客生病住院可能发生的费用纠纷？ …………… 272
85. 对护照、签证安全事故的预防？ ……………………………… 273
86. 住宿事故的预防？ …………………………………………… 273
87. 对旅游者越轨行为的预防？ ………………………………… 273
88. 游客在国外旅游时走失应怎样处理？ ……………………… 274
89. 当地导游人员诱导游客去不正当的娱乐场所应怎样处理？ … 274
90. 在境外旅游期间,遇到小孩、商贩纠缠游客该怎样处理？ … 274
91. 在境外旅游期间,遇有女性尾随纠缠游客该怎样处理？ … 274
92. 在境外旅游期间,夜间有人敲游客房门或打电话该怎样处理？ ………………………………………………………… 275
93. 在境外旅游期间,乘坐计程车应注意哪些问题？ ………… 275

第二章　导游应急问题处理 …………………………… 276

1. 在风景区游览过程中,忽然发现有游客走失,地陪应如何处理？ ……………………………………………………… 276
2. 地陪应如何防止游客走失？ ………………………………… 276
3. 旅游团中的游客之间产生矛盾该怎么办？ ………………… 276
4. 带团游览过程中,如果发生坏人行凶抢劫游客,地陪应怎么做？ ……………………………………………………… 277
5. 游客进入佛殿燃香,导游人员该怎么办？ ………………… 277
6. 外国游客在我国旅游期间所带财物被盗应如何处理？ …… 277
7. 入境旅游团实到人数比接待计划上减少时应如何处理？ … 277
8. 入境游客在乘国际航班来华途中丢失了行李应如何处理？ … 278
9. 下榻的饭店发生火灾事故时,应如何引导游客自救？ …… 278
10. 游客在海滨游泳发生溺水事故该如何处理？ …………… 278

11. 游客很晚还在房间内酗酒喧闹应如何对待? ……………………… 278
12. 如果外国游客出言不逊,对我国进行攻击和诬蔑时该
怎么办? …………………………………………………………… 278
13. 外国游客违犯我国法律该怎么办? ……………………………… 279
14. 小贩向游客强拉强卖,导游人员该怎么办? …………………… 279
15. 航班晚点或取消,游客情绪低落并大吵大闹,地陪应如何
处理? ……………………………………………………………… 279
16. 外籍游客即将离境,发现旅游期间某贵重物品不知在何时何处遗失,
导游人员应如何处理? …………………………………………… 279
17. 部分游客要求离团上街购物该如何处理? ……………………… 280
18. 团队在游览中遇有游客晕车该如何处理? ……………………… 280
19. 团队在游览中遇有游客中暑该如何处理? ……………………… 280
20. 游客提出的问题你一时回答不出该怎么办? …………………… 280
21. 游客在购物时发现钱包丢失,导游人员应如何处理? ………… 281
22. 因特殊交通情况,导游人员接机(站)晚点应如何处理? ……… 281
23. 旅游团即将离站,但游客对景区(点)旅游管理十分不满,导游人员该
怎么办? …………………………………………………………… 281
24. 海外旅游团入境后发现行李丢失应如何处理? ………………… 282
25. 旅游团入住饭店后发现有游客未拿到行李该怎么办? ………… 282
26. 怎样处理旅途中拦阻旅游车事件? ……………………………… 282
27. 遇极端天气机场关闭,旅游团需在某地延长游览时间导游人员应如何
处理? ……………………………………………………………… 282
28. 在旅游旺季,旅游团不能及时入住预订饭店,游客有意见
怎么办? …………………………………………………………… 283
29. 部分游客要求离团,观看行程计划以外的文娱活动,导游人员该如何
处理? ……………………………………………………………… 283
30. 个别游客向导游人员表示出特别的好感,该如何处理? ……… 283
31. 什么情况下可以准许游客提出的单独活动要求,同时应做哪些工作?
反之,在什么情况下不能准许,为什么? ……………………… 283
32. 游客不愿听讲解,导游人员该怎么办? ………………………… 283
33. 带团期间导游人员如何预防治安事故的发生? ………………… 284

34. 接待儿童游客应掌握的"四不宜"原则,主要包括哪些内容? …… 284
35. 在接待截瘫游客时,导游人员应该注意哪些问题? …… 284
36. 在接待聋哑游客时,导游人员应该注意哪些问题? …… 284
37. 在接待视力有障碍游客时,导游人员应该注意哪些问题? …… 285
38. 导游人员如何预防老年游客的走失? …… 285
39. 在接待宗教界游客前,导游人员应做好哪些准备工作? …… 285
40. 在接待宗教界游客时,导游人员应该注意哪些问题? …… 285
41. 游客要求自由活动时,哪些情况下需要劝阻? …… 286
42. 游客要求转递物品时,导游人员该如何处理? …… 286
43. 游客要求转递信件或资料时,导游人员应如何处理? …… 286
44. 游客要求转递物品、信件的收件人是外国驻华使领馆及其工作人员,导游人员应如何处理? …… 286
45. 外国游客要求导游人员陪其购买古玩或旅游纪念品应如何处理? …… 286
46. 导游人员如何协助游客购买中药材、中成药? …… 287
47. 游客要求代办托运物品,导游人员应如何处理? …… 287
48. 游客要购买的商品无货,要求导游人员代买后托运,应如何处理? …… 287
49. 游客要求其亲友随团活动,导游人员该如何处理? …… 287
50. 如果游客要求单独外出购物,导游人员要提供哪些帮助? …… 287
51. 游客要求退换所购商品,导游人员应怎么做? …… 288
52. 游客晚间想出去购物,导游人员该怎么办? …… 288
53. 游客买到假冒伪劣商品,导游人员该怎么办? …… 288
54. 游客要求入住高标准客房,导游人员应如何处理? …… 288
55. 游客要求入住单人间,导游人员应如何处理? …… 288
56. 游客要求购买客房中的摆设,导游人员应如何处理? …… 289
57. 旅游团就餐过程中游客要求换餐,导游人员应该如何处理? …… 289
58. 游客要求单独用餐,导游人员应如何处理? …… 289
59. 游客要求自费品尝风味餐,导游人员应如何处理? …… 289
60. 游客要求自己点菜,导游人员该怎么办? …… 289
61. 部分游客因食用海产品而出现呕吐、腹泻、乏力和昏迷症状,导游人员

应如何处理? ········· 289
 62. 游客之间闹矛盾提出分餐,导游人员该怎么办? ········· 290
 63. 游客突患一般性疾病,导游人员应如何处理? ········· 290
 64. 旅游车前往某景点途中游客患重病,该如何处理? ········· 290
 65. 旅游团在途中遭遇车祸,部分游客受伤,应如何处理? ········· 290
 66. 游客在飞机上突患心脏病,该如何处理? ········· 290
 67. 老年游客突发心脏病应如何处理? ········· 291
 68. 游客擦伤应如何处置? ········· 291
 69. 游客被蝎、蜂蜇伤应如何处理? ········· 291
 70. 游客骨折的救治方法有哪些? ········· 292
 71. 游客发生急性脑梗或脑溢血的处置方法是什么? ········· 292
 72. 在带团过程中,有游客面色苍白、精神萎靡、体热发烧该如
何处理? ········· 292
 73. 旅途中有人要拦截旅游车,导游人员该怎么办? ········· 292
 74. 在游览过程中突遇下雨,导游人员该怎么办? ········· 292
 75. 游客与他人发生争吵,导游人员该怎么办? ········· 293
 76. 游客与领队闹矛盾,导游人员该怎么办? ········· 293
 77. 地陪、全陪、领队之间有矛盾,导游人员该怎么办? ········· 293
 78. 游客出难题时,导游人员该怎么办? ········· 293
 79. 地陪、全陪、领队手中的行程计划不一致,导游人员该
怎么办? ········· 294
 80. 游客出现逆反心理时,导游人员该怎么办? ········· 294
 81. 开玩笑导致不快时,导游人员该怎么办? ········· 294
 82. 与游客交谈时出现忌讳问题,导游人员该怎么办? ········· 295
 83. 游客不听劝告,导游人员该怎么办? ········· 295
 84. 游客想寻找亲朋好友,导游人员该怎么办? ········· 295
 85. 游客提出要脱团,导游人员该怎么办? ········· 295
 86. 游客正当权益受到侵害时,导游人员该怎么办? ········· 296
 87. 到不熟悉的地方去陪团,导游人员该怎么办? ········· 296
 88. 游客下车购物、拍照未能赶上火车,导游人员该怎么办? ········· 296
 89. 游客打扰你的讲解,导游人员该怎么办? ········· 297

90. 对待自由散漫型的游客,导游人员该怎么办? ………………… 297

91. 游客向你借钱,导游人员该怎么办? …………………………… 297

92. 发生游客投诉,导游人员该怎么办? …………………………… 298

93. 导游人员怎样与游客交谈? ……………………………………… 298

94. 游客提出过高要求时,导游人员该怎么办? …………………… 299

95. 在景区游览过程中,导游人员应该如何预防游客掉队的情况发生? ………………………………………………………………… 299

96. 因不可抗因素导致被迫改变部分行程计划时,地陪导游人员应采取哪些措施? …………………………………………………… 299

97. 因途遇交通事故而无法及时抵达接站地点,地陪导游人员应如何处理? …………………………………………………………… 300

98. 发现所接旅游团不是计划要接的旅游团,地陪导游人员该如何处理? …………………………………………………………… 300

99. 因不可抗因素导致接待社未能按计划买到机票,旅游团队被迫延期起程,应怎样处理? ………………………………………… 300

100. 自由活动后,有游客未按时归队,导游人员应怎么处理? …… 301

101. 境外游客因故须立即回国,请求导游人员提供帮助应如何处理? …………………………………………………………… 301

102. 入境游客向团内其他外籍游客散发宗教传单该如何处理? …… 301

103. 游客酗酒闹事,导游人员应怎么处理? ………………………… 301

104. 根据生理和心理特征,导游人员应如何做好对儿童游客的关心和照料工作? ……………………………………………………… 301

主要参考书目 ……………………………………………………… 303

导游不可不知的1000多个服务技巧

第一篇
导游行为依法律己篇

第一章 学习贯彻《旅游法》

1. 十二届全国人大常委会审议通过的《中华人民共和国旅游法》，是我国旅游业发展史上的第一部法律（以下简称《旅游法》）。它涵盖了哪些内容？将于什么时间开始实施？

由于旅游产业链条长、关联行业广、涉及部门多，很难针对不同类型的旅游活动单独立法，只能采取综合立法模式。它涵盖了行政法、经济法、民法的内容。《旅游法》共设10章112条，除总则、附则外，分别对旅游者、旅游规划和促进、旅游经营、旅游服务合同、旅游安全、旅游监督管理、旅游纠纷处理、法律责任作出规定。2013年10月1日开始施行。

2. 《中华人民共和国旅游法》的诞生具有什么重大意义？

《中华人民共和国旅游法》是中国首部旅游法，是旅游业一块重要的里程碑，《旅游法》的出台，标志着中国旅游业将全面进入有法可依，依法治旅的新时代，中国国民旅游休闲的权益将得到保障。

3. 《旅游法》从哪几个方面对导游权益进行了保护？

（1）斩断"零负团费"的利益链条。

《旅游法》第三十五条明确规定：旅行社不得以不合理的低价格组织旅游活动，诱骗旅游者并通过安排购物另行付费旅游项目获取回扣等不正当利益。

（2）提升旅行社用工风险意识，确保导游享受社会保险待遇。《旅游法》指出旅行社应当与其聘用的导游依法订立劳动合同，缴纳社会保险费用。

（3）严格落实导游劳动报酬规定。《旅游法》第六十条规定：安排导游为旅游者提供服务的，应当在包价旅游合同中载明导游服务费，同时第九十六条还规定了相关行政处罚规定。

（4）明确兼职导游的法律地位。《旅游法》第三十八条分两款明确旅行社"聘用导游"和"临时聘用导游"两种情形下的旅行社用工义务，这样就理顺了

"临时聘用导游"的权力、责任义务约定。

（5）大力推行导游集体合同。《旅游法》第三十七条、第三十八条、第三十九条都明确规定了旅游行社应当与其聘用的导游依法订立劳动合同，支付劳动报酬。

4. 《旅游法》规定导游和领队从事导游服务业务活动时应当做到哪些？

（1）应当佩戴导游证、领队证，遵守职业道德，尊重旅游者的风俗习惯和宗教信仰；应当向旅游者告知和解释旅游文明行为规范，引导旅游者健康、文明旅游，劝阻旅游者违反社会公德的行为。

（2）导游和领队应当严格执行旅游行程安排，不得擅自变更旅游行程或者中止服务活动，不得向旅游者索取小费，不得诱导、欺骗、强迫或者变相强迫旅游者购物或者参加另行付费旅游项目。

5. 文明旅游是一项系统工程。从旅游角度讲，除宣传引导之外，《旅游法》中还提到有哪两项工作是必须加强和完善的？

第一，是行前说明会制度。旅行社行前说明会制度，能使旅游团在旅游过程中的文明、安全等方面事项予以强调，使游客遵守目的地的法律法规和风俗习惯，对整个旅游团的顺利运作起到重要作用。第二，是强化导游、领队在旅游服务过程中的引导、督促作用。这些要求已经写入《旅游法》当中。上述两方面与旅游监管工作密切相关，旅游监管部门要加大工作力度，为推动广大人民群众文明旅游素质的不断提升作出新贡献。

6. 《旅游法》规定旅游者与旅游经营者发生纠纷，可以通过哪些途径解决？

（1）双方协商。
（2）向消费者协会、旅游投诉受理机构或者有关调解组织申请调解。
（3）根据与旅游经营者达成的仲裁协议提请仲裁机构仲裁。
（4）向人民法院提起诉讼。

7. 哪些人员可以申请取得领队证？

《旅游法》第三十九条规定，取得导游证，具有相应的学历、语言能力和旅游从业经历，并与旅行社订立劳动合同的人，可以申请取得领队证。

8. 导游和领队人员应怎样做才能承接导游业务?

《旅游法》第四十条规定,导游和领队为旅游者提供服务必须接受旅行社委派,不得私自承揽导游和领队业务。

9. 邵琪伟在"提升中国公民出境游文明素质需要抓好六项工作"的讲话中,针对导游、领队提出的具体要求是什么?

邵琪伟关于"提升中国公民出境游文明素质需要抓好六项工作"讲话的第五项,是抓好导游、领队工作。导游、领队是旅游服务一线员工,肩负着文明旅游宣传员、监督员的责任。要在导游、领队中形成"先知、会管、常提醒"的带团工作方式,及时提醒和制止游客的不文明行为。将提升中国公民出境游文明素质的要求纳入导游资格考试、日常培训和年度培训考核中,对不履行职责、造成不良影响的导游、领队和旅行社,给予批评教育,责令整改。

10. 旅游业的核心价值观是什么?

旅游业的核心价值观是:旅游者为本。

11. 导游人员有哪些权利?《旅游法》明确了哪些从业条件和权益?

根据《导游人员管理条例》规定,导游人员享有以下权利:

(1) 导游人员进行导游活动时,其人格尊严受到尊重,其人身安全不受侵犯的权利。我国《宪法》第三十八条规定:"中华人民共和国公民的人格尊严不受侵犯。禁止用任何方法对公民进行侮辱、诽谤和诬告陷害。"因此,导游人员在履行导游职责过程中,享有人格尊严不受侵犯的权利。

(2) 导游人员有权拒绝旅游者提出的侮辱其人格尊严或者违反其职业道德的不合理要求的权利。在旅行、游览活动中,如有旅游者对导游人员提出一些侮辱其人格尊严或者违反其职业道德的不合理要求,导游人员有权拒绝。

(3) 导游人员在旅游活动中享有调整或变更接待计划的权利。根据《导游人员管理条例》规定,导游人员在行使这一权利时,必须符合四个条件:必须是在引导旅游者旅行、游览过程中;必须是遇有可能危及旅游者人身安全的紧急情形时;必须是征得多数旅游者的同意;必须立即报告旅行社。

(4) 导游人员对旅游行政行为不服时,依法享有申请复议的权利。我国《行政复议法》规定,结合旅游行政管理实际,导游人员对旅游行政机关下列行政不服时,可以申请复议:对罚款、吊销导游证、责令改正、暂扣导游证等行政处罚不服的;认为符合法定条件申请行政机关颁发导游人员资格证书和导游证,旅游行政部门拒绝颁发或者不予答复的;认为旅游行政部门违法要求导游人员履行义务的;认为旅游行政部门侵犯导游人员人身权、财产权的;法律、法规规定可以提起行政诉讼或者可以申请复议的其他具体行政行为。

(5)导游人员对旅游行政部门的具体行政行为不作为时,享有向人民法院提起行政诉讼的权利。我国《行政诉讼法》第二条规定:"公民、法人或者其他组织认为行政机关和行政机关工作人员的具体行政行为侵犯其合法权益,有权依照本法规定向人民法院提起诉讼。"由此规定可见,导游人员对旅游行政管理部门给予其的行政处罚和有关行政行为,不仅享有申请复议权,而且还享有向人民法院提起行政诉讼权。

(6)对于导游从业人员,《旅游法》明确了哪些从业条件和权益?

①要求导游、领队必须持证上岗,为旅游者提供服务必须接受旅行社的委派。

②首先,旅行社应当与其聘用的导游人员依法订立劳动合同,支付劳动报酬,缴纳社会保险费用。旅行社临时聘用导游人员为旅游者提供服务的,应该全额付给导游人员相关的费用。其次,旅行社不得要求导游人员垫付或者收取费用,不得拖欠导游人员工资或者服务费。最后,旅游者在旅游活动中或者在解决纠纷时,不得损害旅游经营者和旅游从业人员的合法权益。

第二章 行为律己篇

1. 导游人员的职业道德规范体现在哪些方面?

联合国教科文组织曾邀集著名专家就"21世纪需要什么样的人才"进行研讨,专家们一致认为"高尚的道德永远居于首位"。我国导游人员的职业道德规范,是社会主义道德的基本要求在导游活动中的具体体现。其主要表现在以下8个方面:

(1)爱国爱企、敬业乐业。
(2)热情友好、宾客至上。
(3)真诚公道、信誉第一。
(4)文明礼貌、仪容端庄。
(5)耐心细致、优质服务。
(6)不卑不亢、一视同仁。
(7)团结协作、顾全大局。
(8)遵纪守法、廉洁奉公。

2. 什么是导游人员的行为规范?

通过几十年的实践探索,我国形成了导游人员必须遵守的纪律和守则——即导游人员的行为规范。它包括:

(1)忠于祖国,严守国家及企业秘密,时时、事事以国家和集体利益为重。
(2)严格按规定办事,执行请示汇报制度。
(3)自觉遵纪守法。
(4)自尊、自爱,不失人格、国格。
(5)注意小节。

3. 导游人员的情操修养从哪几个方面养成?

情操是感情和操守的结合,不同的人具有不同的情操修养。导游人员的

情操修养是提高导游服务质量的重要条件。它可以通过导游服务工作的磨砺不断养成。

(1)对国家,要树立爱国心。

(2)对社会,要有历史责任感和社会责任感。

(3)对集体,要树立集体主义精神。

(4)对游客,要树立"全心全意"为人民服务的思想。

(5)对自己,要爱岗、敬业,具有很强的事业心,使自己成为一名新时代的金牌导游人员。

4. 导游人员应在哪些方面加强学风修养?

俗话说"活到老,学到老",人们的知识需要不断积累充实,需要不断更新、扩展,以适应不断发展的时代。导游工作是一项知识密集型的服务工作。导游人员不仅要把导游工作看作是谋生的手段,更应将其作为实现个人价值、奉献社会的重要渠道。导游人员的学风养成主要有以下途径:

(1)勤学苦练,持之以恒。

(2)博览群书,不耻下问。

(3)治学严谨,循序渐进。

(4)精思明理,不图虚名。

5. 导游人员应持什么态度为旅游者服务?

导游服务的最大特点之一,是与旅游者"面对面"。为此,导游人员的服务对旅游者会产生极大的影响,是旅游者直接感受到的情感,是衡量导游服务质量的直接因素。因而,它要求导游人员务必做到:

(1)待客热情。

(2)服务主动、耐心。

(3)安排周到。

(4)工作细致。

(5)在严格按规范化服务的同时,注重个性化服务。

6. 导游人员的仪表美有哪些要求?

人们的仪表举止,不仅反映了各个不同时代的特点,还反映了一个国家、一个民族的精神风貌及人民的素养、气质等文明程度。旅游业作为我国的窗口行业,要想保持它的生命力,就要提高旅游业的服务质量,关键在于提高导游人员的综合素质,特别是提高导游人员最基本的素质——仪表美,主要体现在:

(1)语言美。首先,是语言的礼貌性,要热情,多使用敬语和谦语;其次,是语言的生动性,即学会使用幽默的语言;最后,是注意语言的针对性,即要察言观色,针对不同的游客灵活运用语言,多学地方语言。

(2)行为举止美。要求站姿挺拔、坐姿文雅、走姿稳健,形体动作得体(大方、自然),衣着整洁大方。

(3)内在美。即一个人的思想、情操和品德之美。要求直率但不鲁莽,活泼但不轻佻、工作紧张而不失措;与人交谈时谦虚但不迂腐,人际交往时礼貌但不自卑。

7. 导游人员的身心健康包括哪几个方面?

导游人员从事的是一项高智能的服务工作,不仅工作面广、工作量大、流动性强、体力消耗大,而且工作对象复杂、诱惑性大,因此导游人员必须是:

(1)身体健康。身体健康,体力充沛,是作为导游人员的基本条件。

(2)思想健康。能自觉抵制各种诱惑和精神污染。

(3)心理平衡。导游人员的精神状态要始终愉快、饱满,能很快进入"角色",不受外来因素的干扰;同时还要有吃苦和正确对待游客抱怨投诉的心理准备。

8. 导游人员应具备的素质包括哪几个方面?

导游人员良好的素质是构成完美旅游活动的重要条件。导游人员应具备的素质包括:

(1)良好的思想品德。
(2)渊博的知识。
(3)良好的能力素质。
(4)较高的导游技能。
(5)竞争意识和进取精神。
(6)身心健康和旅途中能表现的才艺特长。

9. 导游人员应具备的知识有哪些?

导游服务是知识密集型的、高智能的服务工作,渊博的知识是搞好导游工

作的前提。导游知识包罗万象,其主要有:

(1)语言知识。

(2)史地文化知识。

(3)政策法规知识。

(4)心理学和美学知识。

(5)政治、经济及社会知识。

(6)国际知识。

(7)旅行常识。

10. 导游人员为什么需要掌握心理学知识?

导游服务工作的对象,是来自国内各地和世界各国的旅游者。这些旅游者的年龄、性别、职业、社会地位、宗教信仰、生活习俗、旅游目的、旅游时间都不同,导游服务工作不仅仅是旅游接待服务中许许多多环节中的一个环节,而且还要与各种接待单位打交道。导游人员与旅游者和其他协作人员的相处时间往往很短,因而只有通过掌握必要的心理学知识才能随时了解各种旅游者和协作单位工作人员的心理活动,才能有的放矢地做好导游服务工作,确保良好的服务质量。

11. 导游人员为什么要掌握旅途才艺?

一位好的导游人员,不仅要能说会道,还要会唱会跳,使旅途在充满知识的同时还要充满乐趣。因此,调动和帮助旅游者保持高昂的游兴、活跃旅游途中的气氛,是旅游者对行程能否满意的一个重要的潜在因素。旅途才艺必须适合旅途行程的特点,如小快板、小魔术、歌曲、戏曲、笑话、谜语、谚语、脑筋急转弯、歇后语、绕口令、趣味对联、成语典故及一些易携带的乐器、小游戏等。如果能将本地的地方戏曲表演出来则更受旅游者欢迎。

12. 导游人员为什么要掌握美学知识?

旅游就是一项寻觅美、欣赏美、享受美的综合审美活动。导游人员不仅要向旅游者传播知识,而且还要传递美的信息,从美学的角度引导旅游者在旅游过程中去寻觅美、探究美和欣赏美,以达到享受美。

13. 导游人员应具备的心理素质有哪些?

(1) 良好的感知能力和观察能力。

(2) 良好的自律能力。

(3) 良好的意志品质。

(4) 良好的心理承受力。

(5) 对人、对物富有情感。

14. 导游人员的高雅风度如何体现?

(1) 精神状态要饱满。

(2) 仪表礼节要潇洒。

(3) 待人接物要诚恳。

(4) 行为举止要得体。

(5) 言语谈吐要高雅。

15. 导游人员在导游服务中应尽量规避哪些问题?

(1) 迟到早退。

(2) 擅自离开旅游团队。

(3) 工作马虎,不负责任。

(4) 忽悠旅游者的言行。

16. 导游人员如何为旅游者提供优质的心理服务?

(1) 尊重旅游者,在服务过程中自始至终保持微笑。

(2) 坚持使用柔性语言。

(3) 与旅游者建立"伙伴关系"。

(4) 有针对性地提供个性化服务。

17. 导游人员如何做到宽容旅游者?

(1) 要尊重旅游者。就是要重视并恭敬地对待旅游者。

(2) 要理解旅游者。就是要观察旅游者的心理变化,领悟旅游者的用意。

(3) 要谅解旅游者。就是不去挑剔或指责旅游者言行的疏忽或失误。

18. 导游人员与旅游者交往时要做到哪四个"不计较"?
（1）不计较旅游者不理睬导游人员的主动打招呼。
（2）不计较旅游者性情急躁、语言欠妥。
（3）不计较旅游者提出的意见有偏差。
（4）不计较自己工作繁忙却得不到旅游者的体谅。

19. 导游人员与异性旅游者交往时要注意哪些方面?
（1）要充满自信地与异性旅游者坦然相处。
（2）言行要有分寸，不单独去异性房间，不单独与异性旅游者相处。
（3）对异性旅游者的挑逗和非礼要求，要委婉、明确地表示拒绝并设法找借口避开，必要时应采取断然措施。

20. 导游人员应遵循哪些原则处理旅游者所提要求?
（1）按合同或协议办理的原则。
（2）认真倾听、耐心解释的原则。
（3）"合理而可能"的原则。
（4）尊重旅游者、不卑不亢的原则。

21. 导游人员如何做好自身的服饰美?
（1）衣着要整洁、得体，化妆和发型要适合自己的身体特征、身份。
（2）服饰应方便工作。
（3）服饰要与场合协调。
（4）服饰要与良好的卫生习惯和文雅举止相协调。

22. 导游人员使用礼貌用语的基本原则有哪些?
（1）目的性原则。
（2）对象性原则。
（3）诚实性原则。
（4）适应性原则。

23. 导游人员使用手势规范的基本要求有哪些?
（1）使用规范性手势。

(2)注意区域性差异。

(3)手势宜少不宜多。

24. 导游人员规范化的表情神态表现在哪些方面?

(1)表现谦恭。

(2)表现友好。

(3)表现适时。

(4)表现真诚。

25. 导游人员陪同旅游者出席宴会时应注意哪些问题?

(1)不得喧宾夺主,不敬酒、祝酒,不随意为他人布菜。

(2)不要边讲话边抽烟,嘴中含有食物时不讲话。

(3)嘴里不宜放过大、过多、带刺的食物。

(4)时刻准备讲话。

26. 导游人员对待小费的正确态度有哪些?

(1)不以任何形式向旅游者索取小费。

(2)不因旅游者不给小费而降低服务质量,甚至拒绝提供服务。

27. 导游服务时的礼节有哪些?

(1)每天首次见到旅游者,要面带微笑、语气热情地主动问好。

(2)一般不主动与旅游者握手,如旅游者先伸手,不得拒绝,应友好握手。

(3)尊老爱幼,主动给予照顾。

(4)导游讲解时要面对旅游者,声音要高低适中,语调亲切、和气,表情自然、大方,不得吸烟或咀嚼食物,不指手画脚。

(5)旅游者提问时,要耐心听取,及时解答,不能置之不理,如果自己正在说话或讲解应示意稍等,讲完后再解答。

(6)不得背后批评、议论旅游团的任何人,不询问旅游者的婚姻、年龄、收入、家庭、个人履历和私人问题。

28. 导游人员人际交往中待人接物的礼节有哪些?

(1)自尊,但不贬人。

(2)信任,但不盲从。

(3)谦逊,但不虚伪。

(4)老练,但不世故。

(5)宽容,但有原则。

(6)热情,但有分寸。

29. 导游人员与旅游者同乘电梯时应注意哪些问题?

(1)讲究乘电梯的礼仪,不能因为有急事或工作忙而争先恐后。

(2)进入电梯后要主动和电梯内的乘客打招呼。

(3)当自己要走出电梯而被其他人挡道时,应主动使用敬语请求让道。

(4)进入电梯后应面向电梯门,若遇老人、妇女和儿童应主动照顾。

(5)在电梯内切忌大声说笑和吸烟。

30. 导游人员进出旅游者房间应注意哪些礼节?

(1)事先要和旅游者预约并经旅游者同意。

(2)要在约定时间准时到达,进门前先敲门,经允许后方可入内。

(3)尊重旅游者的休息习惯,尽量避免在休息时间或深夜打扰旅游者,因急事必须打扰时要表示歉意并说明原因。

(4)一般不在房门口与旅游者商谈日程或谈论其他问题。

(5)如必须单独进异性旅游者房间时房门要半掩。

(6)未经同意不要随意触动、翻看旅游者的物品、书籍等。

31. 与旅游者行握手礼时有哪些禁忌?

(1)忌东张西望、心不在焉或面无表情。

(2)忌用左手同他人握手。

(3)忌长时间地握住旅游者的手,特别是与女士握手时间一般三秒钟为宜。

(4)忌讳交叉握手。

(5)忌戴墨镜和手套与他人握手。

(6)不主动与女性、年长者或领导握手。当女性、年长者或领导先伸出手时导游人员应立即热情握手。

32. 导游人员怎样维护自己的职业形象？

(1)礼貌待人,言谈举止得体。
(2)精神饱满、乐观自信、热情友好。
(3)随时关心游客,了解其个别需求并"合理而可能"地予以满足。
(4)办事沉着冷静、果断利落。
(5)勇于承担责任,让游客具有安全感。

33. 女性导游人员化妆时须注意哪些问题？

(1)化妆时必须按年龄、脸形、性格、身份、职业等确定化妆风格,讲究和谐得体,一般以端庄、优雅、自然为好。
(2)不在男士面前化妆。
(3)不在公共场所(如,餐桌旁)化妆。
(4)不议论她人化妆,更不可对游客化妆效果指指点点。

34. 导游人员接电话时应注意哪些细节？

(1)电话铃一响,应尽快接听,最好不要让铃声响过三遍。
(2)接电话时,对对方的谈话可作必要的重复,重要的内容应简明扼要地记录下来。
(3)电话交谈完毕时,应尽量让对方先结束对话,如需自己先结束对话,应解释、致歉。
(4)电话用语须文明、礼貌,态度热情、谦和、诚恳,语调平和,音量适中。

35. 导游人员的职业标准是什么？

世界上公认的导游人员职业要求有三个标准,即:教育(学历)标准、素质标准、业务能力标准。

36. 导游人员为什么要重视"第一印象"？

(1)"第一印象"的好坏常常形成游客的心理态势,构成对导游服务满意度的影响要素。
(2)导游人员若不重视第一次交往的效应,往往容易造成误会,如果之后又不懂如何弥补,就会给人留下"此人不可信"的印象。
(3)印象一旦固定,要改变它,就须作出更大的努力,花费更多的时间和

精力。

37. 导游人员的良好形象主要表现在哪些方面?

导游人员的良好形象表现在仪容、仪态和言语三个方面。

(1)仪容,是指导游人员的容貌、着装服饰及表现出的神态。

(2)导游人员从第一次接触游客时起,就必须注意树立自己的形象,仪表要端庄、态度要热情,充满自信、办事稳重、干练。

(3)初次见到游客时,导游人员须谈吐高雅脱俗、优美动听、幽默风趣、快慢相宜、亲切自然,这样容易获得游客的好感。

38. 交换名片时应注意什么?

(1)递名片时应用双手(至少用右手,切忌左手),目视对方,微笑致意。

(2)接名片时要用双手,以示尊重。

(3)接过名片后应认真看一遍,不可马上装入口袋,更不可在手中玩弄。

(4)不能心不在焉地递接名片,也不可漫不经心地滥发名片。

(5)与西方人交往时须注意,他们一般不随意交换名片。

39. 行鞠躬礼应有哪些要求?

行鞠躬礼时要立正、脱帽、微笑、目光正视,上身前倾15°~30°。

40. 问候他人时应注意哪些礼节?

(1)问候时距离不应太远,以正常说话声音使对方能听清楚为宜。

(2)眼睛应正视对方。

(3)嘴里不要叼着香烟或把手插在口袋里。

(4)通常情况下,年轻者应先向年老者问候,男士应先向女士问候,身份低者向身份高者问候。

41. 行合掌礼有哪些要求?

(1)行合掌礼时,双手合拢于胸前,微笑低头,神情安详、严肃。

(2)对年老者双手举得越高越有礼,但指尖最高不要超过额头。

42. 导游词写作的基本要求是什么?

(1)准确。导游词写作的内容及语法和字词要准确。

(2)鲜明。鲜明的主题具有阳刚之美,使人产生茅塞顿开之感觉。

(3)具体。要抓住重要而又突出的内容,写得越确切、越具体、越与众不同,越好。这样才能给游客留下深刻和有趣的印象。

(4)生动。刻画细致、绘声绘色、生动形象、幽默诙谐是创作生动导游词的要素。

43. "鲜明"的导游词写作有几种基本方法?

(1)排比法。排比句虽然是短句,但由于有机地排列在一起,讲解起来朗朗上口、一气呵成,从而显得鲜明有力。

(2)对比法。运用对比方法,使得正反两方面的内容凸显其本质,从而充分体现出事物的优劣、美丑,使中心思想变得鲜明。

(3)递进法。采用递进法可使导游词在语意上逐步加强和深入,给人一种层层递进、步步紧逼的感觉。

(4)反复法。某些句子经常不断地出现在整段文章中,可以给人留下鲜明深刻的印象,好比一首优美动听的歌,某几句歌词在整首歌曲中不断出现形成主旋律,才能产生完美的艺术效果。

44. "具体"的导游词写作有哪些要求?

描写"具体"应该有一个度,最主要的是以经典内容为中心,分清主次。经典内容要具体,次要内容要精练;描写要准确、重点要突出,下笔如有神。可适当运用"堆叠"的方法。

45. "生动"的导游词写作有哪些方法?

语言流畅的导游词,能给游客以美感,然而语言流畅不等于生动。生动导游词的写作方法有:

(1)形容法。形容是构成语言生动性的有效手段。

(2)精描法。精彩的描写如拟人、拟物等,能最大限度地把景点的内涵充分地揭示出来,经过精心修改,可产生"如见其人、如闻其声、如临其境"的氛围。

46. 导游词写作必须掌握哪几个方面?

(1)写作素材要紧扣中心思想和中心议题。

(2)写作内容要"渐入佳境",可以将景点的内容层次明晰,先做铺垫,逐步深入主题,使景点的文化内涵得到充分反映,然后层层加以推进;自然景观可以逐个景点地介绍,将单个景点内容与主题思想有机地结合起来。也可以在结合中突出单个内容的要点。

(3)导游词要有描绘和抒情。恰当的描绘和优美的抒情,能使导游人员展现出较强的感染力。具有丰富想象力的导游词,充满热情动人心弦,能打动旅游者的心灵。

47. 导游人员自己编写、制作、讲解宣传材料时应注意什么?

(1)文字美。这些精练的文字说明要做到状物写景、形神兼备、惟妙惟肖、富有特征、借景抒情、情景交融,具有强烈的感染力。优美的文字再配上反映景物特征的画面,可以艺术形象地告诉人们,这里有什么可玩、有什么可游、有什么可吃、有什么可买,以进一步告诉人们如何玩、如何游、如何看、如何品、如何买,以此来激发人们的旅游情趣。让游客先在图文中认识和了解游览地,然后制订旅游计划并付诸实践,参加旅行。这就是图文导游的艺术性所产生的作用。

(2)画面美。无论是摄影画面还是绘画,一定要抓住景、物、城市、名胜古迹的精华之处和主要特征,反映出它们的自然美、艺术美、社会美。这种美不是纯客观的自然主义的反映,而应该是经过加工的,成为更加集中、更加典型地反映景点的艺术美。同时构图要疏密相间、错落有致,给人以展开想象的空间。这样的画面才具有吸引力,使人看到画面以后,会产生亲历亲游的欲望。

(3)装帧设计美。图文导游宣传品的装帧设计必须具有民族性、地方性的特色。旅游者大都喜欢多姿多彩的有关民族风情、地理风貌方面的图文导游宣传品,一方面,可以满足旅游者猎奇的愿望;另一方面,新奇可以产生美感,可以激发游兴。而且,这样的旅游宣传品还可以做成旅游纪念品保存起来供亲友观赏或唤起自己对旅游生活的回忆。当然,除此之外,图文导游宣传品的色彩鲜艳、印刷精良及便于携带等特点也是不容忽视的。

48. 导游人员应怎样制作和使用音像类导游材料?

制作音像类导游材料,应做到意境化、音乐化。以声、光、电等高科技手段进行旅游宣传片的艺术处理,以特色化、典型化、多层次地再现景物的自然形态。音像导游材料的意境,就是通过所描绘的自然的、生活的景象同所要表达的中心思想融合在一起,从而形成一种艺术境界,使观赏者通过联想而产生强烈的美感,从而加深对欣赏对象的理解和认识。音像导游的意境化要求多层次、多侧面,比较完整地反映景物。其优点在于可以模拟、可以拍摄录制旅游者不易看到、不易听到的场景、音响。它可以把高山之巅的奇异风光、东海日出的自然壮观景象、各民族传统节日和丰富多彩的庆祝活动,以及难得出现的自然现象等,通过录音、录像、电视、电影等手段再现出来,给人以完整的美的形象。去一个风景点之前,先放映该游览点的录像,有时能收到事半功倍的效果。

音像导游的音乐化,要求配上恰当的与景点有联系的乐曲,使画面和导游解说词与之构成完美的艺术整体,使旅游者产生赏心悦目的感觉。导游的配乐原则是音乐要为画面的形象和导游说明服务,音乐要起到强化形象特征的作用。比如,富有地方特色的马头琴往往会使人想起草原风光和牧民的游牧生活;江南丝竹音乐和民间小调会使人想起明媚秀丽的水乡风情;陕北激越飞扬的笛声往往会令人想起黄土高原风光等等。这些都说明音乐可以为导游服务,可以为强化画面形象的特征服务。音像导游材料配上同景物相称的和谐乐曲,可以产生更好的导游效果。

49. 导游讲解应从哪些方面突出重点?

(1)要突出大景区中具有代表性的景观。如,天坛游览,主要是参观祈年殿和圜丘坛(包括皇穹宇)。讲解内容也主要是这两组有代表性的建筑。游览规模大的景点,导游人员必须做好周密的计划,确定重点景观。这些景观既要有自己的特征,又要能概括全貌。到现场游览时,导游人员主要讲解这些具体景观。

(2)要突出景点特征及其与众不同之处。导游人员在讲解时必须讲清其特征及其与众不同之处,尤其在同一地区或同一次旅游活动中参观多处类似景观时,更要突出介绍其特征,如,宗教建筑中有佛教寺院、有道教宫观,就是同为佛教寺院同一佛教宗派,其历史、规模、结构、建筑艺术、供奉的佛像等也各不相同。

(3)要突出旅游者感兴趣的内容。旅游者的兴趣爱好各不相同,应重点讲解旅游团内大多数成员感兴趣的内容,投其所好方能产生良好的效果。如,游览故宫时,面对知识分子要突出讲解中国古代宫殿建筑的布局、特征、故宫的主要建筑及其建筑艺术,还应介绍重点建筑物和装饰物的象征意义等。如果能够将中国的宫殿建筑与民间建筑相比较,将中国宫殿与西方宫殿的建筑艺术进行比较,导游讲解的层次就会大大提高。

50. 除讲解外,导游人员还可从哪些方面来增加导游的艺术内容?

可充分利用画面、文字和装帧设计、导游图、导游手册等,还可运用录音、录像、电视、电影等音像手段进行导游的艺术化,利利用这些导游资料来进行导游,可以指导人们的游览,刺激人们的游览欲望,使人们进一步增加对讲解和实地旅游的兴趣。

51. 培养个人良好礼貌修养的途径有哪些?

良好的礼貌修养,是经过长期有意识的学习积累而逐步形成的,可以从以下方面着手养成:

(1)坚持学习,树立礼貌意识。
(2)养成良好习惯,贵在持之以恒。
(3)加强道德修养,陶冶美好情操。

52. 对文化、习俗内容,导游人员如何讲解才能透彻、明了?

俗话说"千里不同风,百里不同俗"。各地文化和习俗存在差异,但也有不少相同之处。对文化习俗的讲解,要使不同文化背景的旅游者明白易懂,收到良好的效果。导游人员最常用的讲解方法是类比法,可使旅游者加深印象和理解,达到导游讲解的目的。比如,上海导游人员常把中国人的一天(特别是上海人的一天)和西方人的一天作为比较,让客人听了既明了又饶有情趣。

53. 导游人员在旅游主管部门和有关部门依法实施监督检查时,如何维护自身权益?

(1)监督检查人员少于二人或者未出示合法证件的,被检查单位和个人有权拒绝。

(2)监督检查人员对在监督检查中知悉的被检查单位的商业秘密和个人信息应当依法保密。

54. 导游人员有哪些义务？

根据《导游人员管理条例》规定，导游人员应当履行的义务主要有：

（1）导游人员应当不断提高自身业务素质和职业技能。在旅游者眼里，导游人员是无所不知、无所不能的"万事通"，导游人员自身的业务素质高低，职能、技能的优劣，直接关系到导游服务质量。导游人员只有具备较高的业务素质、高超的导游技能，才有可能被旅游者作为"游客之友"、"游客之师"。所以《导游人员管理条例》把不断提高自身业务素质和职业技能作为导游人员的一项义务加以规定。

（2）导游人员进行导游活动时，应当佩戴导游证。导游证是国家准许从事导游工作的证件。导游人员在执行导游工作时，必须携带导游证，同时还应该佩戴导游胸卡。这一方面表明了导游人员的合法身份，另一方面也便于旅游行政部门监督检查。如违反规定的，由旅游行政部门责令改正；拒不改正的，处500元以下的罚款。

（3）导游人员进行导游活动时，应当自觉维护国家利益和民族尊严，不得有损害国家利益和民族尊严的言行。

（4）导游人员进行导游活动时，应当遵守职业道德，着装整洁，礼貌待人，尊重旅游者的宗教信仰、民族习俗和生活习惯。导游人员进行导游活动时，应当向旅游者讲解旅游地点的人文和自然情况，介绍风土人情和习俗；但是，不得迎合个别旅游者的低级趣味，在讲解、介绍中掺杂庸俗下流的内容。

（5）导游人员应当严格按照旅行社确定的接待计划安排旅游者的旅行、游览活动，不得擅自增加、减少旅游项目或者中止导游活动。导游人员在引导旅游者旅行、游览过程中，遇到有可能危及旅游者人身安全情形时，经征得多数旅游者的同意，可以调整或者变更接待计划，但应当立即报告旅行社。

（6）导游人员在引导旅游者旅行、游览过程中，应当就可能发生危及旅游者人身、财物安全的情况，向旅游者作出真实说明和明确警示，并按照旅行社的要求采取防止危害发生的措施。

（7）导游人员进行导游活动时，不得向旅游者兜售物品或者购买旅游者的物品，不得以明示或者暗示的方式向旅游者索要小费。

55. 导游人员高度的政治觉悟主要体现在哪些方面？

（1）热爱祖国，倡导爱国主义，尊重、珍惜"国格"。这一点要求导游人员不仅要熟知祖国的自然、人文景观,更要了解、掌握祖国的历史与文化,树立民族自尊感,如此才能感染各国客人,使他们在领略我国山川的同时体味中华文化的博大精深,感受中华民族忍辱负重、不屈不挠、奋发图强的民族精神,感受中国人民在社会主义现代化建设中所取得的伟大成就。

(2)热爱旅游者,倡导国际主义精神。对导游人员而言,游客是自己的服务对象,让游客满意必须有一颗仁爱之心。外国旅游者来中国旅游,所领略的不仅仅是山川、文物,同时感受至深的更应该是中国人民的真情、爱心与友谊。这是超越时空的"爱"!我们所倡导的国际主义精神正包含其中。真情与爱心是人心深处永远的渴求,而导游人员角色表现的内涵就应该是仁爱。导游人员同时又是传播友谊的"大使",因为一个充满仁爱之心的人是独具魅力的人;我们在倡导仁爱与国际主义精神的同时,反对崇洋媚外,以貌取人、以钱取人、以地位取人、以肤色取人,或低三下四、卑躬屈膝,或傲慢自大、目中无人,这都是导游人员的大忌,是与"仁爱"精神相悖的。

56. 导游人员应怎样加强职业道德修养?

(1)至仁。加强内心修养,努力做到以仁爱人的崇高境界;与人交往能心胸宽大、包容万象,能够感化人。

(2)崇义。正确处理"义"与"利"的关系。导游服务中要以正当、光明的手法获得应得的"利"。要坚决杜绝虚伪价格、吃拿回扣、压缩旅游景点等"不义"做法,自觉维护导游人员的形象和企业形象。

(3)尚礼。导游人员在和旅游者、协作单位旅游团队中的其他导游人员相互交往中,要讲究礼节、注意礼貌,遵循一定的礼仪规范,保证旅游活动有秩序、和谐地按计划进行。

(4)诚信。人无信不立,企业无信则败。导游人员在为旅游者提供导游服务过程中一定要自觉唾弃轻诺、失信、不讲信誉的言行,严格遵守旅游合同,不折不扣地执行旅游计划。

57. 导游人员为什么要学习政策法规知识?

政策法规知识是导游人员必备的知识。这是因为:第一,政策法规是导游人员工作的指针。导游人员在导游讲解、回答游客对有关问题或同游客讨论有关问题时,必须以国家的方针政策和法规作指导。否则会给游客造成误解,甚至给国家造成损失。第二,旅游过程中出现的有关问题,导游人员要以国家的政策和有关的法律、法规予以正确处理。第三,导游人员自身的言行更要符合国家政策法规的要求,遵纪守法。

总之,导游人员应该牢记国家的现行方针政策,掌握有关的法律法规知识,了解外国游客在中国的法律地位及他们的权利和义务。只有这样,才能正确地处理问题,做到有理、有利、有节。导游人员自己也可少犯或不犯错误。

58. 导游人员为什么要学习社会知识?

由于游客来自不同国家的不同社会阶层,他们中间一些人往往对目的地的某些政治、经济和社会问题比较关注,有的人还常常把本地的社会问题同出访目的地的某些社会现象进行比较。另外,在旅游过程中,游客随时可能见到或听到目的地的某些社会现象,也会引发他们对某些社会现象的思考。这就要求导游人员给予相应的解释。所以导游人员要掌握相关的社会学知识,熟悉国家的社会、政治、经济体制,了解当地的风物人情、婚丧习俗、宗教信仰和传统禁忌等显得十分必要。

59. 导游人员为什么要学习史地文化知识和美学知识?

史地文化知识包括历史、地理、宗教、民族、风俗民情、风物特产、文学艺术、古建园林等诸方面的知识。这些知识是导游讲解的素材,是导游服务的"原料"。导游人员要努力学习,力争自己上知天文、下晓地理,对本地区的旅游景点、风土人情、历史掌故、民间传说等了如指掌,并对国内外的主要名胜亦应有所了解,还要善于将本地区的风景名胜与历史典故、文学名著、名人逸事等有机地联系在一起。总之,对史地文化知识的综合理解并将其融会贯通、灵活运用,对导游人员来说具有极其重要的意义。

60. 导游人员在学习上要做到哪几点?

(1)要博览群书,注意观察。
(2)要求作摘记、写心得,多作总结、多写文章。
(3)外语要多读、多说。
(4)多跑图书馆,多请教他人。
(5)勤思考、多记忆、多回忆、多比较、多问几个为什么。

61. 导游人员文化修养包含哪几点内容？

一个文化素养高的人，当事业出现低潮或失败之际，不仅能毫不气馁，而且能正视现实，敢于投入更加激烈竞争的事业中去一显身手；事业成功之时，也不居功自傲、故步自封，而是居安思危。

文化修养的内涵丰富，知识存量、艺术鉴赏能力、兴趣爱好、审美情趣、礼节礼貌等都属于文化修养的范畴。作为导游人员要重视自我修养，要培养优雅的情趣和高尚的情操，努力使自己成为一名举止端庄、谈吐文雅、严于律己、真诚待人，深受游客欢迎的优秀导游人员。

62. 导游服务的智力技能主要有哪些？

（1）使游客旅游生活愉快的带团技能。

（2）安排参观游览活动的技能。

（3）当好旅游活动导演的技能。

（4）进行生动精彩导游讲解的技能。

（5）宣讲技能。

（6）处理意外事故的应急技能。

（7）正确处理各种问题和游客投诉的技能。

63. 高标准的导游服务包含哪些内容？

在与游客"面对面"的旅游服务中，导游服务特别是导游人员的态度对旅游者会产生极大的影响，是旅游者直接感受到的情感，是旅游者对导游服务质量优劣进行评价的直接因素。因此，对导游人员的服务态度应有高标准的要求：

（1）接待主动。导游人员认真了解旅游团接待计划，掌握团队人数及旅游者姓名、国籍、职业、生活习惯、宗教信仰等，提前制定好日程表。在安排住宿、预订票据、带客参观、娱乐购物、行李交接、座谈会见等工作中，处处主动负责。

（2）待客热情。在接待过程中，导游人员要真诚热情，以和蔼体贴的语言、助人为乐的精神做好各项工作。做到着装整洁、端庄大方、精神饱满、心情愉快，以乐观向上的情绪投入工作之中，关怀照顾好旅游者，特别是老年旅游者和残疾旅游者。

（3）服务耐心。在工作中，导游人员要有耐心，善于控制自己的情绪。不轻视、冷落那些性格特殊的旅游者,尊重旅游者的意识形态、宗教信仰、风俗习惯。对挑剔的旅游者更要耐心细致,要善于化解和缓和旅游过程中出现的矛盾和冲突,要虚心听取旅游者的意见和建议,随时保持与游客之间的沟通与联系。要积极、耐心地处理好旅游者的委托事宜,帮助旅游者解决实际困难。当旅游者提出问题和进行咨询时,要耐心解答、百问不厌。

(4)安排周详。在正式接待前,导游人员要了解旅游者类型、旅游者需求及其消费心理,细致周到地安排计划,有针对性地做好服务准备。接(送)站时,导游人员要落实好车辆,与有关人员交接运送行李的工作要做得周密,防止出现纰漏。旅游者住店、用餐、参观游览等服务工作都要根据计划日程做好安排。

(5)工作细致。导游服务有通盘考虑,根据日程计划,能够细致观察客人的反应,耐心处理客人提出的要求。随时保持与客人之间的沟通联系,有针对性地提供个性化服务,减少纰漏和差错。

64. 导游人员的性格要求包含哪些内容?

(1)乐观外向,开朗豁达。导游人员应是一个精力充沛、情绪饱满、乐于交往的人;一个具有爱心、待人诚恳、富于幽默感的人。具备了这样的性格特征,导游人员就能与旅游者建立和谐的人际关系。那些性格内向、腼腆的导游人员,应主动在实践中磨炼自己,培养处理人际关系的能力。

(2)兴趣广泛,乐观向上。外出旅游是以满足人民精神需求为主的一项活动,导游人员应当兴趣广泛,能与各类旅游者进行交流,能给旅游者带来更多的乐趣,为旅行生活找到更多的亮点。同时导游人员还应是个乐天派,遇到困难和挫折时,不是愁眉苦脸、唉声叹气,而是积极应对、寻求转机。

(3)独立自信,勇于负责。在旅游活动中,导游人员应是一个有能力解决问题,可以让人信赖、依靠的人,遇到事情,能做到当机立断,而不是优柔寡断,并有负责精神,能给旅游者以安全感。

65. 为什么导游人员要富于情感?

情感是人对客观现实的一种特殊反映形式,是人对客观事物是否符合自己需要而产生的态度体验。导游人员应该是富于情感之人,自己对祖国山河、对人间友情有真情,才可能热爱工作、热情对人、以情感人。对人、对物冷淡无情的人不适合导游工作。

66. 为什么导游人员要具有良好的身体素质？

导游工作是一项脑力劳动和体力劳动高度结合的工作，纷繁复杂、量大面广、流动性强、体力消耗大，而且工作对象不同、诱惑性大，对导游人员的身体状况提出了较高的要求。因此，强健的体魄，也是导游人员必备的素质之一。

导游人员从事的工作要求他能走路、会爬山，能连续不断地工作，特别是在旅游旺季，导游人员往往要连轴转，整日、整月陪同旅游者。无论严寒酷暑，长期在外作业，跑前跑后，体力消耗很大，又常常无法正常休息。全陪导游人员、地陪导游人员和旅游团领队要陪同旅游团周游各地，变化的气候和各地的水土、饮食对他们都是一个严峻的考验。现在的一些特色旅游产品、体验性产品，如，攀岩、探险等，都要求陪同的导游人员有健康的身体，否则很难胜任导游工作。

67. 旅游者对导游人员在性格上有什么要求？

导游工作的特点，对导游人员的性格有着特殊的要求，作为导游人员一般应该具备的性格特征有独立、外向、热情、富有同情心、乐观、幽默、富于理性。相反，性格内向不善言谈的人、对人对事冷漠而缺乏热情的人、关键时刻缺乏自制力的人等，是不适合做导游人员的。

68. 旅游者对导游人员在意志上有什么要求？

导游服务面临着复杂的社会环境，要和各种各样的人打交道，个体因素和复杂的群体因素常常会引起导游人员心理上的冲突。要正确解决各种心理上的矛盾冲突，服从导游服务的目标，有赖于导游人员坚强的意志品质。导游人员的意志应该是坚定的，能克服困难，勇于承担责任。导游人员的坚强意志体现在心理活动上的自觉性、果断性、坚韧性和自制性。

69. 旅游者为什么在情感上对导游人员有要求？导游人员情感主要反映在哪些方面？

情感是人对客观事物好恶的一种心理倾向。导游人员面临复杂多变的客观事物，会产生不同的态度和情感体验，导致不同的导游行为。导游人员强烈而积极的情感可推动导游服务，有益于旅游者的各项活动。导游人员的情感主要反映在道德感、美感和理智感。

70. 导游人员的道德感包含哪些内容?

导游人员高尚的道德感表现于自己对祖国的自豪感、荣誉感,对导游工作的崇高使命感与责任感,进而表现出对旅游者的友谊感。艺术大师徐悲鸿先生说得好,"人不可以有傲气,但必须有傲骨"。作为一名中国的导游人员必须有民族自尊心、民族自豪感,绝不能为蝇头小利而折腰,绝不因此而放弃自己的信念,作出丧失人格、国格的行为;要以积极健康的思想和行为来有效地感染旅游者,激起他(她)们的心理体验,引发旅游者积极向上的情绪,以产生良好的导游效果。

71. 导游人员的美感包含哪些内容?

导游人员正确的美感应符合现阶段人民大众的综合审美标准,适应旅游者对审美的一般心理要求与欲望。这不仅反映在仪表上,而且反映在对游客审美的趋同性上。在导游服务中既要照顾全团共同的审美情趣,又要适当顾及个别的审美需求。导游人员须通过审美引发旅游者积极的情感体验。

72. 导游人员的理智感包含哪些内容?

导游人员正确的理智感反映在钻研导游业务的求知欲和在导游服务中努力保持积极情感,并控制自己消极情感的产生上。对游客不合理的要求应抱以平静、耐心的态度期待旅游者的谅解,不应流露出不耐烦的情绪或失去理智地与客人争吵。导游人员应努力把自己深厚积极的情感,稳定而持久地体现在行动上,给旅游者以愉快、肯定、积极的情感体验。导游人员要特别注意,无论自己有多大的困难、多大的痛苦,也不能表现出来,更不能把自己消极的情感强加给旅游者。

73. 旅游者能感知的服务质量标准主要体现在哪几个方面?

根据目前有关优秀导游服务标准的研究结果,旅游者在判断导游服务产品质量时所依据的标准大体可归纳为如下几个方面:

(1)规范化和技能化。在旅游者看来,导游人员应有必要的知识和技能,带团规范,能解决或回答旅游者的疑难问题。

(2)态度和行为。旅游者能感受到导游人员以友好的方式主动关心他们、照顾他,并以实际行动为他们排忧解难。

(3)可靠性和忠诚感。旅游者相信,无论发生什么情况,他们都能依赖导游人员。导游人员能够遵守合同或承诺,尽心尽力维护旅游者的利益。

(4)自我改进。旅游者知道,无论何时出现何种意外,导游人员都会迅速有效地采取行动,控制局面,寻找可行的补救措施,化险为夷,妥善解决问题。

(5)灵活性。旅游者相信导游人员能根据旅游者的需要随时调整服务方式,并能因人而异、因时制宜、因地制宜。

在这几项标准中,规范化和技能化与导游服务的技术质量有关,而态度和行为、可靠性和忠诚感、自我改进及灵活性标准,显然都与服务过程有关,代表了导游服务的职能质量。

74. 导游人员的思想素质主要表现在哪几个方面?

(1)热爱祖国。这是合格导游人员的首要条件。每位导游人员都应把祖国的利益摆在第一位,要时时处处自觉维护祖国的尊严和民族的尊严。

(2)优秀的道德品质。社会主义道德的品质特征是集体主义和全心全意为人民服务的精神。导游人员要发扬全心全意为人民服务的精神,并把这一精神与"旅游者至上"的旅游服务宗旨紧密结合起来,热情为国内外旅游者服务。

(3)热爱本职工作,尽职敬业。导游人员应树立远大理想,将个人的抱负与事业的成功紧密地结合起来,立足本职工作、热爱本职工作,刻苦钻研业务,不断进取,全身心地投入到工作之中,热忱地为旅游者提供优质的导游服务。

(4)高尚的情操。高尚的情操是导游人员的必备修养之一。导游人员要不断学习,提高思想觉悟,努力使个人的功利追求与国家利益融合起来;要提高判断是非、识别善恶、分清荣辱的能力;要培养自我控制的能力,自觉抵制形形色色的精神污染,始终保持高尚的情操。

(5)遵纪守法。遵纪守法是每个公民的义务。作为旅行社代表的导游人员尤其应树立高度的法纪观念,自觉遵守国家的法律、法令,遵守旅游行业的规章制度,严格执行导游服务质量标准,严守国家机密和商业秘密,维护国家和旅行社的利益。对于提供涉外导游服务的导游人员,还应牢记"内外有别"的原则,在工作中多请示汇报,切忌自作主张,更不能做违法乱纪的事。

75. 导游人员行为规范包含哪些内容?

(1)不要随便去游客的房间,更不要单独去异性游客的房间。

(2)不得携带自己的亲友随旅游团活动。

(3)不与外国旅游团领队同住一室。

(4)在必须饮酒时,饮酒量不要超过自己酒量的1/3。

76. 导游人员应自觉遵守哪些禁止性规定?

导游人员应自觉遵守下列禁止性规定:

(1)严禁嫖娼、赌博、吸毒,也不得索要、接受反动、黄色书刊及音像制品。

(2)不得套汇、炒汇,也不得以任何形式向海外游客兑换、索取外汇。

(3)不得向游客兜售物品或者购买游客的物品,不偷盗游客的财务。

(4)不能欺骗、胁迫游客消费或与经营者串通欺骗、胁迫游客消费。

(5)不得以明示或者暗示的方式向游客索要小费,不准因游客不给小费而拒绝提供服务。

(6)不得向游客销售商品或收受提供服务的经营者的财物。

(7)不得营私舞弊、假公济私。

77. 导游人员自尊、自爱,不失人格、国格包含哪些内容?

(1)不得"游而不导",不擅离职守,不本位主义,不推诿责任。

(2)要关心游客,不态度冷漠,不敷衍了事,不要在紧要关头临阵脱逃。

(3)不要与游客过分亲近;不介入旅游团内部的矛盾和纠纷,不在游客之间拨弄是非;对待游客要一视同仁,不厚此薄彼。

(4)有权拒绝游客提出的侮辱其人格尊严或违反职业道德的不合理要求。

(5)不得迎合个别游客的低级趣味和在讲解、介绍中掺杂庸俗下流的内容。

78. 现代导游人员应具备什么样的风采?

全国旅游业先进工作者林青同志是这样说的:

(1)像文学家那样具有渊博的知识。

(2)像艺术家那样具有丰富的表情。

(3)像歌唱家那样唱出动人的歌声。

(4)像科学家那样具有严肃、认真、谨慎、仔细的工作作风。

(5)像运动员那样具有健康的体魄。

(6)像演说家那样口若悬河、妙语连珠。

(7)像幽默家那样风趣、诙谐、幽默。

(8)像政治家那样思维敏捷、反应灵活。
(9)像外交家那样风度翩翩、彬彬有礼。
(10)像军事家那样遇事沉着冷静、勇敢果断。
(11)像领导者那样具有较强的组织能力。
(12)像小学生那样谦虚好学、不耻下问。
(13)像慈母那样有一颗温馨的爱心。
(14)像通晓母语那样掌握工作语言。
(15)像法官那样立场坚定、铁面无私。

79. 世界各国的旅游业对导游人员有什么要求？

世界各国的旅游业对导游人员都有严格的要求。日本导游专家大道寺正子认为，作为一名优秀的导游人员，第一重要的是他的人品和人格。同时，他指出：

(1)导游人员的基本条件是：健康、整洁、礼貌、感情、笑容、毅力、胆大、勤奋、开朗、谦虚。

(2)导游人员的具体条件是：掌握丰富的知识、灵活地运用经验、理解旅游者的心理，掌握讲话的技巧。

(3)导游人员的基本标准：导游人员站在旅游者面前，要让旅游者满意才行。

80. 旅游者对导游人员在认识能力上有什么要求？

(1)敏锐的观察能力。
(2)文明、礼貌、准确、精练、清晰、真挚、幽默、灵活的态度能力。
(3)稳定而灵活的注意力。
(4)丰富的想象力。
(5)良好的记忆力。

81. 导游人员敏锐的观察能力包含哪些内容？

通过观察旅游者的言谈举止、面部表情、神态变化来掌握旅游者的心理活动，准确判断旅游者的需求和意图，了解旅游者的兴趣指向和性格特点，从中找出旅游者心理变化的线索脉络，然后根据旅游者的心理特征给予不同的服务。

82. 导游人员稳定而灵活的注意力包含哪些内容?

导游人员在带团过程中,注意力应相对稳定、集中,适时灵活调整,不能过于集中,也不能过于分散。在致辞、讲解、商定日程、处理问题时,导游人员应集中注意力;在带团参观、游览途中,导游人员灵活调节自己的注意力,做到眼观六路、耳听八方,关注周围环境及旅游者动向,以防意外事故的发生。

83. 为什么导游人员要具有文明、礼貌、准确、生动、灵活的表达能力?

文明礼貌的举止能取得旅游者的好感;准确、精练、真挚的语言能赢得旅游者的信任;幽默、风趣的语言能激发旅游者的兴趣;灵活、生动的语言能给旅游者以理解感,从而使旅游者得到心理上的满足。

84. 为什么导游人员要具有丰富的想象力?

导游人员在讲解自然风光和文物古迹时,要想取得良好的讲解效果,必须充分发挥丰富的想象力,将旅游者导入美的意境。例如,一位导游人员在讲解一座湖畔石塔造型时,这样讲道:"这座古塔高50米,亭亭玉立,就像一位身材苗条、穿着长裙的少女,宽大的塔檐显得大方优美,塔檐翘角上悬挂着的铜铃就像银环玉佩,等待她出海的丈夫归来……"导游丰富的想象力使一座毫无生气的古塔变得那么富有艺术魅力。

85. 导游人员为什么要具有良好的记忆力?

良好的记忆力是导游人员必备的素质之一。它对于做好导游工作十分重要,可以帮助导游人员及时记起并恰当运用导游服务中所需的各方面的相关知识,提高导游服务水平。比如,第二次见面就能叫出客人姓名,会令旅游者非常高兴;熟记行车路线能保证旅游团的行程顺利;将景点知识烂熟于心能让旅游者一饱耳福。

86. 导游人员的活动能力包含哪些内容?

(1)准确自觉的执行政策能力。
(2)灵活机动的组织协调能力。
(3)顾全大局的交往能力。
(4)沉着果断的办事能力。
(5)较高的导游服务技能。

87. 导游人员准确自觉的执行政策能力包含哪些内容？

导游人员必须具有高度的政策观念和法制观念，要以国家的有关政策和法律法规指导自己的工作和言行。在向旅游者宣传中国、讲解中国现行方针政策、介绍中国人民的伟大创造和建设成就及各方面建设和发展状况时，导游人员要掌握好原则、把握好分寸，使旅游者尽可能全面地认识中国。

88. 导游人员灵活机动的组织协调能力包含哪些内容？

导游人员接受任务后，要根据旅游合同安排旅游活动，并严格执行旅游接待计划，带领全团人员游览好、生活好。这就要求导游人员具有较强的组织协调能力，在组织各项活动时讲究方式方法并及时掌握不断变化的客观情况，灵活地采取相应有效的措施，在安排旅游活动时有较强的针对性并留有余地。

89. 导游人员顾全大局的交往能力包含哪些内容？

导游人员的工作对象形形色色，因此，善于和各种人打交道是导游人员最重要的素质之一。交际能力是导游人员综合利用各种才干进行人际交往的本领，要求导游人员必须掌握一定的公共关系学知识和心理学知识，并能熟练运用。导游人员还要拥有较强的理解能力和适应各种氛围的能力，以便在各种场合挥洒自如。总之，导游人员只有具备了较强的交往能力，才能在工作中左右逢源、游刃有余。

90. 导游人员沉着果断的办事能力包含哪些内容？

沉着分析、果断决定、正确处理问题和意外事故，是导游人员最重要的能力之一。旅游活动中遇到问题、发生意外在所难免，能否妥善处理是对导游人员的一种严峻考验。在处理问题和意外事故时，要求导游人员必须做到积极主动、头脑清醒、遇事不乱、处理果断、办事得体、随机应变。

91. 导游人员较高的导游服务技能包含哪些内容？

导游服务技能可分为操作技能和智力技能两类。导游服务需要的主要是智力技能。如，导游人员与领队协作共事，同旅游者建立起伙伴关系的技能；使旅游生活愉快的带团技能；根据旅游接待计划和实情，巧妙、合理地安排参观游览活动的技能；触景生情、随机应变，进行生动精彩的导游讲解的技能；合情、合理、合法地处理各种问题及旅游者投诉的技能等。

92. 导游人员的特殊能力主要表现在哪些方面？

特殊能力，是指人们从事专门活动时所必需的能力。就导游工作而言，导游人员的特殊能力主要表现在：

(1)语言能力。语言，特别是口头语言，是导游人员向旅游者传递知识和信息的基本工具。导游人员如果没有扎实的语言功底就不可能顺利地进行文化的交流，也不可能完成好导游工作任务。导游人员要能够熟练地使用语言，特别是要有较强的口语表达能力，包括外语、普通话、方言，要做到发音标准、语调优美、语法准确、词汇丰富、出言达意。

(2)指挥协调能力。一名优秀的导游人员应该既是指挥家又是演员。作为一名出色的指挥家，一上台就能把整个乐队带动起来并能调动全场听众的情绪。导游人员就是要具有随时调动旅游者积极性的能力，使他们顺着导游人员的思路去分析、判断、欣赏，从而获得旅游乐趣和美好享受。

(3)表演才能。作为演员，导游人员要熟练地运用丰富的知识、幽默的语言或甜美的歌声、引人入胜的讲解来征服旅游者，使他们沉浸在欣赏美的愉悦之中。

93. 为什么导游人员要具备心理承受力？

导游人员每天都要面对旅游者，其精神状态直接影响着旅游者的情绪。因而导游人员的精神要始终愉快、饱满，在旅游者面前显示出良好的精神面貌；对于各种外来因素的干扰，能保持一颗平常心，心态平和地做好服务工作；要善于调整自己的心态和控制自己的情绪，要有较好的心理承受能力，在明知客人不对的情况下，也不能急于辨明是非，而要以豁达包容的心态把客人的"不对"变成"对"，达到游客和导游双赢的效果。

94. 导游人员在运用眼神魅力时包含哪些方面？

人常说：眼睛是心灵的窗户。炯炯有神的眼睛能拨动人们的心弦，奏出令人身心愉快的乐章。导游服务中要充分运用眼神的魅力，接团时用和蔼可亲的目光扫向每一个人，说话时目光要扫向每一位游客，遇到突发事件要目光镇定。如何正确地运用眼神的魅力？德国哈拉尔德·巴特尔在其《合格导游》一书中作了精彩的论述："导游人员应努力做到在自己的视野中虽有旅游者的眼睛,但不仅仅是看着他的眼睛,更不能盯着对方的眼睛。导游人员的目光应该是开诚布公的,对人表示关切的,是一种从中可以看出谅解和诚意的目光。这种目光表明交谈者愿意理解对方的愿望。在导游人员的视野里,如果不能看到旅游者的全身,就不应只看对方的某一点,而要看其头部及上身。这样做之所以重要,是因为不如此就无法看到对方的表情、姿势和整个态度。从谈话的旅游者的表情和姿态中,我们可以了解更多的东西,甚至比语言中了解的还要多。"

95. 导游人员日常活动礼仪包含哪些内容?

导游人员与游客的交往,最多的是日常的相处。通过日常交往,游客更能了解导游人员的性格和修养。导游人员注意日常交往礼节会给客人留下美好、愉快的印象。

(1) 旅行社徽章或标牌应佩戴在上装左胸的正上方。

(2) 每次活动要提前到达岗位,不耽误出发时间。

(3) 导游人员要高举导游旗,保持正直,不扛在肩上,更不要反复摇晃或拖在地上。

(4) 清点人数时,要用目光默数,不能指指点点,也不要数出声音来。

(5) 使用话筒时,应斜拿在嘴边,不要太靠近嘴,也不要遮住面部。

(6) 在带团中,不吃葱、蒜、韭菜等有气味的食物。

(7) 导游讲解时,不要吸烟。在公共场所吸烟要遵守各地不同的有关规定,不要在有"禁止吸烟"、"请勿吸烟"标志的地方吸烟。

(8) 带团行走时,不要搭肩;候车、等人时不要蹲歇;与人交谈时,双手不宜叉腰或放在衣袋内。

(9) 不要随地吐痰,不乱扔垃圾,不在客人面前打哈欠、修指甲、剔牙齿、挖耳朵、掏鼻孔;咳嗽、打喷嚏时,应用手帕捂住口鼻,偏向一旁并说"对不起"。

(10) 不要随便去客人房间,即使要去客人房间,一般应电话预约,进门前先按门铃或敲门,不得擅自闯入。

96. 导游人员景点参观时的礼仪包含哪些内容?

(1) 在景点介绍的时候,如果人多,最好使用麦克风,要始终在客人左前侧方行走,如果有转弯的地方,要在转弯的外侧给客人指路。

(2)导游人员要强调景区中的卫生清洁,提醒游客不要有乱扔垃圾、攀折花木等破坏环境的行为。

(3)导游人员对文物古迹要特别保护珍惜,更不能带头违反规定。

(4)对待国内外的游客要一视同仁。

(5)导游人员要严格遵守时间,必须及时把每天活动的时间安排清楚地告诉每个旅游者,并且随时提醒。

(6)讲解中要尊重旅游者的宗教信仰、风俗习惯,特别注意他们的宗教习惯和禁忌,并且向有关人员提醒。

(7)要尊重老人和女士,对小孩多加关照;对残疾人要进行特殊服务,表现出热情、体贴而不怜悯;对重点客人接待服务要有分寸,不卑不亢。

(8)对旅游团的领队要尊重,做到有事商量,主动听取意见,以礼待人,力求协调,通力合作。

(9)导游讲解服务礼仪的基本要求是正确、简练、清楚、生动和灵活。

97. 世界公认的导游人员职业"三标准"和我国导游人员培训的"三严"各是什么?

"三标准"为受教育(学历)标准、人员素质标准、业务能力标准。

我国导游人员培训的"三严"是:严格训练、严格选拔、严格考核。

98. 导游人员在学习态度上须坚持的治学"四正道"是什么?

(1)要勤奋治学,且贵在坚持。

(2)要博览群书,并不耻下问。

(3)要严谨治学,且循序渐进。

(4)要精思明理,且不图虚名。

99. 导游人员在学习中要注意的"四勤"是什么?

(1)勤动眼。博览群书,注意观察。

(2)勤动嘴。多读多说,不耻下问。

(3)勤动手。多作摘记、总结,多写文章。

(4)勤动眼。多请教他人、多深入实践、多调查研究。

100. 导游人员的职业发展和生存空间面临什么挑战？

（1）角色定位。原来导游人员被定义为讲解员、联络员，甚至服务员，导游的角色定位单一化、基层化、模式化。

（2）产业变革。自驾游、度假游、体验游的兴起，要求导游人员转变角色、提升技能。

（3）行业失范。多年来的强迫购物、回扣、黑导等问题涉及行业道德与形象，对职业形象也造成了很大的消极影响。

（4）时代创新。大数据时代已悄然而至，导游人员的工作技能和生存空间受到影响。

上述挑战需要重新审视导游人员在旅行社和整个旅游业中的角色定位。通过角色的再定位，使导游人员在更广的平台以更宽广的视野投身于旅游事业的发展，真正成为旅游业发展的主力军。

101. 导游角色的再定位主要表现在哪几个方面？

（1）调研员。大数据时代要求旅游业对于旅游者的非结构化特征数据的统计更为科学、全面、细致，同时对于个性化旅游者的心理和行为特征的把握更要到位。而活跃在旅游业第一线的导游人员能第一时间了解到旅游者的满意度，听取旅游者投诉和建议，因此导游人员具有天然的调研优势。

（2）营销员。导游人员在为旅游者服务的过程中以良好的素质、诚心的服务赢得旅游者的高度评价，这不仅是对高质量服务的回报，同样也是对旅游目的地旅游产品的最好的营销。因此，导游人员不仅要向旅游者口头推销旅游目的地的旅游产品，更应以实际行动高度重视无形中的营销。

（3）规划师。导游人员在为旅游者提供导游服务过程中对旅游者的心理、行为特征、各地旅游资源禀赋、旅游产品设计等具有非常直观的认识。这些经验，对于丰富旅游专业工作者的知识结构具有十分重大的意义，有条件参与旅游规划，也是导游人员发挥专长的重要的平台。

（4）培训员。不少导游人员在长期的导游工作中，积累了丰富的导游服务经验，具有较高超的应变能力和导游技能。因此完全可以在团队建设、素质拓展方面成为一名旅游"培训师"。

（5）体验者。随着旅游业一些新型旅游设备、服务方式的逐步运用及新型产业业态形成，导游人员应当成为带领旅游者进行新设备和服务方式的试用及产业业态体验的重要力量。

(6)文化使者。导游人员对于文化的保护、宣传与推广不应仅仅停留在讲解上,还应努力帮助旅游者调解进入"异域文化"环境后,由于文化转换而导致的心态和精神等方面所受到的冲击。避免旅游者与"东道主"在文化方面发生"冲突",缓解旅游目的地的文化流失,进而从根本上保护民族文化。

导游不可不知的1000多个服务技巧

第二篇

导游服务知识篇

第一章　中外宗教、民俗与禁忌

1. 香港地区的饮食民俗包含哪些内容？

（1）早餐。饮茶是香港人富有特色的早餐方式。上班之前，不少人先到酒楼、茶楼饮茶。饮茶是边喝茶边吃点心。除饮茶外，有些人还喜欢到餐室饮"西茶"，多数是牛奶、柠檬茶、咖啡、面包、土豆之类。

（2）午餐。一般家庭的午饭都比较简单，多半是热剩菜，蒸一点或炒一点什么就算了。午餐很少招待客人，宁愿请你出去饮茶。

（3）晚餐。人们上一天班，都喜欢回去欣赏妻子的烹饪，在餐桌上享天伦之乐，因此，晚餐比较讲究，平时很少出外就餐。绝大多数都恪守粤式传统饮食方式，偶然添加些半中半西的菜式，如，牛扒、沙拉等，但用筷子不用刀叉。工作流动性强的职员则常常要到西餐馆饮下午茶、吃夜宵。

2. 香港地区的宗教信仰、禁忌包含哪些内容？

（1）宗教信仰。世界各大宗教在香港几乎都有人信奉。华人主要信仰佛教、道教；天主教教徒约有25.8万人；基督教教徒约28.5万人；伊斯兰教教徒约5万人；印度教教徒约1.2万人；还有少数锡克教和犹太教教徒。

（2）主要禁忌。香港忌称丈夫或妻子为"爱人"，因为在英语中"爱人"指的是"情人"，俗称"相好的"。所以，香港人介绍自己的丈夫或妻子时，称"我的先生"或"我的太太"，称别人的丈夫或妻子则是"您的先生"或"您的太太"；忌对中、老年人称"伯父"、"伯母"，而称"伯伯"、"伯娘"。探望病号忌送剑兰、茉莉、梅花。香港人过年过节从不说"新年快乐"、"节日快乐"，写信也不用"祝您快乐"，而喜欢说"恭喜发财"、"新年发财"、"万事如意"。

3. 澳门地区的饮食民俗包含哪些内容？

澳门的饮食民俗与香港的几乎一样，实际上也与广东一带的饮食民俗大致相同。若说略有不同的话，那也只是在澳门还有一些葡萄牙人，由于他们信奉天主教或基督教,因而饮食习俗就免不了受天主教或基督教的影响。不过,总的来说,澳门的饮食民俗是与广东的饮食习俗相似的。

4. 澳门地区的宗教信仰、禁忌包含哪些内容?

(1)宗教信仰。信奉佛教、道教、天主教、基督教等。

(2)主要禁忌。澳门人在生活中忌讳说不吉利的话,尤其是经商和年纪比较大的人。他们讨厌"4"字,也不愿说"快乐",因为广东话中的"4"字与"死"同音,"快乐"与"快落"同音。澳门在博彩业中忌说"输"字及其谐音。此外,由于受基督教文化的影响较深,普遍忌讳"13"和"星期五"。

5. 台湾地区的饮食民俗包含哪些内容?

台湾地区居民一日三餐,以大米为主食。日常饮食简单,而节日喜庆时,多用鸡鸭等丰盛的酒菜宴请客人。春夏之交,秋冬之际,多以中药炖煮动物性食品提神补身。台湾地区居民许多人都有嗜酒、祭祀神明、宴请客人必备良酒的习俗。菜肴多用味精、砂糖等调味。台湾地区街头巷尾,有各种各样的点心摊,多是乡土饭菜。酒楼饭店经营川、粤、京、津、苏、浙、湘、闽等地方风味饭菜。高山族同胞目前生活水平还比较低,有些仍以芋头、甘薯等为主食。

6. 台湾地区的宗教信仰、禁忌包含哪些内容?

(1)宗教信仰。台湾地区的宗教活动比较盛行,主要有佛教、道教、伊斯兰教、天主教、基督教、大同教、理教、轩辕教、天理教等9种信仰。

(2)主要禁忌。台湾地区有"死鸭硬嘴闭"、"七月半鸭仔,不知死期"等俗语。以鸭送人,使人感到不祥兆头。不用甜果赠人。甜果在台湾地区是指年糕。禁以手巾赠人。按台湾地区民间习俗,丧事办完,主人以手巾送给吊丧者,其意是让吊丧者与死者断绝往来。所以有"送巾,断根"之说。在台湾地区禁以扇子赠人,恋爱中的青年男女赠送扇子,表示冷淡的意思。禁用刀剪送人,刀剪属伤人利器,民间有"一刀两断"之说。台湾话"伞"与"散"同音,若把雨伞送人,犹如与对方有"散"之意。另外台湾话中"雨"与"与"同音,"雨伞"与"与散"同音,容易引起对方误解。不能送人镜子,因为镜子容易打破,破镜难圆;还容易有一种错觉,让人照照镜子,看看自己丑陋的形象。禁以钟送人,"钟"与"终"同音,"送钟"会让人联想"送终"之意。

7. 满族的饮食习俗包含哪些内容？

满族传统主食有煮饽饽（饺子）、米饭、秫米（高粱米）水饭、豆干饭、豆糕、酸汤子等。尤其喜欢吃黏食和甜味食品，如饽饽、年糕等。流传至今的"驴打滚""萨其马"都是满族传统点心。酸菜是他们喜欢的素食，或炒、或炖、或凉拌。而最能代表满族饮食文化的莫过于"满汉全席"。这种宫廷佳宴流传至今已有200多年的历史，又称满汉燕翅烧烤全席。

8. 满族的宗教信仰、禁忌包含哪些内容？

（1）宗教信仰。满族信仰萨满教。"萨满"是通古斯语，意为"疯狂的人"，汉译为巫师。满族萨满教的神职人员有管祭祀的萨满和跳神的萨满之分。一般满族家中除供观世音、关公、楚霸王神位外，还喜欢供"锁头妈妈"，用麻线拴一支箭在门头，一年祭三四次。祭时一般在晚上把箭头拿下来，摸黑磕头，祈求"锁头妈妈"保佑一家平安。

（2）主要禁忌。满族人不吃狗肉，不打狗，不使用狗皮做的取暖物品。这与满族的犬图腾崇拜、祖先崇拜有关，也与狗在满族人生产、生活中所起的重要作用有关。

9. 为什么满族人忌吃狗肉？

满族人忌吃狗肉，也不戴狗皮帽。据说远古时，有个满族人遇难，被家犬所救，后人为纪念"义犬救主"之恩，而形成了这种习俗。

10. 彝族的饮食习俗包含哪些内容？

大多数彝族人习惯于日食三餐，以杂粮面、米为主食。安宁河、大渡河流域的彝族，早餐多为疙瘩饭，午餐以粑粑为主食，备有酒菜。在所有粑粑中，以荞麦面做的粑粑最富有特色。据说荞面粑粑有消食、化积、止汗、消炎的功效，并可久存不变质。

11. 彝族的宗教信仰、禁忌包括哪些内容？

（1）宗教信仰。彝族民间形成了以祖先崇拜为核心，集自然物崇拜、图腾崇拜、灵物崇拜为一体的传统信仰。

①祖先崇拜。彝族人普遍认为已故祖先有3个灵魂。这3个灵魂各有不同的归宿。其中一魂守焚场或坟墓；一魂归祖界，与先祖灵魂相聚；一魂居于

家中供奉的祖先灵位上。

②自然崇拜。在彝族民间信仰中,天地、日月、风雨、雷电、山川、水火乃至一树一石、一兽一鸟都有精灵主宰。所以,彝族主要的崇拜对象有天、地、石、山等。

③天崇拜。云南弥勒西山彝族逢腊月祭天神。

④地崇拜。彝族的地崇拜一般都与农业生产相关。

⑤石崇拜。祭石神的彝区很多,但目的各异,有的是为求子,有的是为保佑小孩子健康,有的是为了平安,有的是为丰收等。

(2)主要禁忌:

①忌火把节次日下地干活。

②忌正月初一串门。

③忌泼水饮水。

④禁食狗、马、熊等动物的肉。

⑤过年3天内忌新鲜蔬菜进屋。

⑥忌肉食露天进屋。

⑦过年7天内禁推磨。

⑧忌餐后把汤匙扣于碗盆的边沿。

⑨忌舀汤时反手用木勺。

12. 朝鲜族的饮食民俗包含哪些内容?

朝鲜族人以大米、小米为主食,喜食干饭、打糕(年糕)、冷面。嗜酸辣,每日不离大酱和清酱,爱吃狗肉、猪肉、泡菜、咸菜,不吃羊肉、肥猪肉、河鱼、花椒及带甜味的菜,爱喝烧酒、饮花茶。

13. 朝鲜的宗教信仰、禁忌包含哪些内容?

(1)宗教信仰。朝鲜族受儒家思想影响较深,信仰宗教的人较少,有少数人信仰道教、佛教、基督教新教、天主教等。

(2)主要禁忌。忌敲门,到朝鲜族人家造访时,应呼叫主人,不得叩门。

14. 蒙古族的饮食民俗包含哪些内容?

蒙古族以牛、羊肉和奶酪品为主食。喜吃烤肉、烧肉、手抓肉和酸奶疙瘩等。一般一日三餐:早餐多为奶茶、馍馍和酥油;中餐不定时,谁饿谁吃;晚餐吃肉,有汤,内放少许面条。饮料有马奶、牛奶、羊奶及奶茶、泡子酒、奶子酒、砖茶等。嗜饮砖茶,冬季喜喝泡子酒,夏季多为奶子酒,也喝烈性酒。农区以米面为主食,喜吃包子、饺子、蒙古馅饼和炒面等。

15. 蒙古族的宗教信仰、禁忌包含哪些内容?

(1)宗教信仰。蒙古族早期信仰萨满教。后来,藏传佛教在蒙古地区兴盛起来。主要祭祀活动有祭"腾格里"、"祭火"、"祭敖包"等。

①祭"腾格里",是蒙古族的重要祭典之一。"腾格里",蒙古语音译,意为"天"。祭天分以传统奶制品上供的"白祭"和以宰羊血祭的"红祭"两种祭法,多在七月初七或初八进行。

②"祭火",蒙古族的牧民、猎民十分崇拜火。祭火分年祭、月祭。年祭,在农历腊月二十三举行,届时,在长者的主持下将黄油、白酒、牛羊肉等祭品投入火堆里,感谢火神爷的庇佑,祈祷来年人畜两旺、五谷丰登。月祭,常在每月初一、初二举行。

③"祭敖包",是蒙古族人自古流传下来的宗教习俗,在每年水草丰美时节举行。敖包是石堆或鼓包的意思,届时,供祭熟牛羊肉,主持人致祷告词,男女老少膜拜祈祷,祈求风调雨顺、人畜平安。祭祀仪式结束后,常举行赛马、射箭、摔跤等。

(2)主要禁忌:

①习惯禁忌。蒙古族人忌用手指天空中的星星。这与崇拜天的原始信仰有关。进蒙古包要将马鞭立于门侧,不能带入包内;绝不能打牛、马的头部。

②服饰禁忌。帽子是蒙古族人神圣不可侵犯的头饰。因此,他们最忌讳随处扔帽子或用其他东西触摸、玩弄帽子。

③居住禁忌。蒙古族人忌讳脚踏门槛;对蒙古包内的座次也有严格的规定。蒙古族人平时尚右,毡包内则中为上,右次之,左为下,主人或贵宾尊长中坐,男人居右,女人居左。座次错乱是一大禁忌。这一习俗一直流传至今。

④日期禁忌。蒙古族人对农历每月的初一、初八、十五很重视。这与佛教的有些理论有关。一般在这些日子不举行婚礼,病人不出远门,病已痊愈的人要提防旧病复发等。

⑤火的禁忌。蒙古族人对火非常崇敬,如,不能向火中泼水,不能用刀、棍在火中乱捣,不能向火中吐痰等。

16. 回族的饮食民俗包含哪些内容？

回族以米面为主食，喜吃牛、羊肉和鸡、鸭、鹅、鱼、虾等。在宰杀牲畜前，要请阿訇念经。喜喝茶，不嗜烟、酒。有的地区喜吃油茶。

17. 回族的宗教信仰、禁忌包含哪些内容？

（1）宗教信仰。回族信仰伊斯兰教，并由此形成了独特的文化传统和风俗习惯。

（2）主要禁忌。回族的禁忌习俗主要有三大类：在饮食方面，禁食猪、狗、驴、骡、马、猫及一切凶猛禽兽、自死的动物、血，以及非伊斯兰教方式屠宰的牲畜；禁止吸烟喝酒等；在信仰方面，禁止崇拜偶像等；在社会行为方面，禁止放高利贷、赌博等。

18. 哈萨克族的宗教信仰、禁忌包含哪些内容？

（1）宗教信仰。哈萨克族信仰伊斯兰教。

（2）主要禁忌。有关宗教信仰方面的禁忌，主要是忌食猪肉和非宰杀而死的牲畜及动物的血。牲畜一般要由男性宰杀。吃饭时，不能把整个馕拿在手上用嘴啃，同时吃饭时最好戴上帽子，表示尊敬。在毡房内不许坐床，要席地盘腿，坐在地毯上，不许把两腿伸直，更不能脱甩鞋子。在交谈和吃饭时，最忌讳擤鼻涕、吐痰、打呵欠、放屁等。不能当面数主人的畜群。不要用脚和棍棒追打牲畜的头部。不能跨过拴牲畜用的绳子。走路遇羊群要绕道而过。不许乘马进出羊群。不要当着主人的面追打猎犬和守门的狗。不许当着父母的面赞美他们的孩子，尤其不能说胖、俊之类的词。哈萨克人认为每礼拜二、五是不吉利的日子，不能外出。忌讳客人在毡房门前停留。要在拴马桩那里下马。最忌讳损坏或拔掉青草，因为青草是草原生命继续的象征。

19. 维吾尔族饮食习俗包含哪些内容？

维吾尔族以面粉、大米为主食，肉食以羊肉为主。常见的面食为"馕"，喜庆节日或待客则吃"抓饭"。喜喝奶茶或喝茶水、吃奶油。一般每日三餐：早饭吃"馕"，喝奶茶或茶水；午餐是各类主食，并有副食佐餐；晚餐亦为"馕"和茶，有时也有副食。

饭前饭后习惯洗手、漱口，以壶冲洗，下以盆接，且只限3下。吃"抓饭"

时,预先还须剪指甲。喝汤用木勺。吃饭时,将"饭布"铺于炕上,然后一家人围坐就餐。

20. 穆斯林的姓和名有什么特点?

穆斯林的本名多半带有美好的含义或浓厚的宗教色彩。除本名外,有的还有别名。阿拉伯穆斯林完整的全名包括:本名·父名·祖父名·别名·称号。在中国许多穆斯林所使用的姓可分为三大类:①汉族姓。②纯伊斯兰姓。回、哈、虎、喇、赛、里、巴、萨等。③准伊斯兰姓。马、麻、白、满、蓝、洪、丁、古、宛、穆等。

21. 壮族饮食习俗包含哪些内容?

壮族以大米、玉米、木薯、红薯为主食。木薯一般煮吃或加工成面粉后烘粑粑吃。年节则爱吃粽子、糍粑和米粉。壮族古俗不吃牛肉,至元朝才盛行食牛肉之风。至今在少数偏僻山区,仍存不食牛肉古俗。

22. 壮族的宗教信仰、禁忌包含哪些内容?

(1)宗教信仰。壮族崇拜祖先,信仰多神。唐宋以后,佛教、道教传入壮乡,对壮族文化影响较深。

(2)主要禁忌。不称"猪肝"称"猪湿";不称"猪舌"称"猪利",因当地方言"干"与"舌"为亏本之意;忌食牛肉和蛙肉;忌讳用脚踩踏锅灶,禁止在灶上煮狗肉;忌筷子跌落地,认为不吉利;吃饭时忌用嘴把饭吹凉,更忌把筷子插到碗里;忌从晾晒的妇女裤子下走过;夜间行走禁止吹口哨;无论家人、客人,忌坐门槛中间;家有妇女时,门上悬挂草帽一顶,暗示外人不得入内。

23. 布依族饮食民俗包含哪些内容?

布依族以大米、玉米为主食,辅之以小麦、荞麦、薯类等。喜食酸辣,饮水酒、吸叶子烟。节日常以糯米粑粑为主食。有的地方喜用顶罐煮饭,其味极香。

24. 布依族的宗教信仰、禁忌包含哪些内容?

(1)宗教信仰。信鬼神,尤崇拜祖先,也有信外教的。

(2) 主要禁忌:

①婚日忌。结婚须择吉日。是日,全寨人家不得推磨舂碓。

②性禁忌。严禁婚前性行为和白昼性行为。

③生育禁忌。孕妇的丈夫忌狩猎、捕鱼,产妇不准穿行自家的堂屋,未满月,也不能到别人家去。

④生活习俗禁忌。大人忌蹲坐、站立及与老人同行,让老人行于先;路遇长者须立即站立路边,长者过后方可继续行走;与长者同席,青、壮年只能坐左右席,而长者坐上席;在长者面前不可跷二郎腿、吐痰、挖鼻屎、嬉笑打闹;向长者递烟、茶忌单手递送,须用双手;老者、客人在楼下时,年轻人特别是儿媳不能取东西,否则夫妻会分离;新娘出阁及亡人出柩,忌触及大门两侧和门栏,否则不吉利。

25. 侗族的宗教信仰、禁忌包含哪些内容?

(1) 宗教信仰。占统治地位的是侗族固有的信仰——多神崇拜,除信奉老祖母"萨岁"外,还敬保护神、邪神和喜神。保护神有祖神、土地神、山神、水神、火神、郎家神等;邪神有瘟神、鬼、怪、妖等。

(2) 主要禁忌。严禁在山林中高声乱叫,严禁互相呼唤人名,在土地神的生日忌动土。

26. 瑶族的宗教信仰、禁忌包含哪些内容?

(1) 宗教信仰。瑶族主要信奉原始宗教与道教,也有信仰佛教崇拜观音菩萨的。广西十万大山地区的瑶族还有信仰天主教的。

(2) 主要禁忌。瑶族禁忌很多,在社会生产和生活各个方面都有体现。如在建新屋时忌在墙上钉钉子和用脚踏灶,以免冒犯家神、灶神等,忌鼠、鸟、龙、野猪、风、雷婆等。

27. 高山族的饮食民俗包含哪些内容?

高山族以谷类和根茎类为主,一般以粟、稻、薯、芋为常吃食物,配以杂粮、野菜、猎物。山区以粟、旱稻为主粮,平原以水稻为主粮,平埔还特产香米,喜食"万草膏"(鹿肠内用草浆拌上盐即成)。高山族嗜烟、喜嚼槟榔。

28. 高山族的宗教信仰、禁忌包含哪些内容？

（1）宗教信仰。高山族至今仍保留有原始宗教信仰和仪式，一般迷信鬼神，相信鬼神不灭，崇拜祖先。如，排湾、鲁凯人还以百步蛇为图腾崇拜。每年举行各种祭祀活动。有狩猎祭、渔祭等。人死无棺椁，但有固定的墓地。

（2）主要禁忌。高山族禁忌很多，有属于视觉的，如，禁忌遇见横死者及其葬地；属于触觉的，如，禁忌接触神物；属于行为的，如，禁忌排气、打喷嚏；特殊禁忌，女人不能接触男人使用的猎具、武装，不得擅自进入男性会所和祭祀场地；男人不能接触女人使用的织布机和生麻；生育方面禁忌双胞胎。

29. 纳西族饮食习俗包含哪些内容？

纳西族以小麦、大米、玉米为主食，山区另掺一些青稞、荞麦和洋芋，喜食酸辣。有的地区早午两餐吃粑粑、杂粮，晚上多吃米饭。有的地区受藏族影响，爱喝酥油茶，以青稞、大麦、荞麦为主食。吃饭时用木制餐具。吃肉时由父亲掌勺平分，媳妇负责加添饭菜。一般喜爱饮酒、吸草烟。

30. 纳西族的宗教信仰、禁忌包含哪些内容？

（1）宗教信仰。纳西族在漫长的历史发展过程中形成了自己的宗教——东巴教，而纳西族东部方言区——永宁摩梭人，信仰打巴教（一说"达巴教"），这就形成了纳西族的宗教文化。东巴教是纳西族信仰的一种民族宗教，流行于以云南丽江为中心的纳西族方言区。因其经师被称为"东巴"而得名。东巴教没有统一的组织、教规、寺庙、宗教财产和职业教徒队伍，但其已渗透到了整个纳西族社会的物质生活和精神生活之中。

（2）主要禁忌。纳西族忌在公共场合高声喧哗，说粗话。骑马到村前必须下马，也不能把马拴在祭天的地方。纳西族重信誉、讲义气，一般不计较因不懂纳西族的习俗礼仪而产生的过失。座位虽无严格区分，但讲究老幼尊卑、男女有别。在会客和饮食场合要坐姿端正，忌高声喧哗、猜拳、行令。不要踩踏饭桌横档。当主人敬烟酒、盛饭时，应双手相接，当表谢意。吃饭时忌敲碗筷，忌翻菜，忌接连不断地夹菜。进入纳西人家时，不可打主人家的狗。不可当着主人或客人的面打骂小孩，不能擅自进入老人和女人的卧室。祭天、祭祖先、祭战神时，忌外人观看。忌跨竖在大门口的"陆石"、"色石"，忌跨火塘，忌坐门槛。忌用刀斧在门槛上砍东西，忌吃狗肉、马肉、猫肉和水牛肉。每年进入

1~7月,这段时间不准打鸟,不准狩猎,不准捕鱼,不得污染水源,不准向水源吐痰、大小便、倒垃圾,不准在河里洗涤污秽物品,取用井水遵守规定。正月初一晨忌陌生人进家门,忌妇女早起床。

31. 羌族的饮食习俗包含哪些内容?

羌族以大米、青稞、洋芋和荞麦为主食,辅以小麦和玉米。青稞和小麦的吃法主要是做成炒面,供旅途或放牧时食用。玉米或磨成细颗粒,蒸成玉米饭,称为面蒸蒸。或掺入大米混蒸,称为金裹银或银裹金。或加蔬菜煮成玉米稀饭,称为面汤。或磨成面,不经发酵,而加以麦面做成馍馍,先用锅炕而后再用火烧食,称为"锅塌子"。多食酸菜或腌菜。

32. 羌族的宗教信仰、禁忌包括哪些内容?

(1)宗教信仰。原始宗教是白石教,多神信仰,宗教祭祀"释比"巫术。

(2)主要禁忌。禁止火塘里的火熄灭,不准向火塘里吐痰、踏脚和搭尿布;严禁为凶死者择定火葬日期和时辰,与家中任何人的生日、时辰相同;病人忌见生人,在病人房内,禁止吹口哨;祀祭时,禁忌任何人进行打猎和砍薪活动;每逢干旱之时,要举行祈雨,此时也禁忌人们上山打猎、砍柴和挖药材。

33. 苗族的饮食习俗包含哪些内容?

苗族大多是一日三餐,也有吃四餐的,早餐与晌午餐(上午11:00要吃一次饭)以杂粮(玉米、红薯等)为主食,午餐和晚餐以大米为主食。早餐和晌午餐苗族人叫作吃茶。苗族的日常饮食多为素食。在肉食方面,逢年过节或宴会待客时,才以猪肉、牛肉、鸡、鸭等为珍品。在蔬菜方面,除家种蔬菜外,还常食用野菜。苗家喜爱川盐,喜爱烧酒(玉米酒)、米酒和糯米甜酒,喜爱油麻糖、阴米糖,喜爱吸烟,但极少有妇女吸烟。

34. 苗族的宗教信仰、禁忌包含哪些内容?

(1)宗教信仰。旧时苗族的主要信仰有自然崇拜、图腾崇拜、祖先崇拜等原始宗教形式,此外还迷信鬼神。对一些巨型或奇形的自然物,苗族往往认为是一种灵性的体现,因而对其顶礼膜拜,酒肉祭供。其中比较典型的自然崇拜物有巨石(怪石)、岩洞、大树、山林等。

(2)主要禁忌。忌狗肉上灶,忌在屋里煮蛇肉。陷入险恶环境中忌嬉笑,忌刀口朝上,忌用凶器指人。父母或同村人去世,一个月内忌食辣椒。忌在家里或夜间吹口哨。

35. 白族饮食习俗包含哪些内容?

白族多以稻米、小麦为主食,山区则以玉米、荞麦为主。吃饭时,长辈坐上席(首席),晚辈依次围坐两旁,并添饭泡汤。喜吃酸冷、辣味。善腌火腿和制作弓鱼、螺蛳酱、油鸡棕等食品,尤喜饮茶,常以烤茶待客。

36. 白族的宗教信仰、禁忌包含哪些内容?

(1)宗教信仰。白族地区存在多种宗教信仰。不少人信佛教、道教,少数人信仰基督教和天主教。白族人崇拜"本主"神灵,认为它是保佑本村、本地或本境之神。本主崇拜源于龙图腾崇拜。

(2)主要禁忌。白族逢春分、清明、大暑、小暑、立秋等日均忌下田劳作,认为这样会伤地脉龙神,农田长势不好。为避灾荒,白族忌初一、十五劳动。

白族人看重子嗣,禁忌常关屋门,唯恐"关门绝户"。又以为门槛是家神凭依之处,不能随意坐、踏,或站在其上,尤其禁止用刀砍或者以其为砧在上边砍东西。反之,家里就会招惹灾祸,殃及人畜、亏财蚀物。白族严禁女人从男人使用的刀、枪、马鞭、马鞍子、套马杆、犁、锄、扁担等工具上跨越,更不得用脚踢踏,否则,晦气不断,劳作无获。

37. 傣族的饮食习俗包含哪些内容?

傣族以大米为主食。德宏地区主要吃粳米,西双版纳一带爱吃糯米。肉类以猪肉为主,牛肉次之。喜油煎炸而食,不喜炒食;好食酸冷食物,善饮酒,甜米酒是男女老少喜爱的饮料。一般每日吃两餐,中午只吃早餐做好的少许米饭。吃饭时全家人席楼而坐,围一小篾桌。一般用碗筷,若吃糯米饭,则用手捏成团而食。

38. 傣族的宗教信仰、禁忌包含哪些内容?

宗教信仰。傣族多以小乘佛教为全民信仰,但同时又保留了部分原始信仰,近代以来在一些地区又出现了基督教等宗教信仰。

主要禁忌。傣族民间的禁忌很多,在生产、生活、佛教中,村寨里都有各种不同的禁忌。

(1)生产禁忌。每月初一、十五及逢年过节都不出工劳动。撒秧、插秧、种玉米要选吉日,忌羊日下种。吃新谷要选日子,忌猪日、马日吃新谷。妇女不许犁田,男人不许栽秧。妇女只许割谷,不许挑谷。

(2)生活禁忌。在景谷地区,房屋中央所设的床位妇女不能坐。房屋中厅所设的床不能挂蚊帐。睡觉时必须脚朝外,即对着门。在西双版纳、德宏地区,忌在家里剪指甲,认为这样不吉利。客人到主人家,未经主人允许,不得偷看主人卧室,更不能进入卧室。客人不能坐门槛,如果客人宿主人家,也只能睡在堂屋,头部不能朝着主人卧室的方向。不论自家或外人,不能在房内杀鸡。

(3)村寨之间的禁忌。不得赶猪从他寨人家房屋下经过;不得挑鸡进入他寨人家;忌进入他寨不关寨门;忌披头散发进入他寨;忌将锄头扛在肩上进入他寨人家里;忌将砍得的树枝叶子拖着进入他寨;忌将马拴到他寨栅栏的木桩上;忌将裤脚卷到大腿进入他寨。

39. 藏族的饮食习俗包含哪些内容?

(1)绝大部分藏族以糌粑为主食,即把青稞炒熟磨成细粉。特别是在牧区,除糌粑外,很少食用其他粮食制品。糌粑既便于储藏又便于携带,食用时也很方便。藏族副食以牛、羊肉为主,藏族食用牛、羊肉讲究新鲜,民间吃肉时不用筷子,而是将大块肉盛入盘中,用刀子割食。肉类的储存多用风干法。

(2)藏族喜食酥油。酥油是从牛、羊奶中提炼出来,除饭菜用酥油外,还大量用于制作酥油茶。酸奶、奶酪、奶疙瘩和奶渣等也是经常制作的奶制品。

(3)藏族普遍喜欢饮用青稞酒。

40. 藏族的宗教信仰、禁忌包括哪些内容?

(1)宗教信仰。藏族人民大部分信仰藏传佛教。藏族早期还信仰"苯教"。

(2)主要禁忌。藏族严禁随便步入经堂。佛像和寺庙里的经书,钟鼓及活佛的身体,佩戴的念珠、护身符等,在藏族人的心目中视如圣物,他人一律不得触及。不然会触怒神灵,降灾祸予以惩戒。丧葬期间禁止穿红色服饰,以免冲撞鬼神,对逝者不利。青海的藏族同胞不允许在帐房上面晾晒褥子、靴子、毡子,否则,会认为惹怒神明,罹祸于家人。藏族饮酒时须用小拇指从杯里蘸一点儿酒,弹向空中或地下,以示敬献神灵,而后方可自饮。藏族有"忌门"的习俗,在病人家门上用树枝、草、旗、红布、竹笠等物做记号,设门标,禁止他人出入。

41. 土家族的饮食习俗包含哪些内容?

土家族以大米为主食,山区主食玉米。喜食酸辣,有"辣椒当盐"之说。善饮酒,有的地区喜喝茶汤。玉米的吃法,一般是磨成面,蒸熟,或做成玉米楂子粥而食。

42. 土家族的宗教信仰、禁忌包括哪些内容?

(1)宗教信仰。过去,土家族的宗教信仰是崇拜自然,万物有灵,敬奉祖先,信鬼尚巫等。

(2)主要禁忌。土家族敬火塘。火塘及其三脚架是每个家庭禁忌的中心所在,每逢有大的举动必须先恭恭敬敬地告之于火塘,平时不许对其有任何亵渎。

土家族对虎有称谓禁忌,为忌"虎"字,便以"猫猫"代指老虎。过去土家族认为逢五不吉,禁止生产,所以每月的初五、十五、二十五都是"法定"的农休日。

土家族忌在室内吹口哨,特别是夜间在别人家玩时更是忌讳此举。还禁忌在室内唱歌、讲粗话及摆弄琴、笛、锣、鼓等乐器。土家族不准男人与姑娘开玩笑,不允许外人(男性)和姑娘同坐一条板凳。不准妇女坐堂屋门槛。相传如有犯忌会辱没宗神,导致家中遭灾破财。

(3)饮食禁忌。土家族不许小孩和未上学的人吃鸡爪子,怕上学读书时写字似鸡爪,写不好字;不能吃猪鼻子,说长大了,会像猪那样高声打鼾;不得吃敬奉神灵的肉、菜、饭等,否则,记忆不好;禁止吃猪尾巴,怕一生落后,事事掉队。

43. 黎族的饮食习俗包含哪些内容?

黎族以大米为主食,辅以木薯、红白薯。一般一日三餐,习惯在收割时将稻穗摘下,储存仓中,吃时一把一把拿出来放入木臼中脱粒,舂一次吃一次,故妇女黎明即起来舂米。以三石为灶。用陶锅煮食。肉食以火去毛,拌以米粉、野菜腌渍成酸而食。男子嗜烟、酒,习惯用陶缸盛酒喝,烟以竹制水烟袋吸食。有的地区以小竹管吸酒敬客。妇女喜嚼槟榔,裹以贝壳灰和青蒌叶。

44. 黎族的宗教信仰、禁忌包含哪些内容?

(1)宗教信仰。过去,黎族没有形成统一的宗教,各地均以祖先崇拜为主,也有自然崇拜,个别地区还残留图腾崇拜的痕迹。从事宗教活动的人,黎族称为"道公"、"娘母"。道教传入后,对黎族产生了一些影响,但只是利用了道教的一些名称、法器和形式,核心内容仍然是黎族的祖先崇拜和自然崇拜。

(2)主要禁忌。在黎族民间,忌讳别人当面提及自己先辈的名字,部分地区对猫禁杀忌食。

45. 畲族的饮食习俗包含哪些内容?

(1)平时,畲族饮食和当地汉族相同。主食大米和甘薯,杂粮有麦、高粱、小米、玉米及南瓜、马铃薯、芋头等,副食有竹笋、蔬菜、野菇、野菜、鱼、肉、蛋等。

(2)节日食品较有特色,主要有乌米饭(农历三月食用)、菅叶粽(逢端午节用于供奉敬祭祖宗,还用于馈赠亲友)和糍粑等。

46. 畲族的宗教信仰、禁忌包含哪些内容?

(1)宗教信仰。畲民十分重视祖先崇拜。每年二月十五、七月十五、八月十五为祭祖日,有的还在端午节小祭祖。祭祖乃畲族最重视的宗教生活。畲族祭祖,又称"做树头"、"做阳"、"聚头"、"学师"。这是对祖先的怀念和祭奠,也是对子孙的训勉。

(2)主要禁忌。过去畲民在农业生产活动中往往祈求神明保佑风调雨顺、五谷丰登,因而产生了一些禁忌习俗。

① 生产禁忌。正月二十日禁止做田工。三月三日不下田,否则田会断水路。"封龙节"不准动铁器,不准拿锄头下田,否则会闹水灾。立秋日不能动土,不能用牛。这一天要上山打猎,不耘禾,故有"人歇昼,禾歇秋"之说。每年七月二十四日和白露两天,禁止上山采茶,否则认为茶叶会生虫。

② 生活禁忌。除夕要扫地,初一至初四不扫地,初五早上扫地,把垃圾放在路口烧掉,叫"送年"。正月十五以前不能晒衣服,否则养不好鸡。产妇四十天内忌沾冷水,忌吃青菜及肥猪肉,少吃食盐,只吃米饭、鸡蛋、红糖、酒等。婚后回娘家要住双日,不能住单日。结婚当天,公婆不见媳妇。家存为老人预备好的寿棺,平时不能开启,否则不吉利。

47. 藏族"哈达"的含义是什么？

"哈达",是藏语音译,指围巾。它以白色为主,亦有浅蓝或淡黄的。无论在婚、庆、丧、吊等活动中哈达都可作礼品用。藏文的"哈"是口的意思,"达"是马的意思,两字直译就是口上的一匹马,即说这种礼物相当于一匹马的价值。藏族人民在交往中,将"哈达"赠给对方作为见面礼。敬献时仪式隆重,讲究赠送方式,敬献者双手托起"哈达"高举过头。

48. 维吾尔族人在用饭前后有何习惯？

维吾尔族人在饭前、饭后习惯洗手、漱口。洗手时以壶冲洗,下接以盆,且限冲三下;洗手后不可甩掉手上的水,要用毛巾等擦干。

49. 到维吾尔族人家中做客应注意哪些禁忌？

到维吾尔族人家做客应注意以下六项禁忌：

(1)洗手时,不可将手上的水乱甩。
(2)要等长者坐好后方可就座。
(3)吃抓饭时不要满盘乱抓或抓过的食物再放入盘内。
(4)吃剩的残骨不要乱扔,应放在自己面前的餐布上。
(5)用餐时外出切不可从餐布上跨过,或从客人前面走过。
(6)不能在客人和主人面前吐痰、擦鼻涕等。

50. 抛绣球是我国哪个民族的自由恋爱习俗？

抛绣球是我国壮族青年表达爱情的一种方式。壮族青年在赶歌圩的时候,姑娘们手提五彩缤纷的花绣球,整齐地排队唱山歌,若见到中意的小伙子,便把绣球抛给他。小伙子接过绣球,如果对姑娘满意,就把小件礼物缠在绣球上扔回去,如此便确定了恋爱关系。

51. "袈裟"的原意是什么？

"袈裟"是梵文的音译,原意是指"不正色"(杂色)。根据佛门规矩,剃发、染衣、受戒是取得僧人资格的必要条件。染衣和剃发一样,是为了表示从此舍弃美好装饰,过简朴的生活。所以,僧服摒弃青、黄、蓝、赤、白"五正色"及绯、红、紫、绿、碧"五间色",而染成"袈裟"色,即铜青、泥褐、木蓝色,才算"三如法色"。这样"袈裟"也就成僧服的专用名词了。

僧人所着的袈裟,原规定只有三衣,其中一件是"五衣",即由5条布缝缀成的衬衣,一件是"七衣",即由7条布缝缀成的上衣,一件是由9条以至25条布缝缀成的大衣(我国俗称"祖衣"),是遇有礼仪或外出时穿着的。

现在世界各地的僧人服制都有所改变。根据佛教典籍记载,袈裟有12种名称,5种功德。

52. 与苗族人交往要注意什么?

苗族人家门上若悬挂草帽,或插青树枝,或遇到苗家在举行婚丧祭祀时,客人不要进屋;路上遇到苗家新婚夫妇时,不能从他们中间穿过。

53. 福建惠安女的装束有什么特点?

福建惠安妇女一般穿的衣袄特短,而裤却很宽肥,终年以巾包头,袄裤不相连接,也不相互遮盖,腰肚部分很容易露出。

54. "无事不登三宝殿"和"唐三藏法师"是什么意思?

所谓"三宝殿",是指佛教寺院里的三个活动场所。"三宝"即佛、法、僧。"佛"是指僧人"大众登场办事"的地方;"法"是指佛家珍藏经典之所;"僧"是指和尚"燕息"(睡觉)的"静寂禅房"。这些地方是不准随便登门游览的。

"三藏"是对庞杂浩繁的佛教有关经籍的统称。它包括佛经、佛律和佛论三大部分。"经"(经藏),即佛经所言(一般都是由佛的弟子复述出来的,所以"经"的开始都是由"如是我闻"起首)"技师经"。"论"(论藏),是对"经"加以解释和阐述的各宗派学说、论著。"律"(律藏),是佛教僧侣行为的规范和宗教仪式的规则。"三藏法师",是对法师的最高尊称(头衔),指精通"经"、"律"、"论"三藏的法师。唐三藏是对唐朝高僧玄奘的尊称。

55. 何谓金瓶掣(抽)签?

1727年,清廷设置驻藏大臣,规定与达赖、班禅共同管理西藏地方事务。后又由清朝皇帝赐一金瓶(即金奔巴瓶),专供寻认灵童之用。该瓶口内插有签筒,筒内放置如意头象牙签五支。凡寻认灵童时,邀集四大护法,将灵童的名字及出生年月,用满、汉、藏三种文字写于象牙签上,放入瓶内。选派有真才实学的活佛,祈祷7天,然后由各呼图克图和驻藏大臣在大昭寺释迦牟尼佛像前正式认定。如果找到的灵童只有一名,需将一个有该灵童名字的象牙签和一个没有名字的象牙签同放入瓶内,如抽出没有名字的象牙签,就不能认定已经寻得的灵童,而需另行寻找。达赖喇嘛和班禅额尔德尼的转世也是一样,需经金瓶掣签才能确定。

56. 跳出三界外,不在五行中的"三界"、"五行"指什么?

佛教把世俗世界分为欲界、色界、无色界,皆处在生死轮回过程中。人物是有情众生的三种境界。另说三界为上、中、下三界,即天堂、人间、地狱。

五行,则是古人认为构成万物众生的金、木、水、火、土五种基本元素。

57. 道教吸取了巫术中的哪些杂术?

道教主要吸收了巫术中的如下杂术:

(1)符。巫术认为,具有神力的文字能够驱邪避灾。这种文字就是符。不少符演变为各种奇怪形状的文字和图案。符可能是由桃枝和画符治鬼演变而来的。由于"桃"与逃跑的"逃"字同音,故古人产生了鬼见了桃枝就会恐惧逃跑的神话,后也有用桃木板驱鬼的,板上写字或画图,就是最早的符。后画在绢或纸上。由于虎凶猛异常,古人认为虎能食鬼,故画虎于门楣上,后演变为符。

(2)咒。降神中的歌词、祈祷词被认为具有神力,可驱邪避灾,即咒。

(3)水与镜的使用。水能去垢,以柔克刚,镜能照物,驱鬼避邪。

(4)傩。道士持剑驱鬼,吸收了古代驱鬼除疫的仪式,即傩。

58. 愚人节的由来?

在西方国家的大部分地区几乎都有一个类似愚人节的假日。在这一天可以随便跟朋友和邻居们开玩笑。一般人认为愚人节的传统是起源于法国,因为当历法改变时,法国最先采用新历。1564年查理九世下令以每年的1月1日为一年之始,在此之前各国都以4月1日为新年,亲朋好友之间互赠年礼。查理九世发出命令之后,一般人都改在1月1日拜年送礼,但是有固执的人却不愿意接受这种改变,于是其他人就以此来嘲弄他们。他们就在4月1日,送一些可笑的礼物给那些固执的人,骗说要去拜访他们,或者在这一天模仿新年的庆典来嘲弄他们等。换句话说,就是在4月1日那天,把那些人当成愚人。

59. 《圣经》是一部什么样的书？

《圣经》，是基督教的经典，由《旧约全书》和《新约全书》构成。《旧约全书》，原是犹太教经典，后被基督教承受下来。它讲的是上帝创造天地万物和人类的神话，以及历代以色列人的传说、法典等，也反映了当时一些社会生活。《新约全书》，随着教会在非犹太人中传教而产生，是基督教的使徒和弟子著作的汇编，称是上帝通过基督流血受难而与人类订立的新约。主要讲的是基督耶稣的生活、传教、受难及其弟子等传播福音的故事和书信、思想汇集。《圣经》（新、旧约全书）的内容和目次于公元397年正式确定下来，并流传沿用至今。

60. 基督教的"十字军"是怎么回事？

基督教的"十字军"是罗马天主教会用来进行"圣战"的队伍，是他们镇压异端和异教的武装，也是他们掠夺抢劫的工具。1095年教皇乌尔班二世（1088—1099年），为掠夺东方特别是耶路撒冷而号召组建"十字军"（因参加者衣服上缝有红十字作为徽号而得名），开始了第一次东征。十字军一路烧杀强夺，最后占领了小亚细亚及地中海东岸许多重要港口。在其后长达近200年中，西欧封建主组成的十字军借口夺回圣地，以宗教为旗号，对东方先后进行了8次大规模的侵略性远征。同时罗马教廷对内部的异端也曾发动十字军进行镇压活动。

61. 日本人交往中注重什么礼俗？

日本人好胜心比较强，但上下级、长晚辈之间等级界限却分得很清。在待人接物时注重谦恭有礼，行传统鞠躬礼时双手扶膝，躬身90度，往往长达一分多钟。妻子送丈夫、晚辈送长辈外出而行鞠躬礼时，往往要持续到看不见其背影时才可以起身。与人交谈时，常用谦语，贬己抬人。受礼时常说高抬了自己，以表示不能接受礼品；送礼时则常说自己送的礼品不好。向别人介绍自己的妻子、儿女时常多说不足之处。

62. 为什么在日本一些地方一般不穿白色和红色和服？

和服是日本民族的传统盛装。然而在日本的一些地方，除非隆重的仪式，一般不选用白色和红色和服，因为白色代表神圣、纯洁，而红色象征魔力。

63. 在日本就餐时为什么不能用一双筷子依次给每个人夹菜？

筷子在某些信佛教的国家中有特殊的用场。日本人就餐时不能用一双筷子依次给每个人夹菜。因为这样做往往使人想起死者家属在佛教火化仪式上传递死人骨头时的场面。筷子也不能插在米饭中，因为在一碗米饭中垂直插一双筷子，是用来祭祀死者的方式。

64. 韩国的饮食风俗包含哪些内容？

朝鲜民族的饮食丰富多彩，别有特色。饮食的主要特点是高蛋白、多蔬菜、喜清淡、忌油腻，味觉以凉辣为主，家常便饭由饭、汤、菜三类组成。

（1）以水稻文化闻名于世的朝鲜民族，米饭是他们的传统饮食，用糯米和小豆做成的"红饭"表示喜庆之意，是喜庆之日常见的主食。

（2）汤类是朝鲜民族各家庭中每餐必不可少的。牛肉是最常用的汤料，此外还用猪肉、鸡肉、兔肉、山羊肉、野鸡肉等做汤。贝类、鱼、海藻也是做汤的常用材料，其中用得最多的是海带和紫菜。

（3）最富有民族特色的冬季副食品，要算是朝鲜泡菜了，最常见的是白菜和萝卜。

65. 韩国的宗教信仰、禁忌包括哪些内容？

（1）宗教信仰。韩国的主要宗教是佛教，儒教作为一种处世哲学具有广泛的影响，部分人信奉基督教。

（2）主要禁忌。韩国人禁忌颇多，逢年过节相互见面时，不能说不吉利的话，更不能生气、吵架。忌用"四"字，认为"四"与"死"字同音，不吉利，忌到别人家剪指甲；忌吃饭时戴帽子；忌杀正月里生的狗；忌将脱落的牙齿扔进火盒；忌将书当枕头。

（3）礼仪习俗。与长者同坐时，坐姿要端正。由于韩国人的餐桌是矮腿小桌，放在地炕上，用餐时，宾主都应席地盘腿而坐。若是在长辈面前应跪坐在自己的脚底板上，无论是谁，绝不能把双腿伸直或叉开，否则会被认为是不懂礼貌或侮辱人。进入家庭住宅或韩式饭馆应脱鞋。

66. 蒙古的饮食风俗包含哪些内容？

千百年来，奶食和肉一直是蒙古人的两种主要食物。

(1) 牛奶是蒙古牧民的主要食物来源,奶食大致有以下五种:白油、黄油、奶皮子、奶豆腐和奶酪。

(2) 肉食可称得上是蒙古人的第二食品。蒙古人最喜欢吃且吃得最多的是羊肉。羊肉吃法很多,有手扒肉、羊背子、烤全羊、石烤肉等。其中以手扒肉最为普通。

另外,奶茶是蒙古人的传统饮料,一日三餐都要喝,到蒙古人家里做客,家家户户都以奶茶相敬。

67. 蒙古国的宗教信仰、禁忌包括哪些内容?

(1) 宗教信仰。蒙古国居民主要信仰喇嘛教。喇嘛教为国教。还有一部分居民信奉土著黄教和伊斯兰教。

(2) 主要禁忌。蒙古人最喜欢的颜色是红色,其次是蓝色、黄色和白色,最厌恶的是黑色。他们认为黑色象征着贫困、不幸和各种恶魔。蒙古人忌讳生人靠在他家的蒙古包上,不喜欢别人用手指点他们的头部。

68. 新加坡的饮食习俗包含哪些内容?

新加坡人喜欢吃广东菜。知识分子的早点则喜欢吃西餐。主食方面,爱吃米饭,不吃馒头。下午喜欢吃些点心。不信佛教的还爱吃咖喱牛肉。水果方面,最爱吃桃子、荔枝、梨等。

69. 新加坡的宗教信仰、禁忌包括哪些内容?

(1) 宗教信仰。新加坡籍华人多信奉佛教或道教;其余信奉伊斯兰教、印度教等。

(2) 主要禁忌。新加坡禁止所谓"嬉皮"入境,因为他们生活不检点,严重危害社会,造成许多社会问题。同时,当局已严令禁止留长发、穿牛仔裤和拖鞋的男子入境,因为这种打扮看起来就像"嬉皮",所以,年轻人去该国旅游时,须特别注意自己的服装打扮。

70. 印度的饮食民俗包含哪些内容?

印度是世界四大文明古国之一,历史悠久。印度人的饮食受到历史文化和民族的影响,南北差异很大。

(1) 印度人的主食,北方是面包;南方是米饭。印度人家庭的基本食品是米饭、家常饼、小扁豆、作料及两三碟蔬菜做的小菜,用来蘸面包吃。印度人的正餐常以汤菜开始,而不像我们直接以菜肴加米饭,印度正餐通常是稀薄咖喱。

(2)印度的饮料有多种多样:在南方,人们喜欢喝浓咖啡;在北方,人们喜欢喝茶。

(3)吃完饭后印度人为了帮助消化,有时会吃一种用槟榔子、熟石灰和香料做成的包在槟榔叶中的调制品。

71. 印度的宗教信仰、禁忌包含哪些内容?

(1)宗教信仰。印度80.5%的人信奉印度教,13.4%的人信奉伊斯兰教,2.3%的人信奉基督教,其他人有信奉锡克教、佛教的,也有信奉耆那教。

(2)主要禁忌。印度人把猴子和牛尊为神,所以千万不可当着印度人的面讲牛和猴子的坏话。印度居民,尤其是女人,皆不喝含酒精的饮料。锡克教及袄教之信徒不准吸烟;伊斯兰教徒则不吃猪肉。在印度"3"和"13"是忌讳的数字。印度人习惯用右手抓饭吃,左手被视为不洁,避免以左手,也不用双手递物给当地人。切勿抚摸小孩儿的头,因为印度人认为头部是神圣的。印度人吃饭前有先洗澡的习惯,在进餐过程中忌讳两人同时夹一盘菜。

(3)宗教禁忌。若要进入印度教的寺庙,身上绝不可穿戴牛皮的制品,否则,会被视为犯忌,皮鞋、皮表带、皮带、手提包等牛皮制品,都不得入其寺门。印度人走进寺庙或厨房之前,先要脱鞋。不论男女老幼,统统把鞋放在门口,赤脚进去。进入锡克族寺庙参观,须用布遮住头部。

72. 越南的饮食民俗包含哪些内容?

越南属亚热带地区,盛产大米,人们日常的主食是粳米,山区有玉米和薯类。副食品有各种蔬菜、肉、禽、蛋、鱼等。调味品主要有盐、豆浆和鱼露。最普通的饭菜是米饭,白水焯过的蕹菜(俗称空心菜)拌以鱼露。鱼露是佐餐必不可少的调味品。

73. 越南的宗教信仰、禁忌包含哪些内容?

(1)宗教信仰。越南人主要信仰佛教,还有天主教、袄教和高台教。

(2)主要禁忌。越南人忌讳3人合影。不能用一根火柴或打火机连续给3个人点烟,认为不吉利。不能随意摸别人的头顶部,包括小孩儿。当村寨路

口悬有绿色树枝时,是禁入的标志,外人不得进入。席地而坐时不能把脚对着人。

74. 缅甸的饮食民俗包含哪些内容?

缅甸人的饮食一日三餐,以大米为主食,菜肴讲究"油、辣、酸、甘、涩、香"。他们吃饭时,将米饭盛在盘子里,用手抓食,饭后喝凉水。

75. 缅甸的宗教信仰、禁忌包括哪些内容?

(1)宗教信仰。89%的缅甸人信仰佛教;其他人信仰基督新教、天主教、印度教、伊斯兰教及原始部落中的拜物教。

(2)主要禁忌。缅甸素有"右为贵、左为贱、右为大、左为小"的观念,因此缅甸人有"男右女左"的习俗,吃饭时,须按照男右女左的习俗入座。缅甸人视头顶为高贵之处,所以不能用手摸他人的头部;与朋友同行不可勾肩搭背,给长者递东西不能用左手。缅甸人忌讳9、13和尾数是零的"补数"(如,10、20、30、40、50、60、70、80、90等数字),也忌讳"9"人共同远行;认为"13"这一数字不吉祥;缅甸人一般避开"星期二"做事;忌讳星期五乘船过河;忌讳星期五、星期天送东西给别人;禁忌送衣服、纱笼等。

(3)宗教禁忌。到佛塔寺庙的信女,不得登攀塔座,严禁不脱鞋就进入佛塔或寺庙。

76. 泰国的饮食习俗包含哪些内容?

泰国人主食大米,副食以鱼和蔬菜为主。

(1)最喜欢的食物是"咖喱饭",就餐时,人们围桌跪坐,不用碗具而以右手抓食,泰国人用餐离不开鱼虾露和辣椒糊,喜欢中国广东菜和四川菜,不喜吃红烧、甜味的菜肴。

(2)槟榔和榴莲是泰国人最喜欢吃的水果。

(3)泰国人喜欢喝茶,许多茶馆在热茶中放冰块来招待顾客。

77. 泰国的宗教信仰、禁忌包含哪些内容?

(1)宗教信仰。佛教为泰国国教,约95%的居民信奉佛教。其余信奉伊斯兰教、印度教、基督教。

(2)主要禁忌。头被泰国人认为是最神圣的部位,忌讳别人触摸。就座时忌跷二郎腿,也不能将脚尖对着别人,忌讳以脚代手来指物或指人。这些都是不礼貌的行为。谈话时,忌用手指指着对方。

(3)宗教禁忌。各种宗教在泰国都是受保护的,不要有意无意地违反有关宗教的禁忌。寺庙是公认的神圣之地,凡入寺庙,必须衣着整洁、端庄,不可穿短裤、迷你裙及袒胸露背装。

78. 菲律宾的饮食习俗包含哪些内容?

菲律宾人的主食,一般都喜欢吃豆腐和兔、鸡、羊、猪、牛肉等。早餐爱吃豆沙包,喝甜粥;午餐吃香酥鸡;晚餐喜欢吃什锦菊花火锅,很少喝酒。

79. 菲律宾的宗教信仰、禁忌包含哪些内容?

(1)宗教信仰:约84%菲律宾国民信奉天主教,4.9%的人信奉伊斯兰教,少数人信奉独立教和基督教;菲藉华人多信奉佛教,原住居民多信奉原始宗教。

(2)主要禁忌。在与菲律宾人交往时,要尽量回避"13"这个数字。菲律宾人对星期五也存在忌讳,如果某月13日又逢星期五,则被认为太不吉利。在招呼别人时,要伸直手臂,手掌向下,摆动手指。而手掌向上,则被认为是对他人的一种侮辱。而且,也不要把手掌放在臀部或长时间用眼光直视别人,这往往是挑衅的象征。避免谈论菲律宾内政、天主教会及政治人物。

80. 马来西亚饮食习俗包含哪些方面?

马来西亚人多为穆斯林,不吃猪肉、贝壳类动物,也不饮酒。食物以饭、糯米糕点、椰浆、咖啡为主,一般食品辛辣味浓。

(1)马来西亚风味食物以烤鸡、羊肉串尤为出名,是各种宴席中必不可少的名菜。

(2)华人在马来西亚为第二大民族。马籍华人的煎、炒、烹技术享誉世界,尤以色、香、味出众,所以马来西亚各族人都喜欢到华人家做客,品尝中国饭菜。在那里中餐多是中国广东、福建风味。

81. 马来西亚的宗教信仰、禁忌包含哪些内容?

(1)宗教信仰。约50%的马来西亚人信仰伊斯兰教,其余信奉佛教、印度教或基督教。

(2)主要禁忌。马来西亚人视左手为不洁,因此见面握手时,一定要用右手,接递东西也必须用右手而不能随便用左手,用左手便是失礼。在不得不用左手时,一定要说声"对不起"。马来西亚人普遍忌食猪肉,不饮烈性酒,在正式场合也不敬酒。

82. 印度尼西亚的饮食习俗包含哪些内容?

印尼人喜欢吃大米饭和中国菜,爱饮红茶和葡萄酒、香槟等果酒饮料。副食品喜欢牛、羊、鱼、鸡之类的肉及内脏。但由于印尼人大部分信仰伊斯兰教,所以一般不宜介绍猪肉食品,带骨的菜肴也不喜欢。印尼菜无论是肉类、鱼类都要加上很多辣椒或胡椒为作料。

83. 印度尼西亚的宗教信仰、禁忌包含哪些内容?

(1)宗教信仰。印尼是世界上穆斯林人口最多的国家,90%的人信仰伊斯兰教;6.5%的人信奉基督教新教;3.1%的人信奉天主教;其余人信奉印度教、佛教、原始拜物教。

(2)主要禁忌。男士对女伊斯兰教徒(一般戴面纱者)不要主动伸手要求握手。伊斯兰教忌食猪肉,忌酒,忌讳别人用左手递送东西。印度尼西亚人在叫人、招呼人时忌随便用手,尤其是用食指示意,认为那是对人的不敬。

84. 马尔代夫共和国的饮食民俗包含哪些内容?

马尔代夫饮食带有典型的热带风光特色。地道的马尔代夫食物除充满地方色彩外,也总离不开大海。马尔代夫人不吃猪肉,所需的牛肉从国外进口。他们常吃的肉类是家禽和牛肉,也常吃蛋类。鱼类是吃得最多的食品。他们喜欢吃加刺激性芳香调味的肉、鱼和蔬菜、米饭及红薯、芋头等淀粉食物,热带水果和蔬菜、面包果、椰子、菠萝则终年不断。随手拈来就有煎鱼、咖喱鱼及鱼汤,餐餐有鱼为伴。

85. 马尔代夫共和国的宗教信仰、禁忌包含哪些内容?

(1)宗教信仰。伊斯兰教为马尔代夫的国教,绝大多数人属伊斯兰教逊尼派,是唯一一个全民信奉伊斯兰教的国家。

(2)主要禁忌。马尔代夫人有许多伊斯兰宗教习俗,如,禁酒、禁食猪肉、每天礼拜等。进清真寺,男士不能穿短裤,女士不能穿膝盖以上的短裙和露手臂的短袖上衣。在岛上旅游时可向居民请教有关风俗习惯等问题,但他们不喜欢凡事都寻根问底的人。在这里施舍是很普遍的现象,否则会不受欢迎和被人看不起。人们穿着随意,但禁止裸露,泳衣和沙滩装只限在海边穿着。

86. 澳大利亚的饮食民俗包含哪些内容?

(1)澳大利亚家庭中一般是三餐加茶点。早餐(早晨 7:00~8:00),主要食品有牛奶、麦片粥、火腿、煎蛋、黄油、面包;午餐(中午 12:30~1:30),多食快餐,通常食冷肉、冷茶、三明治、汉堡包、热狗等;晚餐(晚 7:30 左右)是一天中的正餐,食物丰盛,多有热菜、炖煮、烧烤肉食等,并饮用配餐酒和啤酒等。早茶(10:30 左右),午茶(下午 4:00 左右)以咖啡和茶为主,加上饼干、小点心等甜食。

(2)澳大利亚人口味有下列特点。注重菜肴色彩,讲究新鲜、质高。口味爱甜酸味,不喜太咸。主食喜面包、面食,尤其喜欢中国的水饺。喜吃鸡、鸭、鱼、海鲜、牛肉、蛋类,也喜豆芽菜、西红柿、生菜、菜花等。偏爱煎、炸、炒、烤烹调制作的菜肴。喜冷饮、啤酒、葡萄酒,饭后喜咖啡,也很爱饮红茶、香片花茶。喜新鲜水果,以荔枝、苹果最受欢迎,喜食花生米。

87. 澳大利亚的宗教信仰、禁忌包含哪些内容?

(1)宗教信仰。澳大利亚居民中有 70% 的人信奉基督教,5% 的人信奉佛教、伊斯兰教、印度教和犹太教。非宗教人口占 25%。

(2)主要禁忌。与澳大利亚人交谈时,多谈旅行、体育运动及在澳大利亚的见闻。如抚摸逗弄孩子或希望和孩子合影,一定要事先征得家长的同意,切记不要随意抚摸小孩儿的头或与其发生身体接触,以免被误认为有骚扰的嫌疑。澳大利亚人对兔子特别忌讳,认为兔子是一种不吉利的动物。人们看到它都会感到倒霉。澳大利亚的土著较为保守,一般不喜欢旅客替他们拍照,请勿贸然偷拍,以免引起误会。一些标有不可拍照的地方,亦应遵守。不要随地吐痰、扔烟头、丢垃圾。在澳大利亚这些行为是会被罚款的。

88. 新西兰的饮食习俗包含哪些内容?

新西兰物产丰富,主要有羊肉、野味、鹿肉、龙虾、三文鱼、酪梨、草莓及奇异果等。其中肉类、海产、水果新鲜味美,因此,素有"美食天堂"之誉。新西兰人的饮食口味较为清淡。

89. 新西兰的宗教信仰、禁忌包含哪些内容？

(1)宗教信仰。新西兰居民中70%信奉基督新教和天主教。

(2)主要禁忌。新西兰把"13"视为不吉利的数字，无论做什么事情，都要设法回避这个数字。他们忌讳男女同场活动，即使看戏或电影，通常也分为男子场和女子场。新西兰是禁烟国家，所有的公共场所均不准吸烟。一旦违法将引起不必要的麻烦。新西兰重视未成年人的保护，法律规定也比较严厉。未经孩子父母同意随意触碰孩子，会引起孩子父母的反感。情节严重者甚至会以骚扰孩子为由被告至法庭，甚至被驱逐出境。

新西兰人不愿谈论有关宗教、国内政治和私人事务的话题。新西兰非常注重动植物保护，即使是公园的花草、野鸡和小鸟都不得侵害，违法者将受到严厉的处罚。《休闲捕鱼规定》详细说明了鱼、虾、贝等不同种类生物的捕捞数量、尺寸、季节及捕捞用具的种类、尺寸。若违反动植物保护方面的规定，有可能被判刑、遣送、罚款等。

90. 新西兰人反感什么？

新西兰人忌讳和回避数字13。在国内忌讳男女同场活动，当众剔牙和咀嚼口香糖被视为不文明的行为；当众闲聊、吃东西、喝水、抓头皮、紧裤带等动作被视为失礼的举止。新西兰的毛利人，对给他们照相极为反感。新西兰人不愿谈论有关种族方面的问题。

91. 英国的饮食民俗包含哪些内容？

(1)英国人的饮食习惯一般是一日三餐加茶点。早餐在7:00~9:00，主要食品包括麦片粥、火腿蛋、涂黄油和果酱的面包等；上午茶点在11:00，主要食品包括咖啡、茶加饼干或点心；午餐在下午1:00~2:00，一般食用冷肉、凉菜和炸鱼等；下午茶点在4:00~5:00，以茶为主，同时吃些糕点；晚餐在7:00左右，为一天中之正餐，食物丰盛，一般有炸鱼加土豆片、烤炙肉食等，往往饮酒。

(2)在英国酒馆喝酒的时间有一定的限制。在伦敦地区，平常是上午11:00~下午3:00，下午5:30~晚11:00。星期日则是中午12:00~下午2:00，晚7:00~10:30。如果不在规定时间内饮酒，顾客和酒馆都会被处罚。英国人喜欢喝啤酒，尤其是苦啤酒或黑啤酒。在英国去高级餐厅应十分注重穿着和用餐礼仪，衣冠不整或吃东西时发出的声音很大，都会被认为是失礼的。

92. 英国的宗教信仰、禁忌包含哪些内容？

（1）宗教信仰。英国居民多信仰基督教新教。其教徒占全国人口的48%；北爱尔兰地区部分居民信仰天主教。其教徒占全国总人口的9%；另外，还有信仰伊斯兰教、印度教、佛教、锡克教和犹太教的教徒。基督教新教的主要宗派——圣公会为英国国教。自从1534年亨利八世脱离天主教以来，英国君主是圣公会的最高元首。

（2）主要禁忌。英国人忌讳数字"3"和"13"，认为"星期五"是不吉利的。忌讳谈论男人的工资、女人的年龄及个人政治倾向等。忌4人交叉式握手，忌用同一根火柴给第3人点烟，忌讳用人像、大象、孔雀作服饰图案和商品装潢。和英国人坐着谈话忌两腿张得过宽，更不能跷起二郎腿，站着谈话不能把手插入衣袋。忌当着他人的面耳语和拍打肩背，忌用手捂着嘴看着他们笑，认为这是嘲笑人的举止。忌讳送人百合花和菊花，认为这意味着死亡。在英国购物，最忌讳的是砍价。英国人不喜欢讨价还价，认为这是很丢面子的事情。

93. 英国人是如何看待"女士第一"的？

英国人推崇男士具有绅士风度，其表现尤为突出的是"女士第一"。进出室门男士都要为同行的女士开门，让其先行。入座，男士要为女士拉椅子。宴会时，敬酒和布菜都要先女后男。出外旅游乘车、上下电梯，男士都是适时照料女士的行动。在家中也主动承担家务，既体现男女平等，又体现出绅士派头。特别是在上层人士中，"女士第一"的原则始终不变。

94. 在英国，朋友之间送礼有什么讲究？

在英国朋友之间讲究送礼，但礼品不能送得过多、过重，否则人们就会误认为是在贿赂而不敢接受或不高兴接受。一般情况下，英国人习惯在晚餐或看完戏后，相互送点高级巧克力糖果、名酒、鲜花之类的较轻礼品。

95. 什么是"黑色星期五"？

在英美等许多国家里，人们认为"星期五"是不吉祥的日子，如果星期五再碰巧又是13号，该天便被称为"黑色星期五"，即"诸事不宜"的煞日。因为星期五是耶稣受难日，而出卖耶稣者则是他的第十三个门徒。

96. 英国人在饮酒方面有哪些习惯？

英国人在宴会上不劝酒，更不灌酒。宾主饮多饮少各随其便，但也不时会互相举杯，说"祝您健康"。不喝酒的人不必勉强，不愿喝酒太杂的人也可以拒绝，侍者来续酒，把手往杯口一放为拒绝。但最后的香槟酒却应多少要一些，以免在最后正式祝酒碰杯时杯中无酒。

97. 莎士比亚的四大喜剧和悲剧是什么？

莎士比亚是英国文艺复兴时期伟大的戏剧家，被誉为英国戏剧之父。他一生以饱满的热情写出了37部戏剧。其中有四大喜剧：《仲夏夜之梦》《无事烦恼》《皆大欢喜》《第十二夜》。四大悲剧：《哈姆雷特》《奥赛罗》《李尔王》《麦克白》。

莎士比亚的四大喜剧是指他早期的作品，充满着人文主义的理想。而四大悲剧则是他第二个创作时期的作品。在这个时期，他已看清理想和现实之间存在着不可克服的矛盾。他反对暴力，主张人道，同情人民的疾苦，但他又看到了人的作用，这才促使他写出了抑郁的悲剧。

98. 法国的饮食民俗包含哪些内容？

法国人爱美食，也很会享受美食。法国大菜在世界上享有很高的声誉。

（1）法国烹饪用料考究，花色品种繁多，其特点是香浓味厚、鲜嫩味美，讲究色、香、味，但更注重营养的搭配。

（2）法国人的日常饮食却比较简单，早餐一般在 7:00～8:00，食量不大，一杯牛奶咖啡或红茶，少许涂着果酱黄油的面包片、羊角面包和鸡蛋。下午1:00～2:00 进午餐。

99. 法国的宗教信仰、禁忌包含哪些内容？

（1）宗教信仰。64%的法国居民信奉天主教，3%的人信奉伊斯兰教，2.1%的人信奉新教，27%的人自称无宗教信仰。

（2）主要禁忌。法国人忌讳询问个人私事，包括工资收入、家中存款、妇女年龄等。法国人大多喜爱蓝色、白色与红色。他们所忌讳的色彩主要是黄色和墨绿色。忌讳"13"和"星期五"。在人际交往中，法国人对礼物十分看重，但又有其特别的讲究：忌送菊花、牡丹、玫瑰、杜鹃、水仙、金盏花和纸花。玫瑰花只能送单数,除表达爱情外,不能送红色花。男士向一般关系的女士赠送香水是不合适的;在接受礼品时若不当着送礼者的面打开包装,则是一种无礼的表现。在法国人心目中,狗也是家庭成员,客人到访,绝不可对主人的狗表现出厌恶。法国人对核桃十分厌恶,认为它代表着不吉利,忌用核桃待客。对核桃图案,他们也深为厌恶。

100. 德国的饮食习俗包含哪些内容?

德国人的主食是面包、土豆、奶酪、黄油、香肠、牛奶、生菜沙拉和水果等,喜食香蕉和苹果。德国各地都有一些地方风味,如,猪肝肠、猪血肠、煎小鱼等。咖啡、茶、矿泉水、果汁、葡萄酒和啤酒为日常饮料。其中葡萄酒较为有名,莱茵河和摩泽尔河的葡萄酒享誉国内外。啤酒在德国有"液体面包"之称,德国人不喜欢过辣的食物,不爱吃海参,忌食狗肉。

101. 德国的宗教信仰、禁忌包含哪些内容?

(1)宗教信仰。78%的德国人信奉罗马天主教。

(2)主要禁忌。德国人忌讳"13"和"星期五"。他们忌讳在公共场合窃窃私语。不喜欢他人过问自己的私事。德国人对纳粹党党徽的图案十分忌讳,对其切勿滥用。

102. 俄罗斯的饮食习俗包含哪些内容?

俄罗斯人以面包为主食,肉、鱼、禽、蛋和蔬菜为副食,也喜食牛、羊肉,不过不大爱吃猪肉。喜欢焖、煮、烩的菜,炸、烤也可,另喜酸、甜、咸和微辣食品。

(1)俄罗斯人早餐比较简单,几片黑面包,一杯酸牛奶即可。而他们对午餐和晚餐却很讲究,爱吃肉饼、牛排、红烧牛肉、烤羊肉串、烤山鸡、油炸大排、鱼肉丸子、鱼及油炸马铃薯等,对我国的糖醋鱼、辣子鸡、烤羊肉等也十分欣赏,尤其爱吃北京烤鸭。

(2)俄罗斯人午、晚餐不可无汤,汤汁一般要浓,同时,也少不了冷盘。

(3)俄罗斯人喝啤酒用以佐餐,爱饮烈性酒,特别是伏尔加,酒量一般都很大。

(4)饮茶也是俄罗斯人的嗜好,尤其是喝红茶。喝茶时一般要配食果酱、蜂蜜、糖果和甜点心。

103. 俄罗斯的宗教信仰、禁忌包含哪些内容？

（1）宗教信仰。俄罗斯 50%～53% 的居民信奉东正教，10% 的人信奉伊斯兰教，其余居民信奉天主教、犹太教和佛教等。

（2）主要禁忌。俄罗斯人忌讳 13，喜欢 7，认为 7 是成功、美满的预兆。拜访俄罗斯人时，赠予女士的鲜花忌双数。镜子在俄罗斯人看来是神圣的物品，打碎镜子就意味着灵魂的毁灭。俄罗斯境内的犹太人不吃猪肉，伊斯兰教徒则禁食猪肉和使用猪制品。俄罗斯传统认为，每个人都有两个神明——左方为凶神，右方为善良的保护神。因此，他们不允许以左手接触别人，或用左手递送物品。学生考试时不能用左手去抽签，早晨起床不可左脚先着地。

俄罗斯人忌讳的话题有政治矛盾、经济难题、宗教矛盾、民族纠纷、车臣问题、苏联解体、阿富汗战争及大国地位等问题。

104. 西班牙的饮食习俗包含哪些内容？

西班牙人的用餐时间为：上午 9:00 左右吃早餐；下午 3:00 左右吃午餐；晚上 9:00 以后用晚餐。西班牙人口味偏酸、辣，忌食油腻过重、味道过咸的食品。他们喜爱中国的川菜、粤菜，尤喜中国的糖醋浇汁菜肴。欣赏中国的烤乳猪、炸雏鸡、干煎大虾、松鼠鱼、香酥鸭等风味菜肴。他们爱喝葡萄酒、雪利酒、苹果酒、啤酒。不喜欢喝热汤。他们喜饮凉水，不习惯喝热开水。喝中国绿茶、菊花茶常要求加糖。

105. 西班牙的宗教信仰、禁忌包含哪些内容？

（1）宗教信仰。96% 的西班牙居民信奉天主教。

（2）主要禁忌。在数字方面，西班牙人非常忌讳"13"、"666"与"星期五"。他们认为，碰上此类数字，往往会使灾难或厄运临头。与西班牙人聊天时，避免谈论宗教、家庭和工作。不要说有关斗牛的坏话。送花不要送大礼花和菊花，这两种花和死亡有关。

106. 波兰共和国的宗教信仰、禁忌包含哪些内容？

（1）宗教信仰。波兰约有 90% 以上的人信奉罗马天主教。

（2）主要禁忌。给波兰人送花忌送双数。忌讳 13 和星期五，忌在 13 日、星期五举行任何礼仪性活动。天主教徒每星期五不吃猪肉。波兰人一般都忌吃动物内脏、虾、海味及酸辣口味的菜肴,也不爱吃清蒸的食品和酸黄瓜。

107. 意大利的饮食民俗包含哪些内容?

(1)意大利菜的特点,是味醇、香浓,以原汁原味闻名,烹饪技艺可与法国媲美,而面食则在法国之上,有400多个品种。源于那不勒斯的意大利烤"比萨饼"名扬西欧、北美,传遍全世界。意大利人的早餐简单,食牛奶、咖啡和面包;午餐一般在外面吃;晚饭是主餐,用餐时间一般很晚,只有一两道菜,但喝酒、闲聊是普遍习惯,直至深夜才睡是常事。拒绝别人的用餐邀请被认为是不礼貌的行为。

(2)意大利人喜喝酒。一般饭前喝开胃酒,席间视菜定酒,吃鱼喝白葡萄酒,食肉饮红葡萄酒,饭后喝少许烈性酒加冰块。不过,他们很少酗酒,席间不劝酒。

108. 意大利的宗教信仰、禁忌包含哪些内容?

(1)宗教信仰。90%以上的人信奉天主教,少数居民信奉基督教新教、犹太教、伊斯兰教等。

(2)主要禁忌。忌讳数字"13"和"星期五"。在参观教堂或天主教博物馆时禁止穿短裤、短裙或无袖上衣进入。应避免4个人同时交叉握手,因为意大利人认为十字架形状是不吉利的象征。切勿将手帕、丝织品和亚麻织品作为礼品,因为意大利人认为手帕主要是擦眼泪的,因此属于令人悲伤的物品。

109. 意大利人常用哪些手势进行沟通和交流?

意大利人常用手势进行沟通和交流。如,用OK手势即大拇指与食指圈成O形,其余三指竖起,表示好、行、一切顺利;竖起食指来回摆动,表示不、不是、不行;用食指顶住脸颊来回转动,表示好吃;五指并拢,手心向内,对着腹部来回转动表示饥饿;五指并拢,用食指侧面碰击额头,是骂别人笨蛋、傻瓜;一边耸肩、一边伸出手掌再加上撇嘴的表情,表示不清楚、无可奉告。

110. 瑞士的饮食民俗包含哪些内容?

瑞士每一地区都有特色风味。法语区的干酪火锅和在火上烤软后切食的奶酪;德语区的香肠、烤肉和烤土豆饼;格来登地区的风干牛肉片,还有提契诺的意大利特产。香肠沙拉则是炎热夏天的一道好菜,通常是就着面包与冰茶或啤酒一起吃,还有一种圆形的肉馅饼最适合浪漫的二人餐。

111. 瑞士的宗教信仰、禁忌包含哪些内容?

（1）宗教信仰。瑞士人41.8%信奉天主教,35.3%的人信奉基督教新教,11.8%的人信奉其他宗教,还有11.1%的人不信教。

（2）主要禁忌。瑞士人忌讳"13"和"星期五"。他们不喜欢饰有猫头鹰图案的物品,也不喜欢黑色。他们不在阳台上晒衣服,认为这会影响市容。与瑞士人交往时,忌谈收入、职业,以及议论别国内政。瑞典人喜欢讨论的主题是旅游、文化、体育及瑞士的特产,如钟表、巧克力、刀具等。

112. 瑞典的宗教信仰、禁忌包含哪些内容?

（1）宗教信仰。90%的瑞典国民信奉基督教路德宗。

（2）主要禁忌。瑞典人普遍爱惜动物和环境。他们对于伤害鸟类、猫、狗,或者当众吸烟,乱丢废弃物,都十分反感。在色彩方面,瑞典人忌讳滥用黄色与蓝色。瑞典人所忌讳的数字,主要是"13"、"666"与"星期五"。另外,与瑞典人聊天时,不宜涉及王室、宗教问题及政治倾向。

113. 挪威的饮食民俗包含哪些内容?

因挪威国土有1/3位于北极圈内,所以,日常提供的饮食分量充足,且热能较高。特别是早餐,有起士、熏鲑鱼、鸡蛋、麦片、面包、咖啡、红茶等。午餐用得不多,晚餐可以品尝烧烤驯鹿肉或雷鸟,不过著名的维京料理却是一种以冷食为主的餐点。挪威人最爱啤酒、葡萄酒和威士忌。

114. 挪威的宗教信仰、禁忌包含哪些内容?

（1）宗教信仰。90%的挪威居民信奉国教基督教路德宗。

（2）主要禁忌。挪威人忌讳"13"和"星期五",认为这些是"厄运"与"灾难"的数字和日期,是极其令人厌恶的。忌讳相互间交叉式握手或交叉式谈话,认为这是不礼貌的举止。挪威人不愿他人过问自己的工作、工资及社会地位等情况,认为这些事情都属于个人的私事,不需他人过问和干预。

挪威社会有一种"反对吸烟"的气氛,未得到允许切勿吸烟;在宴会上,须等到送上咖啡时才能吸烟;在闹市区开车的司机不许在车中吸烟,否则一旦被警察发现,会当场吊销执照,并罚款。

115. 美国的饮食民俗包含哪些内容?

美国人的生活节奏之快,也表现在用餐上。早餐和午餐相对较为简单,果汁、面包、麦片、牛奶、咖啡是较普遍的早餐食品。美国人最喜爱的午餐食品是汉堡包和三明治,此外还有比萨饼、热狗等。晚餐一般比较丰盛,常吃的主菜有牛排、猪排、炸鸡、火腿等。美国食品味道清淡,一餐中一般仅一道主菜,沙拉和咖啡是必不可少的。美国人一般不食用猪、鸡等畜禽的内脏。

116. 美国的宗教信仰、禁忌包含哪些内容?

(1) 宗教信仰。美国是一个没有国教的多宗教国家。大多数信奉基督教,24%的人信奉罗马天主教(为第二大宗教)。犹太教是美国第三大宗教。另外,还有东正教、佛教、伊斯兰教和印度教等。

(2) 主要禁忌。美国人忌讳别人冲他伸舌头,认为这种举止是污辱人的动作。他们讨厌蝙蝠,认为它是吸血鬼和凶神的象征;忌讳数字13和星期五;忌讳问个人收入和财产情况;忌讳问妇女婚否、年龄及服饰价格等私事;忌讳黑色,认为黑色是肃穆的象征,是丧葬用的色彩。

117. 美国为什么没有外交部?

1781年,美国刚刚成立联邦政府时,是有外交部的。另外还设立了财政部、军政部。但是,国会发现,除了外交、财政和军政之外,还有许多内政事务需要处理,而他们又不想成立第四个专门机构。于是就在1789年将外交部改为国务院,统管内政和外交。并将国务卿列为所有阁员之首。这个规定沿袭至今未变。

1849年,欧洲许多国家已对外交和内政职能有了明确划分,美国国务院为了适应对外关系的需要,便将内政方面的职能划分出来,另立内政部,国务院只管外交,但名称未变。因此,美国没有外交部,而它的国务卿实际上也就是外交部长。

118. 美国人在探望病人或送朋友远行时大多喜欢赠送什么礼品?

美国人在探望病人时大多喜欢赠送鲜花,有时也赠送盆景。在习惯上,如果自己亲去慰问,通常送插瓶的鲜花,如果请花店直接送去,就须附上名片。送朋友远行时,赠送的礼品通常是鲜花、点心、水果或书籍、杂志等,礼品上也附名片。

119. 美国人有什么着装习惯？

美国人着装喜欢随便、自在，但不同场合穿不同的衣服却仍有规范和要求，并且不能穿错。如果有人穿着运动装在办公室办公，穿着晚礼服在大白天逛商店，穿着睡衣上大街就更犯了习惯上的禁忌。美国人在宴会或者舞会上都穿比较讲究的正式服装。美国的正式服装有燕尾服、大夜礼服和小夜礼服。尽管小夜礼服略次于燕尾服和大夜礼服，但却很受人们欢迎，在一些正式场合穿着者较多。美国男子，许多人都备有料子好而且合体的小夜礼服。

120. 加拿大的饮食民俗包含哪些内容？

加拿大人的早餐和中餐都比较简单，但标准的早餐相对量大、质优。一份典型的加拿大早餐应有一杯饮料、两片烤面包或薄煎饼、一两个煎鸡蛋、几片煎肉片和一些水果。午餐一般从家里带，或在快餐店、单位餐厅就餐；通常是三明治面包加蔬菜、水果或罐头食品及饮料。晚餐通常是全家人聚在一起的最重要、最丰富的正餐。它通常以汤开始，主菜包括鸡、牛肉、鱼、猪肉等肉类和面食，加上土豆、胡萝卜、豆角等蔬菜，最后上甜点、水果、冰激凌、果酱馅饼等交替搭配，上甜点时伴之以牛奶、咖啡和茶等饮料。

加拿大人的饮食有如下偏好：讲究食品的质量，注重菜肴的营养、卫生和新鲜，低脂、低糖、低盐的食品愈来愈受欢迎；口味较清淡，相对喜甜味，一般不用辛辣调味品，喜食烤、煎、炸制的酥脆食品。

121. 加拿大的宗教信仰、禁忌包含哪些内容？

（1）宗教信仰。加拿大是个宗教信仰自由的国家。全国绝大多数人信奉天主教或基督教。

（2）主要禁忌。加拿大人忌讳数字13、星期五，忌讳白色的百合花。他们不喜欢外来人把他们的国家和美国进行比较，尤其是拿美国的优越方面与他们相比。在饮食上，忌吃虾酱、鱼露、腐乳和臭豆腐等有怪味、腥味的食物，忌食动物内脏和脚爪；也不爱吃辣味菜肴。忌打破玻璃制品，忌打翻盐罐，忌说老字。养老院称保育院，老人称高龄公民。在家不吹口哨，不讲不吉利的事情，吃饭时不谈悲伤的事情。

122. 巴西的饮食民俗包含哪些内容？

巴西人的饮食随民族习惯和居住地的不同而异。圣保罗州的居民饮食以意大利风味居多，南部的圣塔卡林纳州人则以德国风味为主。

巴西人有喝咖啡的习俗。巴西素有"咖啡王国"之称，是世界上最大的咖啡消费国之一。咖啡在巴西人的生活中占有很重要的地位。几乎每一个家庭都有天天喝咖啡的习惯。

123. 巴西的宗教信仰、禁忌包含哪些内容？

（1）宗教信仰。巴西73.8%的居民信奉天主教，13%的人信奉基督教，唯灵论者占2%。

（2）主要禁忌。巴西人忌黄色、紫色和深咖啡色。他们认为黄色表示绝望，紫色表示悲伤。送礼时还应注意不要送手帕，当地人认为送手帕会引起争吵。每年的8月13日是巴西传统的禁忌日。一般不向别人打听工资收入等情况，对女性不问她们的年龄和婚姻状况。巴西人在交谈时，喜欢彼此间的距离近些。他们与一些西方国家不同，忌用拇指和食指连成圆圈，其他三指伸开，形成OK手势。他们认为这是下流动作。按巴西法律规定，人死后须在24小时内下葬或火化。参加丧葬活动一律着黑色服饰。

124. 以色列的饮食民俗包含哪些内容？

以色列人的饮食口味与西欧人和东方人都有不少差别，是一种东、西方饮食的杂烩。犹太人的主食是饼，用小麦或大麦面制成。饼被犹太人视为生命线，所以人们吃饼通常不用刀切，只用手掰，唯恐用力割断了生命线。在以色列，不管是犹太人还是阿拉伯人，都喜欢吃西红柿炒鸡蛋，几乎所有餐馆的菜单上都少不了这道菜。

125. 以色列的宗教信仰、禁忌包含有哪些内容？

（1）宗教信仰。犹太教为以色列国教，居民中有85%的人信奉犹太教，13%的人信奉伊斯兰教，其余信奉基督教和其他宗教。

（2）主要禁忌。以色列人在饮食方面有严格的规定，猪肉及甲壳类动物不可以吃，认为不洁净。凡勒死或没有放过血的动物也不能吃，更严禁吃血，认为血是神圣的，代表生命。没有鱼鳞的鱼类，亦在禁吃之列。牛肉可以吃，但必须是由犹太教牧师监宰,且不是在牛很痛苦的情况下被宰杀的牛肉才可以供人食用。另外,肉类与奶制品不能同时摆上餐桌,认为这有悖天伦。用于奶制品的餐具必须和用于肉制品的餐具分开使用、清洗和存放。牛肉和牛奶不可以同时烹饪,也不可以两者同食。安息日当天是不允许烹饪的,只能把事先准备好的食物用小火慢炖。

(3)宗教禁忌。要进入犹太教的圣地或教堂,男性必须顶着一种叫作"哥巴"的帽子。进入伊斯兰教堂的时候,必须脱鞋。赤足进入教堂时,必须脱下帽子。参观这些地方,不能以游山玩水的态度处之,气氛应该是严肃的,绝不可以一路嘻嘻哈哈。安息日(星期六)游客最好勿搭车前往正统犹太教徒的居住区,否则,那些犹太教徒会怒不可遏地向车上的人投掷石头。

126. 南非的饮食习俗包含哪些内容?

(1)在南非,大多数黑人主要以大米和玉米为主食,因收入较低。

(2)白人的饮食习惯是:大块牛排、炸土豆丝和煮得很透的青菜。

(3)意大利烤馅饼也很流行,餐馆里的菜以荷兰和马来西亚混合口味为主,但很少加香料和糖,因不合南非人的胃口。

127. 南非的宗教信仰、禁忌包含哪些内容?

(1)宗教信仰。白种人、大多数的有色人种和60%的黑种人信奉基督教或天主教。其中亚洲人中6%信奉印度教;20%的人信奉伊斯兰教;部分黑种人信奉原始宗教。

(2)主要禁忌。信仰基督教的南非人,忌讳数字"13"和"星期五"。南非人非常敬仰自己的祖先。他们特别忌讳外人对自己的祖先言行失敬。与南非人交谈,有四个话题不宜涉及:一不要为白人评功摆好;二不要评论不同黑人部族或派别之间的关系及矛盾;三不要非议黑人的古老习惯;四不要因对方生了男孩表示祝贺。在南非,所谓"African",是指特定的一群人——南非共和国荷兰裔白人,因此,非洲土著人对别人称他们为"African",会露骨地表示厌恶。

在南非,普遍认为相机对准某物,拍下镜头,某物的"精气"就会被吸走,此事自然是非同小可,因此,他们痛恨拍照,所有的人、房屋、家畜等一律不准拍摄。如想拍摄,之前最好向对方打个招呼,获得同意之后再行动,以免被投石、被吊或挨揍。

128. 埃及的饮食习俗包含哪些内容？

埃及人的主食有米饭、面包、小麦饼、玉米饼和奶酪等。荤菜有牛肉、羊肉、骆驼肉、鸡肉、鸭肉等；素菜有洋葱、黄瓜、南瓜、西红柿、扁豆、蚕豆等。一般口味偏浓重，喜麻辣味道，也爱吃甜食，正式宴会最后一道菜都是上甜食。他们对中国的川菜很欣赏。喜欢饮茶和咖啡，忌讳饮酒，还忌吃猪肉、狗肉。请客时菜肴丰盛，气氛热烈。主人总是希望客人多吃点儿。

129. 埃及的宗教信仰、禁忌包含哪些内容？

（1）宗教信仰。84%的埃及居民信奉伊斯兰教。以阿拉伯人为主，主要信奉逊尼派；信奉基督教的科普特人和其他信徒约占16%。

（2）主要禁忌。埃及人喜欢绿色和白色，而忌讳黑色、黄色与蓝色。不喜欢有星星图案的衣服和包装纸，也不喜欢有熊猫图案的商品。他们认为"3"、"5"、"7"、"9"是积极的，尤其喜欢"7"，而认为"13"是消极的。他们特别忌讳"针"这个字和他人来借针使用。他们还忌讳使用左手递接东西，认为极不礼貌，甚至被视为污辱。忌讳当众吐唾沫。埃及人讨厌打哈欠，认为哈欠是魔鬼在作祟。禁止在公开场合接吻。在交谈中，他们不愿涉及有关中东问题的话题。

（3）宗教禁忌。埃及人在伊斯兰教历每年的9月实行斋戒，穆斯林须在日出前吃好斋饭，日出后至日落前，无论多么饥渴都不准进食、饮水和吸烟。由于伊斯兰教历与公历的差异，斋月的时间每年不同。在斋月期间，如果你在当地人面前吃、喝东西或吸烟，会遭到白眼或大声训斥。在埃及，既看不见袒胸露背或穿短裙的妇女，也碰不到穿背心和短裤的男人。严禁穿背心、短裤和超短裙到清真寺去。进入清真寺，忌讳踩踏作祈祷用的铺垫。

130. 沙特阿拉伯的饮食民俗包含哪些内容？

沙特阿拉伯人的家常饭一般是阿拉伯大饼、面包和牛、羊肉，还有一种叫"黑米叶"的牛油炒饭。这种饭是蒸熟后，用牛油炒的，里边放葡萄仁和松子，因而味道很香。当地人趁热用手抓着吃，抓一把饭攥成团送进嘴里，用放在旁边的清水涮一下手，再抓一把饭。

131. 沙特阿拉伯的宗教信仰、禁忌包含哪些内容？

(1) 宗教信仰。伊斯兰教为国教,逊尼派穆斯林占85%,什叶派穆斯林占15%。

(2) 主要禁忌。沙特阿拉伯民众是世界上最虔诚的伊斯兰教徒,禁忌较多。禁酒是沙特阿拉伯严格的法律。沙特阿拉伯还是当今世界上唯一禁止上演电影的国家,全国没有电影院。在沙特阿拉伯也无夜总会,不能在公共场合、街上及主人宴会上吸烟。谈话中避免谈论中东政治和国际石油政策。忌讳用鞋底后跟面对人,忌用脚踩踏桌椅板凳。不能单独给女主人送礼,也不可送什么东西给已婚女子。忌送妇女图片及妇女形象的雕塑品。在沙特阿拉伯交换物品时,用右手或用双手,忌用左手。

(3) 宗教禁忌。在沙特阿拉伯不要随便进入清真寺,入寺必先脱鞋。禁止偶像崇拜。沙特阿拉伯禁止一切偶像,如,工艺品中的人物雕像、儿童玩具娃娃等。因为崇拜偶像与伊斯兰教的戒律背道而驰。麦加和麦地那不准非伊斯兰教徒进入。沙特阿拉伯禁止在公众场合、景点拍照。未经本人许可,不能对人拍照,尤其是沙特阿拉伯的妇女。女子不得开车,外出必须由父亲、丈夫或兄弟陪同。外出时须披黑袍、戴头巾。不得与非婚姻或血亲关系的成年异性(包括恋人)接触,违者要受到拘禁和鞭打。男士不得袒胸露背或穿短裤出入公共场所。

沙特阿拉伯戒律很严,小偷砍手,禁止吸毒、贩毒,违者处以死刑;询问他们太太的近况、嗜好,都在严禁之列。在沙特阿拉伯庆祝圣诞,禁做圣诞树。各种设计忌用猪和类似猪的熊猫、十字架、六角星等作图案。按穆斯林的习俗,忌食猪肉,忌食有贝壳的海鲜和无鳞鱼,肉食不带血。

132. 鸽子为什么能成为和平的象征？

现在,人们把鸽子作为世界和平的象征,这是为什么呢？

1940年8月的一天下午,德国法西斯攻占了法国巴黎首都,著名画家毕加索正忧郁地坐在画室里。忽然画室的门被推开了,邻居米什老伯捧着一只死鸽子闯进来向毕加索哭诉道:"我的孙儿正招引饲养的鸽子,却被一群法西斯匪徒活活打死了,连鸽子也全被弄死了。毕加索先生,我求您给我画只鸽子,纪念我那惨遭法西斯杀害的小孙子。"

毕加索一面抚慰着伤心的老人,一面悲愤地挥笔画了一只鸽子。1949年,毕加索把这张《鸽子》献给了巴黎世界和平大会。此后,鸽子就成为世界和平的象征了。

133. 穆斯林为何不握左手寒暄?

穆斯林认为右手是清洁的,而左手是不洁的。买东西时,如用左手递接钱,对方会生气。如用左手与穆斯林握手寒暄会被认为是一种侮辱。

134. 酒吧首先出现在哪个国家?

"酒吧"是酒馆的代名词,但最初它只是一根横木的英语译音。

在美国西部,牛仔和强盗们很喜欢聚在小酒馆里喝几口。因为他们都骑马而来,所以酒馆老板为方便他们,便在馆子门口前设了一根像栅栏一样的横木,用来拴马。

后来,汽车取代了马车,骑马的人也少了,那些老旧的横木就多被拆掉了。有一位酒馆老板不愿意扔掉这已成为酒馆象征的横木,便把它拆下来放在柜台下面,没想到却成了喝酒人垫脚的好地方,很受顾客好评。其他酒馆闻之也纷纷仿效,很快,柜台下放横木的做法便普及开来。由于横木在英语里作"Bar",故人们索性就把酒馆称作"酒吧"了。

135.《古兰经》是一本什么样的书?

《古兰经》是伊斯兰教最高和根本的经典。"古兰"一词系阿拉伯语 Qur'ān 的音译,意为"宣读"、"诵读"或"读物",复述真主的话语之意。《古兰经》共114章,6200余节,是穆罕默德在23年传教过程中作为安拉的"启示",陆续颁布的经文,成为该教立论、立法的首要依据。

第二章 导游服务相关知识

1. 什么是玉？

（1）狭义。运用地质学理论，可以将玉分成"硬玉"和"软玉"两类。硬玉专指翡翠，软玉则指以透闪石为主要矿物成分的玉，在中国主要是指新疆玉。

（2）广义。中国文化学上的玉，内涵较宽。汉代许慎在《说文解字》中说："玉，石之美兼五德者。"所谓五德，即指玉的五个特性：凡具坚韧的质地、晶润的光泽、绚丽的色彩、致密而透明的组织、舒扬致远的声音的美石，都被认为是玉。按此标准，古人心目中的玉，不仅包括真玉还包括蛇纹玉、绿松玉、孔雀石、玛瑙、水晶、琥珀、红绿宝石等彩石玉。

2. 玉有哪些种类？

玉，通常分为软玉和硬玉。

（1）软玉。是一种含水的钙镁硅酸盐。它是造岩矿物角闪石族中的一员，硬度为摩氏6.5度，韧性极佳，超过硬玉。中国最重要的软玉资源在新疆和田县。中国古老的玉器都是软玉。古玉器中常用的软玉有：白玉、碧玉、青玉、墨玉、黄玉、黄岫玉、绿玉、京白玉等。

（2）硬玉。是一种钠和铝的硅酸盐，属于造岩矿物的辉石族，硬度为摩氏6.5～7度，韧性特别强，经久耐用。纯硬玉色白，但由于所含各种氧化物，特别是氧化亚铁和氧化铁的含量不同，颜色有灰绿、黄绿、红棕、黄和灰，以及较为稀少的淡紫或紫红色。硬玉专指翡翠。

3. 为什么讲中国玉器文化源远流长？

玉器作为中华民族的"四大国粹"（国画、中药、京剧、玉器）之一，经过数千年的继承和发展，其风格从史前的古朴雅拙发展到秦汉的雄浑豪放，再发展到明清的玲珑剔透、博大精深，经历了一个由"物—神—人—物"的发展历程，构成了拥有7000多年历史璀璨夺目的中华玉文化。

中国玉文化源远流长。7000年前,南方河姆渡文化的先民们在选石制器过程中有意识地把捡到的美石制成装饰品,打扮自己、美化生活,揭开了中国玉文化的序幕。从新石器时代到明清时期,玉器主要是以权威、财富、地位的象征物的面目出现,在政治、经济、思想、文化、伦理及宗教各个领域发挥着其他工艺美术品所不能替代的作用。

进入现代社会,蒙在玉器上的神秘面纱已经揭去,还给世人的是它惊人的美丽。

4. 在中国新民主主义革命时期军阀割据的局面是如何形成的?

在帝国主义国家激烈争夺下,中国出现了军阀割据的局面,皖系军阀以段祺瑞为头子,是日本帝国主义的走狗,操纵北京政府,控制安徽、陕西、山东、浙江、福建等省。直系军阀,先后以冯国璋、曹锟、吴佩孚为头子,是英、美帝国主义的走狗,占领江苏、江西、湖北三省。奉系军阀,以张作霖为头子,在日本帝国主义的扶植下盘踞东北。

5. 什么是翡翠,其为什么被称为"玉中之王"?

翡翠是一种硬玉,是玉石中价值最高的产品。翡翠极为稀有,世界上只有缅甸一个产地,翡翠比重大、硬度高、韧性强。翡翠最能体现东方人坚韧含蓄的特征。故翡翠被称为"玉中之王"。

6. 我国玉的主要产地是哪些地方?

蓝田玉 产于陕西省蓝田县。蓝田玉外观为黄色、浅绿色,不透明,硬度为摩氏4度。

南阳玉 产于河南独山,又称"独山玉"、"独玉"。南阳玉为斜山石类玉石,质地细腻、纯净,具有油脂或玻璃光泽,抛光性能好,透明或微透明,硬度为摩氏5.5~6.5度。

酒泉玉 产于甘肃祁连山脉。酒泉玉半透明,以绿色为多,带有均匀的黑色斑点,硬度为摩氏4.5~5度。甘肃武威娘娘台遗址出土的齐家文化的精美玉璧即以酒泉玉制成。

岫岩玉 因主要产地在辽宁岫岩而得名。岫岩玉外观呈青绿色、黄绿色,半透明,抛光后呈蜡状光泽,硬度为摩氏4.5~5度。

和田玉 分布于新疆,共有9个产地。和田玉多数为单色玉,少数有杂色。玉质为半透明,抛光后呈脂状光泽,硬度为摩氏 5.5~6.5 度。清代乾隆时期琢制的大禹治水玉山,青玉材重 5350 公斤,即采自新疆密勒塔山中。

7. 古玉有哪些功能?

(1)政治功能。古玉器的政治价值表现在古玉器是社会等级制的物化,是古代人们道德和文化观念的载体。从秦朝开始,皇帝采用以玉为玺的制度,一直沿袭到清朝;唐代明确规定了官员用玉的制度,如,玉带制度。

(2)伦理道德功能。儒家有"君子比德于玉"的用玉观,将玉石的 5 种物理性质比喻为人的五种品德:"仁、义、智、勇、洁"。古玉器的礼仪功能一直构成中国古玉器文化的主流。

(3)经济功能。大中型墓葬中出土较多的古玉器。古玉器除表征墓主的身份和地位外,也是财富的象征。商代至春秋战国时期,有以玉作币、以玉作交换和贡品的做法。清朝有"古铜旧玉无身价"的说法。

(4)装饰功能。包括玉珠串、手镯、玉佩等人体装饰用玉,玉剑饰、玉带钩、玉带扣等服饰装饰用玉,玉山子、玉制瓶、玉制炉熏等陈列装饰用玉等。

(5)医疗保健功能。《本草纲目·金石部》第八卷中记载,玉具有止渴、润心肺、助声咳、滋毛发、养五脏、柔筋活络、安魂魄、疏血脉、明耳目等疗效。中国古代著名的长寿皇帝和太后,如,武则天、康熙、乾隆、慈禧等都对玉制品钟爱有加,久用玉床、玉枕,身不离玉。现代医学证明,玉制品对头痛、头晕、失眠及神经衰弱、高血压、脑血管破裂、动脉硬化等疾病有特殊疗效,尤其长期使用玉枕、玉垫、按摩器等,还可减皱祛斑、补肾滋阴、增强记忆充盈智力。

8. 古代玉器是怎样制作的?

中国有句至理名言,叫"他山之石,可以攻玉",道出了琢玉的真谛。事实上,巧夺天工的玉器不是雕刻出来的,而是利用硬度高于玉的金刚砂、石英、石榴石等"解玉砂",辅以水来研磨玉石,琢制成所设计的成品。所以,用行话来说,制玉不叫雕玉,而称治玉,或是琢玉、碾玉、碾琢玉。

古玉器的制作工具:桯钻,是凿孔用的细棍状的实心钻。管钻,是凿孔用的空心钻。砣具,是切割玉器的主要工具。商周时期砣具为青铜制品,春秋战国时期开始用铁质砣具,明代开始,出现了水凳砣具。刻玉刀,为雕刻嵌饰所用。

玉器的制作工序:选料—开料—画样—粗琢—打眼或掏腔—细雕(了

手)—抛光等工序。

古玉的雕琢手法:阴雕、浮雕、透雕、圆雕、镶嵌。强调因材施艺,根据玉材大小、形状、色泽等巧作构思。还有"巧色",就是利用同一玉材上的不同色彩,设计成自然天成、巧夺天工的奇品。

9. 古代玉器都有哪些器型?

(1)礼器。包括玉璧、玉琮、玉璋、玉斧、玉刀。

(2)佩戴器。包括饰耳的玉环、饰颈的玉璜、饰手的玉篆、饰腕的玉镯、饰腰带的玉跨、饰剑的玉具剑等,以及悬于身上的玉龙、玉蝶、玉叱、玉人、玉动物等,还有些往往组合为成套杂佩,是贵族的重要仪饰,起到神像崇拜、象征祥瑞、寄寓繁兴、君子表德等作用。

(3)丧葬器。玉衣、玉晗、玉握、玉塞等专供殉葬。如,形如蝉状的玉晗,置放在死者口中,寓意死者能像蝉那样,入土复出,脱壳重生。

(4)玩赏品。如,供陈设的玉人物、玉动物、玉仿古彝器、玉山、玉插屏、玉如意等,纯作艺术欣赏。

(5)实用器。如,束腰的玉带钩,朝廷的玉节玺,或玉杯、玉碗、玉盘、玉壶等日常生活品和玉镇纸、玉笔筒等文房四宝工具。除实用外,有的还兼具装饰之功能。

10. 如何鉴赏古代玉器?

(1)要了解玉器纹饰的历史特点。在不同的历史时期,玉器纹饰在构图、造型及所表现的主题等方面,常常有很大的差别。纹饰常常被人们作为玉器断代一个重要标准。在新石器时代,器型一般都是素面的,偶尔出现一些极其简单的阴刻线纹。商周时代,主要的纹饰有饕餮纹、龙纹、蟠螭纹,也有少量的云雷纹饰。春秋战国时,玉器上的纹饰逐渐增多,有蒲纹、蚕纹、谷纹、蟠螭纹等纹饰。此时的玉器纹饰极富特点,出现了"跳刀"、"汉八刀"等。唐代,玉器纹饰借鉴了当时绘画中的线描手法,开始出现了缠枝花卉、葵花图案和人物飞天等,其鸟兽纹雕刻得非常精细。宋元时期,其纹饰丰富多彩,以龙凤吉祥为多。此外仿古蟠螭纹、回纹、乳钉纹与凤凰、牡丹等图案并存。明代,玉器上的纹饰主要有:松竹梅纹、云纹、云头纹、龙纹,以及缠枝花卉、山水人物等图案。此外,玉器上刻字已开始出现。清代是我国古玉器发展的最高峰,其装饰纹除仿古纹饰外,新创的花鸟、虫草等纹饰丰富多彩,在玉器上出现了御制诗及各种铭文。

(2)要了解玉器造型的历代特点。原始社会玉器造型的主要特点是玉器形体大都是一些平面体、柱状体的兵器、礼器和一些珠饰、片饰等,具有对称、均衡、整齐、光滑、实用的特点。夏、商、周玉器造型的主要特点是器型简练。春秋战国玉器的主要特点,是基本突破礼器的形制,创造了精雕细刻、生动传神的具有高度艺术造诣和精致灵巧作风的新型玉器,较为自觉地运用对称、平衡、排列、紧凑等规律,由平面向立体、由简向繁方面演变,采用隐起镂空、阴线、单面成双面的雕琢手法。其典型的春秋时期玉器有玉牌;战国时期代表作有玉佩、玉龙首璜、玉兽面纹琮和阗黑玉带钩。秦汉魏晋南北朝时期玉器造型的主要特点,是体现出汉代豪放、博大的风俗,在造型、琢磨、镶嵌诸方面都有重大发展,镂空技艺普遍应用,构图打破了对称格局,成功地运用均衡规律,求得变化灵巧的效果。隋唐五代玉器造型的主要特点是形体夸张、气韵生动,出现了金镶玉、金玉互为衬托。宋辽时期玉器造型的主要特点是受绘画影响,形成自己的面貌特征。元、明、清时期玉器造型的主要特点是全面继承了前代玉器多种碾工和技艺,并有显著的发展与提高。碾法突出体量感,并追求工笔画功力。其玉质之美、品种之多、应用之广都是空前绝后的。

(3)要了解各历史时期玉器的加工特征。这些特征主要表现在开片、钻孔、纹饰雕琢和表面光泽处理几个方面。从总的历史发展来看,新石器时代的玉器处于形成阶段,有的玉器琢工已是光亮平整、磨工细腻。商代的琢工,直道多,弯道少;粗线多,细线条少;阴文多,阳纹少;穿孔外大里小,出现了所谓的"马蹄眼"。商代玉器上的"双勾线"(并列的阴刻双线条)是玉琢工艺史上的一大成就。周代琢工琢制的线条多与商代相同,但弯线增多,琢玉的技法和造型设计在不断改进,通过加工修整和抛光,使器物日趋美观。在春秋战国时,"水砂"(解玉砂)开始被运用,工序也在进一步发展、定型,从开片、做花到上光均已有了层次,技法比商周时期更为细致和复杂,其规格也较严整而得体。汉代,小件玉器的琢工细腻,大件玉器的琢工粗犷。唐代,制作较精,刀法不乱、布局均匀,细而厚重。宋元时代的突出特点,是琢工无粗制滥造之处,细腻而灵巧,小件多,大件少。其花鸟类虽不及唐人的淳厚朴实,但因受当时国画风格的影响较深,故非常重视其神态。明代,刀法粗犷有力,出现"三层透雕法",镂雕十分精细,具有时代风格。不过,明代的玉琢在最后一道工序即碾磨细工上存在"求形不求工"的现象。清代,精工细琢、逼真,出现了"巧做"(利用巧色等)和镂空、半浮雕等多种琢法,因而富有立体感的各种玉件层出不穷。

11. 中国玉雕传统图案有哪些?有何象征意义?

吉祥如意类　有龙凤呈祥、二龙戏珠、喜上眉梢等。"喜上眉梢"图案为梅花枝头上有两只喜鹊。

长寿多福类　有龟鹤齐龄、五福捧寿等。"五福捧寿"图案为5只蝙蝠围着一个仙桃或一个寿字。

多子多孙类　有麒麟送子、连生贵子等。"连生贵子"图案为荷花上有一小男孩。

安宁和平类　有平安如意、四海升平等。"四海升平"图案是4个小男孩共抬斗瓶。总之,以一些寓意深刻、耐人寻味的构图来表达人们内心对幸福生活的向往和追求。

12. 如何鉴别真假玉器?

(1)水鉴别法。将一滴水滴在玉上,成露珠状,久不散开者为真玉,水滴很快消失的是伪劣货。

(2)手摸法。用手摸一摸,真玉有冰凉、润滑之感。

(3)观察法。将玉器朝向光亮处,如阳光、灯光等,颜色剔透、绿色均匀分布者为真玉。

(4)舌舐法。舌尖舐真玉有涩的感觉,而假玉则无涩的感觉。

(5)放大镜观看。将选购的玉器放在放大镜下观看,主要是看有无裂痕,无裂痕者为上乘优质玉,有裂痕者次之。即使是真玉,有裂痕的其价值亦会大减,裂痕越多、越明显的,价值也就越低。

13. 如何养护玉器?

避免与硬物碰撞。玉石的硬度虽高,但是受碰撞后很容易裂,有时虽然用肉眼看不出裂痕,其实玉表层内的分子结构已受破坏,有暗裂纹,这就大大损害其完美度和经济价值了。

尽可能避免灰尘。日常玉器若有灰尘的话,宜用软毛刷清洁;若有污垢或油渍等附于玉面,应以温淡的肥皂水刷洗,再用清水冲净;切忌采用化学除油污剂(液);要用清洁、柔软的白布抹拭,不宜使用染色、纤维质硬的布料抹拭。

不用时要放妥。佩挂件不戴(带)时的保存方法,最好是放进首饰袋或首饰盒内,以免擦花或碰损。如果是高档的翠玉首饰,更不可放置在柜面上,以使其免积尘垢,影响透亮度。

尽量避免与香水、化学剂液、肥皂和人体汗液接触。众所周知,汗液带有盐分、挥发性脂肪酸及尿素等,玉器接触太多的汗液,佩戴后又不即刻抹干净,即会受到侵蚀,使外层受损,影响本有的鲜艳度。

避免阳光长期直射。玉器要避免阳光的曝晒,因为玉遇热膨胀,分子体积增大,会影响玉质,尤其是芙蓉玉、水晶、玛瑙等受到高热会发生爆裂,因此更忌接近热源。

玉器要保持适宜的温度。玉质要靠一定的湿度来维持,尤其是水胆玛瑙、水晶之类的玉器。水胆玛瑙在形成时期,里面就存有天然水,若周围环境不保持一定的湿度、很干燥的话,里面的天然水就容易蒸发,从而失去其收藏的艺术价值和经济价值。

14. "战国七雄"是指哪些诸侯国?

战国时期各诸侯国之间的兼并战争持久进行,结果形成齐、楚、燕、韩、赵、魏、秦七国,史称"战国七雄"。我国封建社会从战国开始。

15. 哪些可称为古代玉器之"最"?

(1)我国迄今为止发现的年代最早的一件玉制品,是山西旧石器时代晚期遗址所出土的用水晶制作的小石刀。

(2)我国迄今发现年代最早的装饰用彩石玉器,是浙江余姚河姆渡遗址出土的,距今7000～6800年前的璜、珠、坠等。

(3)我国迄今发现年代最早的俏色玉器,是河南安阳小屯村北出土的,距今3000年前殷商时代的玉鳖。该器巧妙地把握了玉料的自然色泽和纹理特点,将原有的黑褐色皮保留下来,琢成鳖的背甲,头、腹、足均为青白色;双目为黑色;白爪上都留着黑色爪尖,从而把玉鳖表现得更为真实,神韵天成、妙趣横生。

(4)我国迄今发现年代最早的翡翠制品,是北京明定陵中出土的翡翠如意。

(5)自古以来,我国最大的一件玉制品是"大禹治水图"玉山,现藏于故宫博物院,重约5300多公斤,前后共用了10年时间完成。

(6)中国最早的大件玉器,是元代"渎山大玉海"。现存于北京团城玉弓亭内,据传为忽必烈的酿酒器物。

(7) 我国最早以作品和艺人相联系的琢玉名家,是明代末期我国最著名的琢玉大师陆子冈。其作品大部分均落款"子冈"、"子冈制"。陆子冈擅长各种造型玉器,尤以子冈佩最为出色,而平线刻无论是画面还是真草隶篆字体都堪称绝妙之作。

(8) 中国最大的玉王,是1984年于辽宁岫岩县内采掘到的我国最大的一块玉石,长7.55米、宽6.95米、高5.7米,体积106.8立方米,重量为267.76吨,形状不规则,质地细腻,有深绿、绿、浅绿、红、黄、黑六种颜色。

(9) 中国最大的水晶王,是屹立在北京中国地质博物馆的重达3.5吨的水晶,1958年出土于江苏东海县房山镇拓唐村。

(10) 我国第一部古玉学术研究专著,是清光绪十五年(1889年)吴一薇编撰的《古玉图考》。

16. 什么是文物?文物主要包括哪些内容?

文物是人类社会活动中遗留下来的,具有历史、艺术、科学价值的遗物和遗迹。它是历史上物质文化和精神文化的遗存,是重要的文化遗产。

文物主要包括:

(1) 具有历史、艺术、科学价值的古文化遗址、古墓葬、古建筑、石窟寺和石刻。

(2) 与重大历史事件、革命活动和著名人物有关的,具有重要纪念意义、教育意义和史料价值的建筑物、遗址、纪念物。

(3) 历史上各时代重要的艺术品、工艺美术品。

(4) 重要的文献资料,以及具有历史、艺术、科学价值的手稿和图书资料等。

(5) 反映历史上各时代、各民族社会制度、社会生产、社会生活的代表性实物。

(6) 具有科学价值的古脊椎动物化石和古人类化石。

17. 歇后语的基本要求有哪些?

歇后语(俏皮话),是中国民间俗语的一种特殊形式。它是由两部分组成的一句话,前一部分像谜面,后一部分像谜底,通常只说前一部分,而本意在后一部分,歇后语最大的优点是幽默。这是一项比较喜闻乐见的活动,可为导游

人员所用,以最大限度地调动游客参与,提高广大游客的兴趣,但须事先作好充分准备,杜绝含有庸俗、低级趣味的内容。

18. 文物可分几个等级?

文物可分为珍贵文物和一般文物。珍贵文物分为一、二、三级。

一级文物 具有特别重要历史、艺术、科学价值的代表性文物。

二级文物 具有重要历史、艺术、科学价值的文物。

三级文物 具有比较重要历史、艺术、科学价值的文物。

19. 如何鉴赏文物?

鉴赏文物不仅可以陶冶情性,提高文化素质和道德修养,而且可以增强民族自豪感,培养旅游者的爱国主义情操。那么,如何鉴赏文物呢?

鉴赏文物,首先,要了解各项文物的历史发展过程;其次,要掌握文物的时代特征;再次,要了解文物的制作工艺;最后,要了解文物的艺术、文化价值和科学价值。

鉴赏文物还须懂得文物审美。文物审美大体包括两个方面:一是对文物美的形态、形式、风格的鉴赏和辨识。这主要表现于对文物的形态描述和认识。二是对文物美的感觉、知觉、情感、想象、理解等各种心理能力的提高和相互协调。这主要表现于对文物美的敏感、知觉和准确的鉴赏。

20. 哪些文物受国家保护?

《文物保护法》规定受国家保护的文物包括:具有历史、艺术、科学价值的古文化遗址、古墓葬、古建筑、石窟寺和石刻、壁画;与重大历史事件、革命运动和著名人物有关的,以及具有重要纪念意义、教育意义或者史料价值的近代现代重要史迹、实物、代表性建筑;历史上各时代珍贵的艺术品、工艺美术品;历史上各时代重要的文献资料,以及具有历史、艺术、科学价值的手稿和图书资料;反映历史上各时代、各民族社会制度、社会生产、社会生活的代表性实物;具有科学价值的古脊椎动物化石和古人类化石同文物一样受国家保护。

21. 哪些文物属于国家所有?

《文物保护法》规定,我国境内地下、水下和领海中遗存的一切遗物,属于国家所有。包括:国家指定保护的古文化遗址、古墓葬、石窟寺;国家指定的不可移动文物,除国家另有规定的以外;可移动的中国境内出土的文物,国家另有规定的除外;国有文物收藏单位以及其他国家机关、部队和国有企业、事业组织等收藏、保管的文物;国家征集、购买的文物;公民法人和其他组织捐赠给国家的文物;法律规定属于国家所有的其他文物。

22. 文物出境有何管制?

《文物保护法》规定,珍贵文物禁止出境,一般文物限制出境。旅客携带和个人邮寄文物出境,必须事先向海关申报,经国家文化行政管理部门指定的省、自治区、直辖市文化行政管理部门进行鉴定,并发给许可出口凭证。准许出口的文物必须经由指定口岸运出。

具有重要历史、艺术、科学价值的文物,除经国务院批准运往国外展览的以外,一律禁止出境。

国家文物局还颁布"1949年后已故著名书画家"和"1795—1949年间著名书画家"作品限制出境鉴定标准,以防止应得到国家保护的著名书画家的作品流失出境。列入1949年后已故著名书画家作品限制出境的书画家共140人,分为:作品一律不准出境、原则上不准出境和精品不准出境三类;列入"1795—1949年间著名书画家"作品限制出境的书画家共245人,分为:作品一律不准出境、原则上不准出境及精品和各时期代表作品不准出境三类。

23. 哪些文物可以民间收藏?哪些文物不得进行民间买卖?

可以民间收藏的文物有 依法继承或者接受赠予的;从文物商店或者经营文物拍卖的拍卖企业购买的;公民个人合法所有的文物相互交换或者依法转让的;国家规定的其他合法方式取得的文物。

不得进行民间买卖的文物有 国有文物,但是国家允许的除外;非国有馆藏珍贵文物;国有不可移动文物中的壁画、雕塑、建筑构件等不属于文物收藏单位收藏的除外;来源不符合《文物保护法》规定的民间收藏的文物。

24. 违反《文物保护法》规定的行为将会受到怎样的处罚?

违反《文物保护法》规定、构成犯罪的,依法追究法律责任。

尚不构成犯罪的,由县级以上人民政府主管部门责令改正;造成严重后果的,处5000元以上至50万元以下的罚款。有违法所得的,没收违法所得,并处违法所得2倍以上5倍以下的罚款。

在文物保护单位的保护范围内或者建设控制地带建设污染文物保护单位及其环境和设施的,或者对已有的污染文物保护单位及其环境和设施未在规定的期限内完成治理的,由环境保护行政部门依照有关法律、法规的规定给予处罚。

25. 我国书画艺术在世界艺术上具有什么地位和影响？

我国书画艺术是世界上独树一帜的民族艺术,具有鲜明的民族特色和深厚的文化传统。在中国文化史上,绘画是一个重要组成部分。中国书画在满足人们视觉享受的同时,更能启人智慧、怡人心神。

中国书画艺术历史悠久、源远流长。经过数千年的不断丰富、革新和发展,以汉族为主,包括少数民族在内的画家和匠师,创造了具有鲜明民族风格的丰富多彩的形式手法,形成了独具中国意味的书画语言体系,在东方乃至世界艺术中,都具有重要的地位与影响。

26. "杯酒释兵权"指的是哪段史迹？

赵匡胤建宋以后,为巩固他的统治,加强中央集权,便着手削夺有功将领的兵权。建隆二年(961年)秋,他与赵普订策,邀宿将石守信等饮宴,席间他故意说他当了皇帝后不敢安卧。石等问其故,他说,有朝一日,有人把龙袍加在你们身上怎么办。石等惊恐,求指生路。赵趁势劝他们释去兵权,多积金银,厚自娱乐,广置田产,为子孙立永久之业。石等在第二天便"称疾"辞去禁军将领等职务。这事件,史称杯酒释兵权。

27. 什么是古书画？

书画,顾名思义,就是指书法作品和绘画作品。文物领域习惯上把书和画归为一个大的门类,一是因为中国的书法文学为象形文字。它的起源基本上是从对自然的描画开始的。早期的岩画和一些陶器图案中的符号,与象形文字非常相似,可以说书是画的源头。二是因为唐宋以后,文人画占据了中国画坛的重要位置,文人画注重笔墨功夫,书法几乎成了中国画的基本必修课,而文人画的作品最讲究诗、书、画、印一体的完整性,书法成为绘画作品中不可分割的一部分。因而我国自古就有"书画同源"的说法。

28. 古书画有何民族特点？

中国书画,是中国优秀民族文化中的重要组成部分,是世界艺术宝库中的一支并蒂奇葩。中国书画的民族特点主要有:

(1)书法、绘画共同构成一个画面,如,文人画,系诗、书、画、篆刻融为一体的一种独具民族特色的艺术。

(2)中国书法、绘画的造型皆以点线构图而成。

(3)中国书法、绘画系以帛、绢、纸为载体,以中国特有的毛笔蘸墨来完成。

(4)中国书画可根据使用环境的不同确定其形式,依形式又分挂轴、手卷、扇面、横披、册页、格心、屏条、对联等。

(5)中国书画的装潢采用装裱形式。中国书画完成后,还要经过装裱加以装潢,方使书画达到完美的境界。

29. 古书画的常见格式有哪些？

中堂 指篇幅较大而能悬挂于堂中的书画。悬挂时中堂的两边往往衬以条幅或对联。

条幅 是比中堂篇幅窄的书画幅式。条幅的悬挂比较随便,不必悬挂堂屋的正中,挂多挂少也可随意而定。可悬于客厅,也可悬于书房、卧室。

屏条 屏条形制似条幅,悬挂时并列在一起(也有直接附着在屏风之上的),且条数有定准,最少是4条,多则是6条、8条、12条,最多为16条。每条的书画内容也多有联系。

横披 即现今所谓的横幅,是一种与条幅相反、纵短而横长的书画幅式。装裱悬挂时无需安轴,固定两端即可。

手卷 是超长的横幅,不能悬挂,只能卷舒。

册页 是把书画作品分页装潢成册的一种形制。

扇面 在绢或纸质的扇面上作书、画,是明清以来十分时兴的书画形式。

对联 即楹联,俗称对子,是专写对偶词语的书法形式。

书画的格式很多,除以上所列主要格式外,还有信札、屏心、格心、镜心等。

30. 古书画各部位的名称是什么？

一件装裱完整的书画,各部位有一定的名称。鉴赏书画时,必须对书画每个部位的名称术语有全面的了解。

命纸 是指画心的托纸,无论画心是纸的还是绢的都有一层托纸。如果把画心的托纸揭掉,画心则减色无神了,即无生命,故名"命纸"。

二层 揭下的托纸有时稍加匀填,即能谓其真迹者,叫"二层"。

让局 是指画心四边和裱边之间留有一分宽的空隙。

覆背 是指画幅背后整个的裱纸。

隔界 在条幅的上下或手卷的前后裱工加上的一条不同颜色的绫或绢。

诗堂 是指直幅画心上端挂上一块纸方叫"诗堂"。

画杆 是指卷画用的圆木杆,画上端较细的叫"天杆",下端较粗的叫"地杆"。

轴头 是指在地杆两端所安的杆头。轴头多数是用红木、紫檀、牛角、象牙制品,轴头不仅增加画轴的美观,而且展卷灵活。

绊 在画幅背后地杆两边有两条绫或绢,如葫芦或云头样式的镶边叫"绊",是为了保护画杆不致下落而设的。

包首 是指在字画上裱纸背后加架,裱一段绢或绫,卷好后能包住画轴之首,故叫"包首"。

画签 在包首上端天杆粘有一段纸条,叫"画签"。它是用以题写作者姓名、字画内容及收藏者姓名、年、月的。

曲圈 是指字画的天杆上所钉的铜鼻,用以栓丝带,以便悬挂。

扎带 是指丝带中间拴的绢带,用以捆扎画轴。

燕带 是指字画装裱好后,在天杆下端所粘的两条对称的直带。

31. 书法艺术经历了哪些发展阶段?

中国书法历史悠久,书体沿革流变,异彩迷人。从甲骨文、金文演变而为大篆、小篆、隶书,至东汉、魏、晋的草书、楷书、行书诸体,书法一直散发着艺术的魅力。

商周时期的甲骨文和金文,可以看成是原始的书法艺术品。但有意识地将文字作为一门艺术来对待,则始于春秋战国时期。秦统一后留下的"泰山刻石"和"琅琊刻石",运笔圆熟、疏密得当,更是不可多得的小篆艺术精品。两汉以后,特别是魏、晋、南北朝、隋唐时期,随着真、草、篆、隶、行、魏碑等不同风格的字体并行于世,我国的书法艺术进入了繁荣灿烂的时期,涌现出大批优秀的书法家和不朽的书法艺术珍品。宋代的书法与同期的文章和绘画相比,显得逊色一些,但随着苏东坡、黄庭坚、米芾三大家的出现,宋代书法才为之一振,形成了宋代特有的书风。元代的著名书家为数很少,而成就最高的要数赵孟頫。他是元代尚古尊帖的代表人物。其书法宗法唐诸贤,略参宋人笔意,以清秀婉丽见称于世,人称"赵体",对元、明、清三代的影响很大。明代的书法,风格多样,个性特出,宋濂、宋克、解缙、张弼、祝允明、董其昌等人,将明代书法推向一个新的境界。清代书法中草书最为薄弱,而篆隶的成就却很突出。

32. 汉字书体可分为哪几种?

我国的汉字起源于象形文字,是世界上最古老的文字之一。它不但具有绘画的意象美,而且也具有意境美。作为一种文字,汉字既实用,又是一种艺术,也可供人们欣赏。汉字的书法艺术经过漫长的历史发展,风格各异、变化万千,但从书体来说,可以分为篆书、隶书、楷书、行书和草书五种。

篆书 包括大篆和小篆,从甲骨文演变而来,通行于秦朝,形体匀圆而整齐。

隶书 由篆书简化演变而来,通用于汉、魏。早期隶书,保留篆书特点较多,后在使用中经过加工发展,把篆书圆转的笔画变成方折,在结构上改象形为笔画化,成为与小篆完全不同的字体。

楷书 也叫正书、真书,从隶书发展而来。始于汉末,盛行于魏、晋、南北朝,一直通行至今。形体方正,笔画平直,刚劲有力。

行书 介于楷书和草书之间,既没有楷书那样端正,又不像草书那样潦草,比较自由,没有一套规定的写法,且书写简单易认,比较切合实用。接近楷书的叫行楷,接近草书的叫行草。

草书 在行书的基础上为书写便利而产生的一种字体。据说始于汉初,历经各代,从章草进而发展成今草和狂草。

33. 什么是石鼓文?

石鼓文,为战国时代秦国刻石。现存石鼓共有 10 枚,形似鼓状,每枚石鼓上以籀文刻四言诗 1 首,共 10 首。其内容为记述秦王游猎之事,故石鼓文又称猎碣。字迹磨损很多,今藏在北京故宫博物院。石鼓文集大篆之所成,开小篆之先河,在书法史上具有继往开来的地位和作用。同时,其书法本身的艺术成就也很高。其结体方正匀整、舒展大方,线条饱满圆润,笔意浓厚。在石鼓文的字里行间,已经找不出象形图画的痕迹,完全是由线条组成的符号结构。

34. 什么是甲骨文？其是如何被发现的？

甲骨文，即刻在龟甲、兽骨上的文字。在河南安阳小屯村（殷墟）出土。发掘总数约在15万片左右。其中流失国外的有2.5万多件，台湾地区存2.5万多片，其余10万片广布于大陆40个城市的90多个单位，主要集中在中国科学院、中国历史博物馆、南京博物馆等地。甲骨文有两大价值：第一，它是目前我国所发现的最早的、有体系的、最完美的文字，对于研究古文字的发展、演变有很大价值；其次，甲骨文里记录了不少关于商朝政治、经济、文化、习俗等许多方面的内容，是研究商代历史不可替代的第一手材料。它们的出现解开了不少历史之谜。

殷墟甲骨，是距今3000多年前的商朝遗物，但它的发现只是近百年的事情。很久以前，当地农民在犁田时就发现了这里的"龙骨"。药铺里的人说这是一种药材，可以收购。于是当地农民在农闲的时候就经常到地里去挖"龙骨"，以换取额外收入。赶集时，还把它磨成细粉作为"刀伤药"在市场上出售。1898年，王懿荣在西鹤年堂买药，识别出所谓的"龙骨"原来是刻有古文字的龟甲、兽骨。1910年，当时的一位甲骨研究专家罗振玉，揭开了甲骨产地之谜。

35. 王羲之为什么被称为"书圣"？

东晋书法家王羲之，字逸少，琅琊临沂人，久居会稽山阴（今绍兴），官至右将军，世称"王右军"。其草书浓纤折中，楷书势巧形密，行书遒媚劲健，书法千变万化而体势自然，对我国书法艺术的发展具有继往开来的巨大贡献，有"书圣"之誉。所书《兰亭序》尤脍炙人口，被称为"天下行书第一"。相传，唐太宗李世民酷爱王的《兰亭序》，求得后竟以之殉葬。所以，王的书法真迹已荡然无存。传世之《兰亭序》《快雪时晴帖》等多为摹本。

36. 什么是"颜筋柳骨"？

"颜筋柳骨"，是指唐代时期的两位书法家，即颜真卿和柳公权。他们是继王羲之之后最有影响的书法家。颜真卿的字以篆、隶笔法入楷，方严正大、拙朴雄浑、气势磅礴。他所创的风格人称"颜体"。颜真卿的作品甚多，现藏台北故宫博物院的行书《祭侄文稿》，被称为"天下行书第二"，仅次于王羲之；现存陕西西安碑林的《颜氏家庙碑》则代表了其楷书的最高成就。柳公权的正楷骨力遒健、结构劲紧,世称"柳体",与颜真卿并称"颜柳",有"颜筋柳骨"之说。现藏于西安碑林的《玄秘塔碑》,是柳公权存世最著名的碑刻之一。

37. "苏黄米蔡"是指哪几位书法家?他们各有何特点?

"苏黄米蔡",是宋代时期的四位书法家,即苏轼、黄庭坚、米芾、蔡襄。他们在继承传统的基础上努力革新,因而在书坛上都有所建树,为后世推崇为"四大家"。

苏轼 能书善画,其书法从"二王"和唐代各大家中吸取营养,在书法艺术上走出了自己的路。书法上他讲究笔法、墨法,把绘画的用笔用墨技法试用于书法,书体淳古遒劲,妙在藏锋,笔势欹倾而神气横溢,可谓匠心独运,被推为"宋代书法第一"。

黄庭坚 楷、行、草皆极妙。他以画竹法作书,中宫收紧,由中心向外辐射,并向纵横延伸,个性突出。起笔处欲右先左,然后平出,无平不陂,行笔着意变化;收笔处回锋藏颖,注意顿挫,给人以沉着痛快之感。其结构舒展大方,章法气魄宏大。他的草书笔势苍劲、拙胜于巧、变态纵横、势若飞动,不亚于行楷书。明代文徵明、沈周均学书于他。

米芾 书法继承"二王",能够登堂入室。他说蔡襄勒字,黄庭坚描字,苏轼画字,而称自己是刷字。刷字,指用笔迅疾而劲健,尽兴、尽势、尽力。他从临仿古人到自成一家,笔势奇纵变幻、雄健清新、痛快淋漓,具有快刀利剑的气势,世人望尘莫及。

蔡襄 以规矩、秀丽的楷书见长,书体浑厚端庄、雄伟遒丽。他也擅长草书,以散笔作飞白,颇有独到之处。

苏、黄、米、蔡可谓各具特色,他们的书法达到了宋书的高峰。

38. 古代绘画经历了哪些发展阶段?

中国绘画的历史,最早可追溯到原始社会新石器时代的彩陶纹饰和岩画,先秦绘画在一些古籍中有记载。秦汉王朝墓室壁画和画像砖、画像石,以及随葬帛画,生动塑造了现实、历史、神话中的人物形象,具有动态性、情节性,在反映现实生活方面取得了重大成就。魏晋南北朝时期绘画取得了较大的发展,佛教美术勃然兴起。如,新疆克孜尔石窟、甘肃麦积山石窟、敦煌莫高窟都保存了大量的该时期壁画,艺术造诣极高。隋唐时期人物画、山水画、花鸟画已显工整富丽,取得了较高的成就。五代两宋之后,朝廷设置画院,宫廷绘画盛极一时,画家辈出,佳作纷呈,而且在理论上和创作上形成了一套独特的体系,内容、形式、技法上也都出现了丰富多彩、多元发展的繁荣局面。元、明、清,文人画获得了突出的发展。在题材上,山水画、花鸟画占据了绝对的地位。文人画强调人品、画品的统一,并且注重将笔墨情趣与诗、书、印有机融为一体,形成了独特的绘画模式。

39. 古代绘画有什么艺术特点?

中国古代绘画的艺术特点,概括地说,主要有以下几个方面:

形神兼备、以形写神。不仅外形要画得像,更重要的,是要通过对外形的描绘表现出其内在的神韵。所以,"神似"历来是中国画家孜孜以求的艺术境界。

立意在先、构图灵活。中国画十分强调意境和主题。创作一幅中国画,首先要"立意",即确立作品将要表现的境界和情调。中国画的构图(安排画面)大多采用"散点透视"即多视点的方法,常常将东西南北、春夏秋冬的各种景象融入一幅画中。这一特点在古今众多的国画精品中多有反映。

虚实结合、浓淡相宜。中国画特别重视笔墨的运用,笔墨浓重的地方为"实",轻淡的地方为"虚"。一幅好的作品正是通过虚实结合、浓淡对比来增强形象的鲜明性和感染力。线条是中国画造型的重要手段,通过对不同线条的灵活运用能准确反映所画物体不同的质感和特色。

诗、书、画、印结合。一幅完整的中国画不仅要有画家自题的画题、姓名及作画时间等,常常还包括诗人或书法家(有时是画家自己)题写的诗文,用以补充和丰富画的主题和意境。印章的使用则往往能起到装饰和平衡画面的作用。

40. 古代绘画可分为哪些类型?

中国古代绘画按绘画方法,可分为工笔、写意及半工笔半写意三种。其中,尤以写意画为主流,但就其题材而言,则大致包括人物、山水、花鸟等三类作品。其中以人物画产生最早,但后来最为发达、艺术成就最高的,则首推山水画,反映出古代中国人民热爱大自然、向往大自然的民族特性。

41. 如何鉴赏古代书画?

古代书画鉴赏,是文物鉴赏中难度最大的一项。鉴赏者需具备一定的历

史知识、美学知识和文学知识,同时还要有良好的艺术修养。一般来说,鉴赏古代书画可从以下几个角度着手:

(1)要了解古书画的时代风格。即要了解某个时代政治、经济、文化、风俗和工具等对书画作品产生的影响。以书法所用的毛笔为例,晋唐时期用的笔都是一种硬毫制成有芯笔,由于吸墨不多且弹性较强,在顿挫处常有贼毫和笔花出现;到了宋代,则使用有芯散卓笔,写出的字润圆厚实,少有贼毫和笔花出现。再以人物画为例,南北朝时期崇尚"瘦骨清像"的"苗条美";唐代追求"体态丰腴"的"健壮美";宋代追求"粗短"和"驼背"的古朴形象;清代则是一种"柔媚纤巧、弱不禁风"的"病态美"。

(2)要了解书画家的个人艺术风格。即指在书画家的气质、性格、审美习惯影响下,作品形成的独特艺术风格。如,明代"吴门四家"的唐寅,用笔秀润致密,作品具有潇洒清逸的韵度;而同是"吴门四家"的仇英,,则多以工笔重彩为主,其作品色彩鲜艳、含蓄蕴藉。

(3)要了解不同时期印章的特点。各个时代印章的特点是不相同的,印章的时代气息可以从印章的形状、篆文、质地、印色辨别出来。宋代书画大多不加盖作者本人名字的印章,材质以铜、玉为主,印油与其他朝代有区别。元代开始使用石料印章。明代开始使用印油,据说以沈周为代表。清初,书画家印章用的篆文变化并不大,但印章形状、字体、字形都有多样化的趋势。清代中后期的印章,篆文刻法有各种各样的规格,如,浙派、皖派和其他各种流派,大都以《说文解字》为主体。印色皆为油质,水印已不见使用。

(4)要了解书画的题款。即指书画作品上书写的名款和题记。唐以前的书画不在画中题款,有"唐画无款"之说。五代至北宋,始有题款,但喜好把文字写在画中笔墨较为繁密的岩石或树干上,极不容易被发现。从元代开始,有了题诗和署款。明清时期,形成诗书画印的结合。

42. 什么是人物画?历史上有哪些著名的人物画家?

人物画,为中国绘画的一种,是以人物为主体的绘画的通称。中国的人物画简称"人物",出现较山水画、花鸟画要早。大体分为道释画、仕女画、肖像画、风俗画、历史故事画等。人物画力求人物个性刻画逼真、传神、气韵生动、形神兼备。其传神之法常把对人物性格的表现寓于对环境、气氛、身段和动态的渲染之中。

历代著名人物画家,有东晋顾恺之,唐代韩滉,五代南唐顾闳中,北宋李公麟、南宋李唐、梁楷,元代王绎,明代的仇英、曾鲸,及清代的任伯年等。

43. 什么是山水画?历史上有哪些著名的山水画家?

山水画,为中国画的一种,是以描写山川自然景色为主的绘画,主要有水墨、青绿、金碧、没骨、浅绛、淡彩等形式。山水画在魏晋南北朝已萌芽,隋唐始独立门类。虽然山水画出现比人物画要晚,但在国画中成就最高。

著名的山水画家有隋朝的展子虔,唐代的王维。五代、两宋时期山水画大兴,作者纷起,如,荆浩、关仝、李成、董源、巨然、范宽、郭熙、米芾、米友仁、李唐、马远、夏珪等。元代有黄公望、吴镇、王蒙、倪瓒等。明代有沈周、文征明、董其昌等。清代有"四王"、"四僧"和"扬州八怪"等。

44. 什么是花鸟画?历史上有哪些著名的花鸟画家?

花鸟画,是中国画的一种。在中国绘画中,花鸟画是一个宽泛的概念,除花卉和禽鸟画之外,还包括了禽兽、虫鱼等动物画,以及树木、蔬果等植物画。

历代花鸟画家辈出,所画各有擅长。如,唐代薛稷的鹤、边鸾的孔雀、刁光胤的花竹;五代郭乾晖的鹰,黄筌、徐熙的花鸟;北宋赵昌的花、崔白的雀、吴元瑜的花鸟;南宋吴炳的折枝、林椿的花果、李迪的禽;元代李衎的竹、张守忠的鸳鸯、王冕的梅;明代林良的禽、陈淳和徐渭的墨花;清代朱耷的鱼、恽寿平的荷、华嵒的鸟;近代吴昌硕的花卉。

45.《洛神赋图》作者是谁?该画内容是什么?

东晋顾恺之,是第一位留名画史的人。他精诗文、擅书画,当时的人认为他有三绝"才绝、画绝、痴绝"。顾恺之最擅长的是人物画,对中国古代绘画的发展有着深远的影响。

《洛神赋图》是顾恺之根据汉魏文学家曹植的同名诗篇创作的。它描写曹植在由京城返回封地途中渡洛水时与洛水女神相遇而爱恋,但因人神不能结合而分离的动人故事。曹植借此表述自己失去爱情的痛苦,具有揭露封建礼教的积极意义。现存传为顾恺之的《洛神赋图》,是宋代的摹本,藏于故宫博物院。

46. 被称为"画圣"的是哪位画家？

被称为"画圣"的，是盛唐时期的画家吴道子。吴道子早年作画行笔流丽纤细，继承六朝风范；中年后笔迹磊落，高度成熟。他兼善人物、佛道、神鬼、山水、鸟兽、草木、台殿等各类题材，尤以人物、佛道见长。吴道子在艺术上富有创造精神，一说山水画之变由他开始。他用状如兰叶或莼菜条的笔法表现衣褶，圆转而有飘举之势，有"吴带当风"之说。他又以焦墨勾线，薄施淡彩，世谓之"吴装"。他通过墨线的肥瘦抑扬，表现出物象的运动感和量感，为白描的发展作出了贡献。他被后世尊为"画圣"，被民间画匠尊为祖师，对以后的绘画，尤其是人物画和白描画风影响极大。

47.《清明上河图》的作者是谁？该画内容是什么？

《清明上河图》的作者，是南北宋之交的画家张择端。《清明上河图》是张择端在宋徽宗朝任翰林画院画史时所作。画中有500多人，职业涉及仕、农、工、商、医、卜、僧、道、胥史、船工及家庭妇女。图中的情节有赶集、有买卖、有闲逛、有饮酒、有聚谈、有推舟拉车、有骑马乘轿等等。图中还有皇城的四方辐辏、百肆杂陈，有汴河的河港池沼、船只往来，还有官府宅邸、茅棚村舍。它是一幅用高度现实主意手法创作的长卷风俗画，通过对世俗生活的细致描写，生动地再现了北宋汴京升平时期的繁荣景象。

48. 唐伯虎书画有何艺术特点？

唐寅，字伯虎，吴县（今江苏苏州）人，明代"四大家"之一，被誉为明中叶江南第一才子。他博学多能，吟诗作曲，能书善画，是我国绘画史上杰出的大画家。

唐寅出身于商人家庭，16岁中秀才，29岁参加南京乡试，获中第一名"解元"，次年赴京会考。在绘画中，则独树一帜，自成一路。他行笔秀润致密，具有潇洒清逸的韵度。他的山水画大多表现雄伟险峻的重山复岭和楼阁溪桥，以及四时朝暮的江山胜景，有的描写亭榭园林的文人逸士悠闲的生活。山水人物画，大幅气势磅礴，小幅清隽潇洒，题材丰富多样。人物画多描写古今仕女生活和历史故事。

49. "扬州八怪"各是何人?

"扬州八怪",是指郑燮、罗聘、黄慎、李方膺、高翔、金农、李鲜、汪士慎8位花鸟画家。他们大胆创新,风格怪异,另立门户,且皆居住在扬州,故称"扬州八怪"。从康熙末年崛起,到嘉庆四年"八怪"中最年轻的画家罗聘去世,"扬州八怪"在画坛活跃前后近百年。他们的绘画作品为数众多,流传甚广,仅据今人所编《扬州八怪现存画目》记载,为国内外200多个博物馆、美术馆及研究单位收藏的就有8000余幅。他们作为中国画史上的杰出群体已经闻名于世界。

50. 郑板桥的绘画有何特点?

郑燮(1693—1765年),字克柔,号板桥,江苏兴华人,为康熙时秀才、雍正十年(1732年)举人、乾隆元年(1736年)进士,官任山东范县、潍县知县。

郑板桥诗书画皆精,尤其擅长水墨写意,擅画兰、竹、石、松、菊等,而画兰竹50余年,成就最为突出。郑板桥的书法与绘画一样,具有狂草的意趣。他初学黄庭坚,融入兰竹笔意,糅合草、隶、篆等书体,自由挥洒,章法别致,人称"板桥体"。

郑板桥罢官回乡后,以画竹为生度过了他贫寒而很有气节的一生。他一生只画兰、竹、石。他的画一般只有几竿竹、一块石、几枝兰,构图很简单,但构思布局却十分巧妙,用墨的浓淡衬出立体感。竹叶、兰花都是一笔勾成,虽只有黑色一种,但能让人感到兰竹的勃勃生气。

51. 如何收藏古书画?

适当挂展,及时除尘。字画裱件,是精美的艺术品,必须要有一定时间的挂展。挂展的时间都不宜太长。一年可挂展两次,每次1~2个月。在挂展期间,要注意及时除尘。

卷放得法,有张有弛。卷字画时,先松后紧,先松松卷起后,再慢慢旋转轴头,把字画卷紧卷实。然后用画带捆扎。捆扎时的轻重一定要适度,太松使画卷松动,易于被折压;太紧使画卷中间留下捆扎的硬痕,影响画面整体美观。

科学保护,永藏光辉。要想使字画永葆"青春",对藏置环境须有严格的要求。首先是防虫、防霉、防火,其次是控制和调节好温度、湿度。字画最适宜的保存温度为14℃~18℃,最合适的相对湿度为50%~60%,在这样的条件下,不利于微生物、霉菌的生长和繁殖。

52. 哪些可称为我国古代书画之最?

我国现存最早的书法作品 收藏在故宫博物院的《出师颂》,为隋代摹本,是中国现存最早的书法作品。

中国最早的绘画作品 1978年,在河南省临汝县(今汝州市)阎村仰韶文化遗址中出土了瓮葬棺彩陶缸。彩陶缸面上是一幅带有图腾标志性质的彩色绘画作品,内容为鹳鸟叼鱼和带柄石斧。石斧手柄上刻有网状花纹。《鹳鱼石斧》图是我国最早的绘画作品。

中国最早的毛笔画 1949年在长沙出土的一幅战国时期的帛画《龙凤人物画》,是迄今为止发现的最古老的毛笔画。画上人物是一位女子,合掌侧身而立,似在祈祷,上方有飞翔的龙凤。

中国最早、最大的城市真实写照画卷 是北宋画师张择端所画的历史长画卷《清明上河图》。

中国现存最早的山水画 隋代展子虔的《游春图》是我国现存最早的山水画。该图"开青山绿水之源",是山水画成熟的标志。《游春图》描绘了贵族士人在风和日丽、春光明媚时节游玩的情景。翠岫葱茏、碧波荡漾,湖边一条曲折的小径蜿蜒伸入幽静的山谷,人们或骑马、或步行,沿途观赏着湖光山色。波光粼粼的湖面,一艘游船悠悠荡来,船上坐着的女子也被春色所陶醉,远处山坳间还藏有几处古寺,更衬出山景的清幽。此画在民国年间由大收藏家张伯驹先生变卖房产后购得,现藏北京故宫博物院。

中国古代最长的画卷 《康熙南巡图》是中国画中最长的画卷,总长近300米,由王翚和他的学生杨晋等人合绘,历时3年才完成。全图仅人物就有2万余位。画卷表现了康熙和群臣出巡江南的盛况和沿途的风景。画面表现的巡游路线自京城永定门开始,直到江南绍兴的大禹庙,再经金陵回京城。画中主要人物的神情刻画十分生动。沿途的城乡风光、社会生活、山川景色及康熙南巡的盛况安排井然有序,又富于穿插变化。就场面之浩繁、内容之丰富、笔墨之多样来看,该画卷堪称罕见的鸿篇巨制。

《康熙南巡图》具有很高的艺术价值和历史文献价值。北京故宫博物院所藏此图现已不全,仅存第一、九、十、十一、十二卷;第三卷藏于美国纽约大都会艺术博物馆;第七卷原在丹麦,现为加拿大某私人收藏;第二、四卷藏于法国巴黎吉美博物馆;其余第五、六、八卷下落不详。

53. 什么是青铜器?青铜器有何优点?

青铜器,是指以青铜为基本原料加工而制成的器皿、用器等。青铜是红铜与锡,或铜与铅,或铜与铅、锡的合金。青铜原来的颜色大多是金黄色的,由于经过长期腐蚀表面所生成的铜锈呈青绿色,因而得名。

青铜器具有下列优越性:首先,硬度大;其次,熔点低,熔液的流动性好,凝固时收缩率小;再次,化学性能稳定,耐腐蚀,可长期使用和保存;此外,青铜器坏碎之后,可回炉重铸。

54. 中国古代青铜器有何特点?

中国古代青铜器的特点:

(1)数量大,延续时间长,分布地区广,造型丰富,品种繁多,质量高,精品多。

(2)铸造工艺方面,多用合范法,不大用失蜡法,到春秋中后期才用失蜡法,所以完全相同的器物较为少见。

(3)铸刻有铭文,这是与世界上其他国家青铜器的一个显著区别。

(4)武器与工具等较少,以容器为主,多为礼器,是宗法礼制的物化表现。

55. 青铜器在古代有何用途?

"国之大事,在祀及戎",是说对于中国先秦中原各国而言,最大的事情莫过于祭祀和对外战争。作为代表当时最先进的金属冶炼、铸造技术的青铜,主要用于祭祀礼仪和战争上。夏、商、周三代所发现的青铜器,其功能均为礼仪用具、武器及围绕二者的附属用具。这一点与世界各国的青铜器有别,形成了具有中国传统特色的青铜器文化体系。

56. 古代青铜器是如何铸造的?

青铜器铸造工艺,分作冶炼和烧铸两步。冶炼,包括选矿、初炼和提炼加锡三道工序。铸造一件青铜器需要经过塑模、翻范、烘烤、烧铸等一套工序。即将准备铸造的器型,预先塑出泥模,在泥模上翻出外范,在泥模或外范上雕刻所需的花纹,然后在泥模上削出范芯或另外制作范芯。外范和范芯阴干、晾晒后,组合放入烘范窑中烘烤,使之脱水和定型,出窑后趁热进行浇铸。大件

器物需挖坑固定,用槽铸法浇铸。浇铸方法,有以下几种:

浑铸法 即一次浇铸完成。

分铸法 比较复杂的器型则先铸附件,后铸器身,或先铸器身,然后将附件铸接上去。

叠铸法 即若干烘烤过的陶范叠装起来,浇铸时铜汁通过中间的直浇道流向每一层半月形的内浇道而到达齐刀的范腔之中,一次可浇铸十几个或更多的铸件。

失蜡法 即将易熔化的黄蜡制成蜡模,用细泥浆多次浇淋,并涂上耐火材料使之硬化,做成铸型。烘烧后黄蜡熔化流出,形成型腔,用以浇铸铜液。

57. 古代青铜器有哪些类别?

青铜器是古代文物中的一大门类。它包含的内容非常广泛,大致可分为青铜礼器、青铜兵器和青铜工具、农具四大类。

青铜礼器 是宗庙中和宫室中陈设的器物,使用于各种祭祀、宴飨和各种典礼仪式的场合。目前青铜器中最多、最重要的,是宗庙中使用的器物。青铜礼器包括饮食器、酒器、水器、乐器四个大的门类。

青铜兵器 是商周时代军队作战的重要装备,铸造数量非常大,虽然在战争中大量消耗,遗存至今的种类和数量还是很多,主要有戈、戟、矛、钺、刀、剑、匕首、殳、弩机、矢镞、胄等。

青铜工具 青铜工具传世和出土的数量都很多,由于在社会生产活动中的广泛使用,因此,形式也各不相同,主要有斧、凿、锯等。

青铜农具 在商周时代的农耕中普遍使用青铜农具。传世和出土的青铜农具实物主要有耒、耜、铲、锛、锸、耨、镰等。

58. 如何鉴赏青铜器?

青铜器的艺术魅力表现在三个方面:构思巧妙的形态、富丽精致的纹饰、风格多样的铭文书体。鉴赏青铜器,应从纹饰、造型、铭文、铸造工艺等方面入手。

(1) 了解各个时期纹饰的特点。夏代铜器花纹简单。商代花纹则华丽繁缛,且多遍体生花。西周大致与商同,但后期趋向素朴。春秋战国的花纹则清新活泼,富于生活气息。秦汉重实用,花纹少且不及前代精细。

(2) 了解各个时期青铜器的造型。中国青铜器不但数量多而且造型丰富、品种繁多。而每一器种在每个时代都呈现不同的风采，同一时代同一器种的式样也多姿多彩，而不同地区的青铜器也有所差异。一般来说，夏代的青铜器形体单薄，器型主要有爵及少量工具、兵器。商代青铜器器型多仿陶器，类型增加；商代晚期青铜器种类繁多，形体高大，厚重庄严。西周早期继承商代晚期风格，西周晚期器型多轻薄简陋。春秋时期器型有较大变化，鼎多盖。战国时期青铜器向日常生活用具发展。秦汉以后以生活实用器为主，尤以铜镜数量最多。

(3) 了解各个时期青铜器的铭文。商代晚期一般以家族的名号为铭文，字体规整，笔势遒劲大方、优美洒脱。西周早期开始出现了长篇铭文。春秋时书体有肥体和瘦体，还有形似蝌蚪的"笠斗文"，以及图案化的"鸟虫书"。战国金文字体大体不考究，但也有字体竖笔引长下垂、末端尖锐的"悬篆"雏形。

59. 青铜器的纹饰有哪些？

青铜器的主要图纹，归纳为以下四类：

幻想动物纹 有饕餮纹、夔纹、龙纹、凤纹、蟠螭纹、蟠虺纹等。

写实动物纹 有鸟纹、蝉纹、蚕纹、象纹、牛纹、鹿纹、兔纹、鱼纹、虎纹、贝纹及人面纹等。

几何型花纹 有云雷纹、涡纹、波纹、圆圈纹、方形纹、三角纹、乳钉纹等。

人物活动图纹 在春秋战国时期青铜器上出现了反映社会生活的纹饰，主要有描绘贵族生活中礼仪活动的，如，宴乐、射猎、祭祀和描述水路攻战场面的纹饰。

60. 什么是铭文？其是如何铸刻的？

古青铜器上所铸刻的文字，一般称为铭文，又称金文或钟鼎文。我国约有铭文青铜器1万件。古人认为青铜器极其牢固，铭文可以流传不朽，故，需要长期流传的事项，必须铸在青铜器上。因此，铭文已成为今天研究古代历史的重要资料。中国青铜器的铭文，文字以铸成者为多。凹入的字样称为阴文；少数文字凸起，称为阳文。商代和西周，大多数铭文都是铸成的，只有极个别是用锋利的工具雕刻成。西周晚期，开始出现完全是刻制的铭文。

61. 现存古代铭文最长的青铜器是哪件?

现存古代铭文最长的青铜器,是西周晚年的毛公鼎。

毛公鼎,清道光末年于山西岐山周原出土。鼎高53.8厘米、口径47.9厘米、腹围145厘米、重34.7公斤。器型作大口,半球状深腹,圜底,下附三兽蹄形足,口沿上有双耳。鼎面表面装饰简洁,腹内有铭文32行,共499字,为现存铭文最长的一件青铜器。这篇铭文,记述了周宣王命其臣毛公厝之辞,具有重要的史料价值。铭文气势宏伟、笔法端严,是一篇金文书法的典范。此器现存台北故宫博物馆。

62. 什么是铜镜?如何鉴赏铜镜?

铜镜,是用青铜制成的照容的生活工具,"以铜为鉴可正衣冠"。

中国铜镜从青铜时代初出现,经历商周、秦汉、隋唐,迄于明清,长期流行,并形成各个时代的特征:汉代铜镜较厚重,纽多为半球形,开始出现铭文,并渐趋繁复。唐代铜镜,无论是造型还是纹饰,都在汉代的基础上有了新的突破。如菱花、八菱、海棠花等式样,均出现于此时,特别以海棠花铜镜和葡萄铜镜最为名贵。镜铭常有楷书四言、五言小诗。宋代镜形又出现了亚字形、钟形、鼎形、鸡心形等,唯其精者多挂于高台,镜背的纹饰渐被忽略;纹饰多为缠枝卷草之类,但也有写实画面纹出现。元、明、清各朝铜镜多为仿制,且已经开始走下坡路。自乾隆以后,由于玻璃镜的大量出现,铜镜遂完成历史使命而退出了历史舞台。

63. 什么是铜鼓?铜鼓有何用途?

铜鼓,是我国古代南方少数民族所使用的青铜铸造的打击乐器。它是由作为炊具的釜发展而成。其形状"上宽而中窄,下则敞口",因像倒置的大口罐,故又名罐鼓。其鼓面浮雕图案中常附有青蛙雕像,也称蛙鼓。我国是世界上铜鼓出土数量最多的国家,主要分布在云南、贵州、广东、广西、四川、湖南等省区,年代约自春秋中期至清末。据统计,截至1980年,我国各省区共收藏铜鼓1388面。其中,仅广西壮族自治区出土和收藏的就有500多面。

铜鼓,原是统治者权力的象征。明清以来,随着社会的变化,成为传递信息的工具和一般的娱乐乐器。

64. "马超龙雀"是在何地出土的?

铜奔马,系俗称;旧称多为"马踏飞燕",本名应为"马超龙雀"。1969 年于甘肃省武威雷台汉墓出土,是中国青铜雕塑中的精品。其铸造传神、构思精妙,可与秦代铜车马相媲美。

奔马昂首扬尾、张口嘶鸣,四蹄翻腾,做奔驰状。马的体态健美,一蹄踏在一只展翅疾飞的燕子背上,其他三足全部腾空,或前伸、或后蹬,把奔马风驰电掣的速度表现得淋漓尽致。奔马蹄下踏的飞燕展翅欲飞,回首作惊愕状,似乎突遭踏击,懵懂不知所措,想弄清发生了何事。与之呼应,奔马头微左顾。作者以精湛高超的技法,把这一刹那惊心动魄的情景,借助雕塑语言成为定格,一切寓于静止,但静止中动意无穷,似乎燕仍在动,马仍在飞。作者运用烘云托月的手法,反衬出骏马的神速,其构思之精巧匪夷所思。而马三足腾空,体重全落于一足和蹄下的飞鸟身上,其平实稳定的力学结构,也同样令人赞叹不绝。现为旅游业的标志。

65. 哪些古代青铜器可以称"最"?

(1)现存最早的青铜器 甘肃东林家马家窑文化遗址中出土的一件单范铸造的青铜刀。

(2)现存最早的铜镜 甘肃、青海两省出土了公元前 2000 年齐家文化的铜镜 2 枚,是我国迄今发现的年代最早的铜镜。

(3)最早的青铜编钟。湖北随州出土的战国时期的青铜编钟,共 65 件。其中钮钟 19 件、甬钟 45 件,以及楚惠王赠送铸钟 1 件,分 3 层 8 组悬挂在呈曲尺形铜木结构的钟架上。钟的总重量达 2500 公斤。最大单件高达 153.4 厘米。

(4)现存最重的青铜器。河南安阳出土的商代的司母戊大方鼎。

(5)现存最大的青铜器。四川三星堆出土的青铜神树。

(6)现存最大的铜钟。北京大钟寺博物馆的明代永乐大钟。

(7)现存最大的铜鼓。广西壮族自治区所藏的雷云纹铜鼓是我国最大的铜鼓。

(8)铭文最长的青铜器。现存台北故宫博物院的西周时期的毛公鼎。

(9)世界最早的青铜雕像。三星堆土的青铜立人像。

(10)最精美的古代铜镜。1955 年出土于河南洛阳的唐代螺钿镜被誉为最美的铜镜。

66. 为什么外国一直称中国为"陶瓷之国"？

陶瓷是中国古代的一项伟大发明。在漫长的历史岁月中，勤劳智慧的中国先民们点土成金，写下光辉灿烂的篇章，为人类文明作出了巨大的贡献。享有盛誉的中华古瓷，已成为世界各大博物馆里的明珠，也将越来越广泛地成为中国和世界各地专家学者们的研究对象，并受到广大收藏家和陶瓷爱好者的珍重。

陶瓷器在中国文物中占有重要位置。早在商代，我国就有了原始青瓷。东汉晚年出现了真正意义上的瓷器，随后，其他品种亦应运而生。中国瓷器以青瓷、白瓷、彩瓷为主。浙江越窑青瓷最为优秀，为向皇帝进贡的"秘色瓷"；宋代瓷器生产达到高峰，龙泉窑、钧窑、汝窑、官窑、哥窑、定窑等名窑辈出。其工艺更为复杂。唐代的邢窑、宋代的定窑是烧制白瓷最好的窑址；元、明、清三代以烧制彩瓷为主流。其中最有代表性的产品是青花，白底蓝花，淡雅清新。由青花瓷派生出的釉里红、粉彩等釉上彩系列，把彩瓷分割为釉上和釉下两大分支。中国优秀的陶瓷文物遍布全世界。唐宋以来，外国一直把中国瓷器视为珍宝，称中国是"陶瓷之国"。

67. 春秋五霸是指谁？

周平王东迁洛阳之后，周王势力越发衰弱，各诸侯国相互兼并争战，胜者称霸。先后出现了齐桓公、晋文公、宋襄公、秦穆公、楚庄王五个霸主，史称"春秋五霸"。

68. 陶器与瓷器有何区别？

陶器是用黏土造型，经过700℃~800℃炉温焙烧而成的无釉或上釉的日用品和陈设品。按黏土所含成分的不同，坯体呈白、青、棕、褐等色。

瓷器，是以瓷土或瓷石为原料，经过成型、干燥、焙烧等工艺流程制成的器物。瓷器具有以下特点：第一，瓷器胎料的瓷土成分主要是高岭土，化学成分是氧化硅和氧化铝，含铁量低，瓷胎烧结后，胎色白，质地致密，胎体吸水率不足1%或不吸水，具有透明或半透明性，叩之能发出清脆悦耳的金石之声。第二，瓷器的烧成温度必须在1200℃以上，胎釉经高温烧结后不易脱落。

陶与瓷两者的区别：

(1)用料不同。陶器一般是由易熔黏土烧制而成,瓷器则是以瓷土做原料。

(2)釉质不同。陶器的表面一般不上釉或者只上低温釉;瓷器的表面则一般都上高温琉璃釉。

(3)烧制的温度不同。陶器的烧制温度较低,一般不超过800℃,而瓷器则须经1200℃以上的高温烧制。

(4)物理性能不同。陶器胎质粗松,故有吸水性,敲击时声音不脆,呈"扑扑"声;瓷器的胎质结实,不吸水或吸水性很小,敲击时可以发出金属般清脆的声音。所以古人形容瓷器之美"白如玉,明如镜,薄如纸,声如磬"。

69. 古陶器是如何制作的?

古代陶器制作有手制和轮制两种方法。

手制法 又可分为三类:一为捏塑法,用手捏塑而成;二为泥条盘筑法,先将坯泥制成泥圈,一层一层叠筑上去,或是将一根长泥条连续向上盘筑,然后把里外抹平制成器型;三为模制法,某些器型往往采用局部模制的方法。

轮制法 是将泥料放在陶轮上,借其快速转动的力量,用提拉的方式使之成型,器型规整,厚薄均匀。陶器成型后,还要在陶坯上进行修饰加工,即磨光和施加陶衣。磨光是用砾石或骨器在表面压磨,烧好以后陶器表面发亮。施加陶衣即用陶土调成泥浆,施于陶器的表面,烧好后陶器表面就附着一层陶衣。还有相当数量的陶器上有附加纹饰。

70. 古陶器上的纹饰是如何制作的?

古代陶器施加纹饰的方法主要有以下几种:

(1)绘彩。如,彩陶,在陶器未烧之前画上去,烧成后花纹附着于器表,图案丰富多彩,包括动物纹、植物纹及几何形纹饰。

(2)拍印。即在木板或陶拍上刻条形、方格形和几何形印纹的阴纹,拍印在陶坯上。

(3)压印。在细木棒上用绳子缠成中间粗两端细的轴状工具,可在陶坯上压印出成排而整齐的绳纹。

(4)刻画。用细骨、木棒为工具,在陶坯上画出纹饰。

(5)附加纹饰。在陶器表面附加泥条或泥饼。

(6)镂孔。一般多在圈足器上镂成圆形、方形、长方形、三角形的孔作为装饰。

71. 古代名陶有哪些?

（1）彩陶。彩陶主要大量出现在黄河流域,最为著名的是距今六七千年前的河南渑池仰韶村的彩陶；另一个是甘肃临洮马家窑彩陶,称马家窑彩陶。

（2）黑陶。黑陶以山东泰安大汶口和山东章丘龙山两地最为典型,距今约6000～4000年前,质地基本上有全黑和黑面黄胎两种,以"黑如漆、薄如纸"的"蛋壳黑陶"最为精美。

（3）白陶。目前发现最早的白陶,是出土于湖南,距今约7000年前的白陶和出土于浙江桐乡,距今6000多年前的白陶。它们的化学成分已非常接近高岭土。商代的白陶质量很高,胎质洁白细腻,质地坚硬,配之以精美的青铜纹饰,与青铜艺术交相辉映。白陶在商代是极其名贵的东西,多为贵族所享用,西周后就几乎销声匿迹了。

（4）唐三彩。唐三彩是唐代烧制的彩色釉陶,以黄、绿、白三色彩釉为主,故得名唐三彩。它是中国陶器中的重要品种。

（5）紫砂陶。产于江苏宜兴的紫砂陶以其与众不同的性能、用途和艺术风格,被誉为"陶都之花"蜚声中外。

72. 如何鉴赏古陶器?

鉴赏古陶器,主要是从古代陶器的产地、器型、图案花纹、制作工艺方面等入手。

（1）产地。每一种古代陶器都有一定的出土地点和分布范围。如,仰韶文化遗址中出土不少非常精美的彩陶器,是新石器时代的艺术明珠。其后考古学家又在黄河流域的陕西、河北、甘肃、青海等地发现类似仰韶文化遗址多处。其中心地区有北首岭、半坡、庙底沟、西王村四个类型。因此,一提起彩陶或得着一件彩陶器就会立刻想到它的产地和范围。在长江中下游一带的河姆渡文化和山东龙山文化遗址中出土的陶器属于黑陶,尤其是山东龙山文化和大汶口文化的黑陶,器壁极薄且光滑,有"黑如漆,薄如纸"的美称。凡遇漆黑光亮的蛋壳陶,肯定是山东龙山文化之物。几何印纹硬陶在商代和西周时期就很兴盛,春秋和战国时期仍在继续发展,盛行于长江中下游地区和福建、台湾地区、广东、广西等地。凡遇胎质比一般陶器坚硬、烧成温度比较高、叩之能发出金属声、器表拍印有几何纹饰的一些贮盛器的,可以说绝大多数为长江中下游地区的产品。

(2)器型。不同时代有不同的审美标准、生活习惯及技术条件,制约着不同时代陶器的造型。因此,弄清陶器器型产生、发展、演变和消失的历史,则为古陶器的鉴定提供了可靠的基础。例如,新石器时代和商周时期"鬲"十分流行,到了汉代"鬲"则无影无踪了。陶鼎和陶钟等仿铜陶器流行于战国和两汉,到魏晋以后就彻底绝迹了。又如,仰韶文化多见平底器,缺乏袋足器、三足器和圈足器;龙山文化则恰恰与仰韶文化相反,器型多为三足器、圈足器、袋足器,平底或圆底的盆、钵就极为少见。除掌握每个时代器型产生、发展、演变、消亡的历史和地区特有的器型外,还要对每件陶器的口沿、腹部、肩部、颈部、底部和柄、耳、系、流、足、钮、錾、鼻等细部特征进行仔细地对比研究。

(3)图案花纹。陶器上的纹饰与瓷器、玉器、古砚上的纹饰一样,都强烈地反映着当时人们的审美观念和情趣,都有鲜明的时代风格和特点,都可以成为我们鉴定陶器时的参考因素。如,商代早、中、晚期的陶器在图案花纹上都有比较明显的区别。商代早期陶器多见细绳纹,少见饕餮纹;中期则饕餮纹十分盛行;晚期饕餮纹非常罕见,绳纹又重新兴起,但比商周早期的粗。西周早期的绳纹与商代晚期不同,成组的竖形粗绳纹增多;中期除绳纹外,又出现了瓦纹(即凹沟纹);晚期素面增多,绳纹较粗,且模糊不清。春秋时期的陶器以素面磨光者为多,并盛行暗纹,绳纹则不常见了。

(4)制作工艺。陶器的成型和加工工艺往往在陶器上留下痕迹。这些痕迹,亦具有一定的时代性和区域特色。如,新石器时代的制陶者,初时只会用手捏塑一些简单的实用器物,因此,器型不可能规整,器壁上常常留有指纹。后来逐渐摸索出一种新的手工成型法,即泥条盘筑法。其法是先将泥料制成泥条,然后圈起来一层一层地叠上去,并将里外抹平,制成所需陶器的雏形。如,仰韶文化中的小口尖底瓶就是采用这种方法制作的,因而在器底的内部都保留有泥条盘旋的痕迹。轮制法,是更进一步的制陶工艺。用轮制法制成的陶器,器型规整、厚薄均匀,器物表面留有圆环状轮纹。

(5)胎质。陶器和瓷器一样,都非常重视胎质的研究。分析胎色、胎质的掺和料也是鉴定陶器的方法之一。如,商代白陶的胎质和器物的表里均呈白色,洁白细腻、质地坚硬。灰陶从胎色上看,中期的陶器有黑皮泥质陶,早期和晚期不见黑皮陶。西周胎质以泥质和夹砂灰陶为主,亦有少量的夹砂红陶、泥质红陶和泥质黑陶。春秋前期的陶器以泥质灰陶为主,但陶质与西周相比,较为细腻;后期以泥质和夹砂灰陶为主,但陶质比较粗疏。不看其他的条件,仅从胎质上即可分出商代、西周和春秋前后期陶器的时代性。

(6)文字款识。款识,是指刻、划、印或写在陶器身上的文字,表明它的时代、窑口、制作者和使用者等。因此,文字的款识,也是鉴定陶器的依据之一。

73. 紫砂陶为什么被称为"天下神品"?

产于江苏宜兴的紫砂陶,以其与众不同的性能、用途和艺术风格,被誉为"陶都之花"、"天下神品"而蜚声中外。紫砂陶始创于宋代,但直到明代中叶才开始盛行。

紫砂陶,是用一种质地细腻、可塑性极强、含铁量较高的特殊天然陶土制成,泥色有紫泥、红泥、淡黄色泥。紫砂泥最适合用来塑造茶壶。前人总结紫砂壶有五大优点:

(1)不失原味。用以泡茶,"色、香、味皆蕴"。

(2)经久耐用。多孔性的壶壁能吸收茶汁,即使不放茶叶,空壶注入沸水,也会发出醇郁芬芳的茶香,且有茶味。

(3)茶汁不易霉馊变质。

(4)使用时间越久,茶壶越发光泽,"包浆越足"。

(5)有耐冷热急变和传热缓慢的特点,沸水注入不开裂,使用提携不烫手,保温性能好。

74. 中国瓷器的发展经历了哪些阶段?

中国瓷器的发展,在唐代以前,以青瓷为主;到唐代以后,形成了南青北白的局面;到了宋代,则品种繁多,瓷器生产呈现出百花争艳的景象,其中尤以影青著名;元代景德镇青花瓷烧制成功后,情况就发生了急剧变化。从15世纪前期开始,景德镇的青花瓷器占据了中国瓷器生产的主流。景德镇也由此成为中国的瓷都。

75. 历代创新的瓷器品种有哪些?

隋唐时期白瓷、青瓷 唐朝的白瓷以邢窑最为著名;青瓷以越窑最为著名。

宋代影青 影青瓷又称青白瓷,是宋代景德镇主要烧制的单一品种。青白瓷釉色介于青与白之间,说它是青瓷又青中显白,说它是白瓷又白中泛青。

这种介于青瓷、白瓷二者之间的青白瓷具有景德镇独特的地区特色。晚清以后青白瓷一般称之为"影青"。

元明两代青花瓷器、釉里红瓷器、斗彩和五彩 元、明两代，中国瓷器工艺又有重大突破。一是始于元代的青花瓷器，是我国古代流行时间最长、产量最大的一种瓷器，是我国著名瓷都景德镇制瓷工艺的重要成就。二是元代景德镇窑发明了釉里红瓷器。这是一种釉下呈现红色花纹的瓷器，称为"釉下彩"。在釉里红瓷器的基础上，明代烧成了斗彩和五彩等瓷器。

清代珐琅彩瓷器、粉彩 清代，特别是康熙、雍正、乾隆三代，瓷器工艺达到顶峰。这个时期除青花瓷的烧造工艺有了进一步提高之外，还创造了极其名贵的珐琅彩瓷器，在此基础上又创造了比五彩瓷更娇艳、层次更丰富，以淡雅柔丽名重一时的粉彩瓷器。

76. 唐三彩是如何烧制的？

唐代产于洛阳的三彩陶器，以其特殊的风格和高超的艺术形象驰名于世界。这种"唐三彩"陶器是用白色黏土做胎，施以含铅的低温釉，釉中使用铁、铜、锰、钴等多种金属作呈色剂，在750°C~850°C低温下焙烧而成。其陶质比普通釉陶洁白细腻，釉色鲜亮，色彩以黄、绿、褐为主，故称"唐三彩"。在制作时还采用了类似蜡染的所谓"漏花"技法，巧妙地制成五彩缤纷、鲜艳奇目的器物。唐三彩制品主要分为器皿、人物、动物三类：器皿，有水具、酒具、食具、建筑模型等；动物，有马和骆驼制品。唐三彩以其生动逼真、丰富深厚、气魄雄健、色彩瑰丽的造型而享誉中外。

77. 什么是瓷器的釉色？

釉，是瓷器表面的涂料，主要是长石、石灰石、黏土、草木灰等调配而成，经一定温度烧制后，便与坯体结合成一体。

色釉，是利用铁、铜、钴、锰氧化剂的呈色作用进行着色的，主要有青、黑、黄、红等颜色。青釉以铁为着色剂，黑釉主要以氧化铁为着色剂，黄釉以铁、锑元素为着色剂，红釉以氧化铜为着色剂。

瓷器除单色釉外，还有斑釉和彩瓷。斑釉，是各种颜色的结晶釉，如，油滴、兔毫斑等。彩瓷，包括各种绘制的彩釉，主要有釉下彩、釉上彩和斗彩。釉下彩，是用彩料在坯体上绘出所需的纹样，然后挂上一层无色透明釉，经高温烧制而成，如，青花瓷。釉上彩，是在已经烧成的瓷器釉面上描绘简单花纹，然后加温烧制,使彩料烧结在釉面上,如,五彩。

78. 瓷器的装饰方法有哪些?

瓷器的装饰方法,有开片、画花、刻花、剔花、印花、贴花、镂雕、彩绘等。

开片 瓷器釉面自然开裂的并列状细纹。人们利用坯、釉膨胀系数的不同,在烘烧后冷却时的自然开裂,形成富有装饰情趣的冰裂纹。

画花 在半干的瓷坯上用竹签、木签、铁签刻画出花纹。

刻花 用刀具在瓷坯上刻出装饰纹样。

剔花 即阳刻花纹,把花纹以外的空底剔除,使花纹凸起。

印花 用有装饰纹样的印模在未干的坯胎上打印出花纹,或在有纹饰的器模中制坯,使花纹留着坯体上。

贴花 用花纹陶范预制成花样,再粘贴到瓷器坯体需要的位置。

镂雕 把瓷坯做成透空的雕花装饰。

79. 如何鉴赏古代瓷器?

鉴赏瓷器,应从瓷器的造型、纹饰、胎釉、款识、工艺等几个方面入手。

(1) 造型。瓷器的造型是辨识真伪、年代、窑口的重要依据之一。中国古瓷器造型的时代总体风格是:商周时期,幼稚粗糙,保持了陶器的特征,器类少、造型单调。春秋战国时期,刚劲古朴,多仿青铜器。东汉时期,简单粗疏,青瓷刚刚成熟,品种少,质量(胎、釉等)尚差。两晋时期,西晋瓷器显浑圆矮胖,许多器物造型模拟动物塑成,或仿其他质料的实用器物,如,仿漆器、铜器等,瓷明器尤是如此;东晋瓷器显秀骨清瘦,比西晋显长。唐代瓷器,浑圆饱满,显出勃勃生机。宋代瓷器,修长轻盈,优美清新、秀丽典雅。元代瓷器,厚重粗犷,质朴无华,有的近乎草率。明代瓷器,敦厚古朴,颇富唐宋遗风。清代瓷器,轻盈新颖,特别注重创新,造型秀丽多姿。

(2) 纹饰。古代瓷器纹饰题材,系以中国最为丰富多彩。其大致可归纳为几何形类、仿生类(含植物、动物及人类)、文字类及其他几大类。除起装饰作用外,有的还有深邃的寓意。由于时代和产地不同、审美和风俗习惯不同,即使是题材相同,纹样也不同。

(3) 胎釉。胎,为瓷器之骨;釉,为瓷器之衣。胎釉构成了瓷器的主体。时代不同,其特征也不相同。例如,商周时代的青釉瓷器,胎为灰白色和灰褐色,胎质坚硬,瓷化程度较高;其釉色青,釉层较薄,厚薄不均。五代时的釉色为天青色。宋代龙泉窑的梅子青釉是龙泉的最佳色,可与高级翡翠媲美。明永乐、宣德、清康熙的江西瓷器,胎釉各具特色。明宣德年间与明永乐年间时间虽近,但瓷胎釉色却迥然不同。同一器皿,永乐胎厚,宣德胎薄。宣德时大件琢器底部多无釉,露胎处常有红色斑点,俗称"火石红斑",还有铁锈斑点。清康熙、雍正时的仿宣德瓷器则无此特征。

(4)款识。也叫年款,是在一件瓷器的器皿底部中央、器皿心里、器身的中部或口缘等部位,书写上某某皇帝的年号,如,"大明成化年制"等字样,以表示年记。这种年款,还有一部分是专为宫廷烧制的,叫"官窑"款;有一部分是民间烧制的,叫"民窑"款。除记年款外,还有殿名款(如体和殿)、堂名款、花样款等等。这些都称为款识,是表示某个朝代生产的器物。款识的识别,是古陶瓷鉴定中较为重要的一个环节。

80. 古代陶瓷的纹饰有哪些?各有何寓意?

龙凤呈祥 图案为一龙一凤,象征着天下太平、五谷丰登。

二龙戏珠 图为两条云龙一颗火珠,表示吉祥安泰和祝颂平安与长寿之意。

鱼龙变化 图案为天上有一云龙,水中有一鲤鱼。或一龙首鲤身;或一鲤鱼翻跃于龙门之上。古代有鲤鱼跃龙门的传说,凡是鲤鱼能跳过龙门的,就可变化成龙,不能跳过龙门的,点额而归,故黄河之鲤鱼多有红色在额头,都是未跳过龙门之鱼。鱼跃龙门表示青云得路、变化飞腾之意。

鹤寿龟龄、龟鹤同龄 图案皆为一龟一鹤,是长寿的象征。

松鹤延年 图案为鹤和松树,既有延年益寿之意,也有志节高尚之义。

鹤鹿同春 图案为鹤鹿与松树。神话故事中有寿星骑梅花鹿。"鹿"与"禄"、"陆"、"六"同音,"鹤"与"和"谐音,故又有"六合"(指天、地、东、西、南、北)同春之意和富贵长寿之说。

岁寒三友 图案为松、竹、梅或梅、竹、石。寓意做人要有品德、志节。

喜上眉梢 图案为梅花枝头站立两只喜鹊。两只喜鹊即双喜之意。"梅"与"眉"同音,借喜鹊登在梅花枝头,寓意"喜上眉梢"、"双喜临门"、"喜报春光"。

喜报三元 图案为喜鹊三、桂圆三或元宝三。明代科举以廷试前三名为"三元",即状元、榜眼、探花。"三元"是古代文人梦寐以求的升腾仕取之阶梯,喜鹊是报喜之吉鸟,以三喜鹊、三桂圆或三元宝寓意三元,是表示一种希望和向往的图案。

三星高照 图案为三位老神仙。古称福、禄、寿三神为三星,传说福星司祸福,禄星司富贵贫贱,寿星司生死。三星高照象征着幸福、富有和长寿。

81. 宋代有哪五大名窑？其瓷器各有何特点？

宋代是我国瓷器工艺的高峰时期。其主要标志是全国已形成了有代表性的瓷窑体系,影响最大的是被后世称为五大名窑的"汝窑"、"官窑"、"哥窑"、"钧窑"和"定窑"。

汝窑 位于河南临汝。特点是胎质细腻,俗称"香灰胎";釉色天青,开有细小纹片,通体施釉,底部有用细针支烧的痕迹。传世的汝窑瓷常见器型有碗、盘、洗、瓶、樽等日用品。汝窑制品素身多,极少以花纹作装饰;造型端庄,釉色晶莹似玉。汝官窑的烧制时间短,一直都作为贡品,所以民间流传甚少。

钧窑 地处河南省。钧瓷的胎质细腻坚实,造型端庄古朴。其釉色除天蓝、月白外,还烧成了著名的紫红色釉瓷器。通过"窑变",形成了各种自然、神妙的图画,历代都被看作珍品。钧瓷的传世珍品以樽、炉、瓶、洗、花盆居多。

官窑 北宋时期在河南开封,南宋时在浙江杭州。南宋时期的特点是:釉色有粉青、月白、油灰和米黄等多种,以粉青瓷为上,浑厚滋润,如玉似冰,釉面上布满纹片。这种釉面裂纹原是瓷器上的一种缺陷,后来却成为别具一格的装饰方法,因而名噪一时。纹片形状有冰裂纹、流水纹、鱼子纹、百圾碎等,以冰裂鳝血纹为上,梅花片、墨纹片次之。这种瓷器的底足部为铁褐色,口部隐呈紫色,称为"紫口铁足"。官窑器物除碗、盘、瓶、洗外,仿商、周、秦、汉铜器及玉器者甚多。

哥窑 地处浙江省。据史料记载,浙江龙泉南宋时有章家二兄弟,均以陶瓷为业,各主一窑,兄所主之窑名哥窑,弟所主之窑为弟窑,亦称龙泉窑。哥窑瓷器的特点是胎质呈黑色,釉面浑厚滋润,开有大小纹片,纹片呈黑、黄二色,俗称"金丝铁线"。器物以瓶、炉、洗、碗、罐为主。

定窑 窑址在河北省曲阳县。由于宋时属定州而得名。以烧造白瓷著名。瓷器质地洁白细腻,造型规整而纤巧。装饰风格以典雅的白釉刻花、画花和印花为主。此外尚有白釉剔花和金彩描花。常见器型有碗、盘、瓶、罐、炉、枕、壶等。

82. 景德镇为什么被称为"瓷都"？其传统名瓷有哪些？

景德镇制瓷历史悠久。早在汉代，这个地区就已可能在商周原始瓷器的基础上烧制出器表施有釉的"青瓷器"。据文献记载，这个地区烧瓷始于唐武德年(618—626年)间，但据考古发现，最早在五代时期就已有烧制青瓷和白瓷。宋代创烧了著名的青白瓷(影青)，宋真宗景德年间，所烧御用瓷器光泽细腻、造型精美，底书"景德年制"，时称"景德窑"，镇名也由昌南改为景德。元代青白瓷继续烧制，并创烧青花、釉里红及卵白釉瓷，色白微青，器内有"枢府"字号，人称"枢府窑"。明代，景德镇已成为全国制瓷业的中心，所创各种色釉和彩饰非常丰富，出现了许多著名民窑。官窑于明洪武年间创设，代代相传，一直延续到清代。景德镇的制瓷工艺一直处在全国领先的地位，故称"瓷都"。

景德镇有四大传统名瓷：青花瓷、青花玲珑瓷、粉彩瓷和薄胎瓷。

83. 什么是青瓷？历代著名的青瓷瓷窑有哪些？

在坯体上施以铁元素为呈色剂的釉，经高温烧制后呈青绿色或青黄色的瓷器，称为青瓷。

浙江是我国青瓷的发源地。浙江的上虞、德清、余姚、宁波、绍兴、萧山和永嘉等地，都已发现东汉时期烧造成熟青瓷的瓷窑。三国吴和西晋时，青瓷烧制水平迅速提高。浙江上虞、绍兴、余姚、宁波、萧山地区的越窑，温州地区的瓯窑及金华地区的婺州窑，成为青瓷的主要产地。东晋、南北朝时，青瓷生产已遍布浙江、江苏、江西、福建、湖南、湖北、四川、山东等地。隋代瓷器仍以青瓷为主，重要的窑址有河南的安阳窑、巩县窑；河北磁县的贾壁村窑；安徽淮南窑；湖南湘阴窑和四川的邛崃窑。唐代时浙江的越窑，湖南的岳州窑，江西的洪州窑及四川成都的青羊宫窑等。闻名于世的越窑青瓷盛极于唐代中晚期，其产品胎质细洁，釉色"类冰"、"类玉"，器型丰富、纹饰高雅，与北方邢窑的白瓷并称"南青北白"。北宋中期以后，越窑渐衰，龙泉青瓷崛起。同时，北方的耀州窑、汝窑、临汝窑和北宋末汴京官窑的青瓷异军突起，达到了很高的烧制水平。南宋中晚期龙泉粉青、梅子青釉达到了青釉烧造的最高水平。到了明代，由于青花瓷的出现和彩瓷的兴起，青瓷渐趋衰微。

84. 什么是白瓷？历代著名的白瓷瓷窑有哪些？

白瓷，是在含铁量低的瓷坯上施以纯净透明或乳浊高温釉的白色瓷器。

白瓷是在青瓷基础上出现的。

湖南长沙的东汉墓出土已有白瓷。历代著名的白瓷瓷窑有：

隋代　河北内丘的巩县窑、山西的浑源窑等。特别是以河北的邢窑为代表，与南方地区越窑青瓷正相敌，也称"南青北白"。

五代时期　河北的曲阳窑、河南鹤壁窑、陕西耀州窑等。

宋代　其代表是河北曲阳的定窑。

元代　主要是景德镇烧制的"枢府窑"为最佳。

明代　景德镇的"甜白瓷"和福建德化窑的"象牙白"取得了白瓷烧制史上的最高成就。

晚清　主要是景德镇和福建的德化。

85. 什么是影青瓷？历代著名的影青瓷瓷窑有哪些？

影青瓷，是宋元时期以景德镇为代表创烧的一种著名瓷器。其釉色介于青、白二色之间，青中有白、白中有青，故又称"青白瓷"。一般认为，青白瓷创烧于五代，成熟于北宋中期。

目前所知青白瓷，以景德镇湖田窑产品为佳，较为著名的还有江西南丰窑、吉州窑，浙江江山窑，安徽繁昌窑，广东湖安窑，福建德化、泉州、同安、安溪、永春、安南等窑。江西九江北宋纪年墓出土的青白瓷瓷钵，是目前所知最早的青白瓷器物。南宋时，京城临安（今浙江省杭州市）已有专门经营青白瓷器的店铺，可见当时青白瓷器之盛。青白瓷于宋、元时开始外销，至明时已成为外销瓷的主要品种之一。

86. 什么是青花瓷？其经历了哪些发展阶段？

青花瓷，是指一种瓷胎是用钴料着色，然后施透明釉，以1300°C左右高温一次烧成的釉下彩瓷器。釉下钴料在高温烧成后呈现出蓝色，习惯上称为"青花"。

青花瓷早在唐代就有了。到元代中晚期，青花工艺逐渐成熟。明洪武年间成为我国青花瓷生产的鼎盛期。明永乐、宣德时期，被誉为中国青花瓷器制作的"黄金时代"。到清康熙年间，青花瓷的制作更是达到了炉火纯青的地步。

青花瓷器为什么有如此大的魅力呢？主要是瓷质细洁而色白，釉下彩的蓝色彩绘幽菁可爱，图案装饰雅俗共赏。由于彩色在釉下，有不易褪脱的优点。且工艺过程相对简单化，便于降低成本，大量生产。

87. 什么是颜色釉瓷？

如果用"万紫千红"来形容景德镇四大传统名瓷之一的颜色釉，那是非常恰当的。不仅红紫，无论什么颜色都可以烧制，红为火焰、绿为春水、蓝似青天、黑为墨炭，是瓷器中最富神秘色彩的艺术品。

颜色釉瓷，有许多种类别：通体一色者称单色釉，多色相间者称花釉，烧成温度在1200℃以上的叫高温颜色釉，1000℃以下的叫低温颜色釉。釉料中含黏土、石英和助熔剂。着色剂主要是铜、铁、钴、锰等化合物。明、清两代的颜色釉瓷色彩十分丰富。

88. 什么是玲珑瓷？什么是青花玲珑瓷？

玲珑瓷，是在瓷器坯体上通过镂雕工艺，雕镂出许多有规则的"玲珑眼"，施釉烧成后，这些洞眼成半透明的亮孔，十分美观，被喻为"卡玻璃的瓷器"。因为"玲珑"的本义就是灵巧、明彻、剔透，所以以玲珑称这种瓷器是非常确切的。玲珑瓷具有悠久的历史，称为我国四大传统名瓷之一。

玲珑瓷往往配以青花图案，叫青花玲珑瓷。这种瓷器既有镂雕艺术，又有青花特色；既呈古朴、又显清新。

89. 什么是斗彩瓷？

斗彩，又叫"逗彩"、"填彩"，是在瓷胎上先用钴青料绘出花纹，施釉烧成后，再在釉上按青花的轮廓填绘红、黄、绿、紫等色彩，加以低温烘烧。这种釉下青花和釉上多彩相结合，交相辉映、争妍斗艳，谓之"斗彩"。装饰花纹多为花果、鸟、虫、人物等。成化斗彩在明后期就相当名贵，文献记载当时在北京市场上"成杯一对，值十万钱"。流传至今的少数鸡缸、葡萄杯、人物杯等器型轻盈、画工美妙，色调鲜嫩雅致，相映成趣，确有极高的艺术价值。

90. 什么是珐琅彩瓷？

康熙年间烧造出清代瓷器中最好的闻名中外的珐琅彩。它是先由景德镇官窑烧制出瓷坯胎，送到宫廷由御用画师等用西洋画技法，用引进化学方法精炼配制的珐琅彩料在瓷器上作画。由于珐琅彩料在烧成前后颜色完全一样，因此便于彩绘，烧成后画面瑰丽精美，有立体感。这种彩瓷成本较高，是专为皇室特制，成传世珍品。在康熙、雍正、乾隆等朝均有烧造，俗称"古月轩"瓷器,是宫廷贵族专用的奢侈品。

91. 什么是五彩瓷?

五彩,是在已烧成的瓷器上用红、黄、绿、蓝、紫等多种彩料,按图案纹饰绘于釉上,再在彩炉中二次焙烧而成,属釉上彩。五彩的特点,是色彩丰富繁多、效果浓艳热烈,可谓五彩缤纷。

据文献记载,五彩始于明宣德年间,从传世器型看,嘉靖、万历两朝五彩器十分精致。这时常将青花作为一种色彩与釉上多种彩相结合,称"青花五彩"。不过,这时的青花不像成化斗彩那样居主要地位,而只是作为色彩的一种而已。因而斗彩疏雅,五彩红艳。清康熙时期,新发明了釉上蓝彩和漆黑的墨彩,从而釉上五彩取代了青花五彩。康熙五彩大型器物较多,图案画面生动活泼,题材丰富多样,除花鸟、山水外,大量采用小说、戏曲题材的人物故事画。雍正时期,粉彩盛行,五彩趋于衰落。以后五彩只作为仿古瓷而少量生产,因此亦称"古彩"。五彩线条硬朗、层次分明,烧成温度稍高于粉彩,又没有粉彩的柔软感,故又叫"硬彩"。

92. 什么是粉彩瓷?

粉彩瓷,又叫软彩瓷,是景德镇四大传统名瓷之一。早在清康熙后期,景德镇粉彩瓷就已问世,雍正时期烧制工艺已相当精致,乾隆年间达到很高的艺术水平。

粉彩,有别于五彩的最大特点,是它使用了自康熙晚期始从国外进口的胭脂红。康熙晚期,在五彩的基础上,受珐琅彩直接影响,利用进口的金红,创烧了粉彩瓷。其特点,是改变了古彩那种单线平涂的生硬色调,而可以分别明暗,渲染接色,使每一种颜色都有丰富的层次,显得柔和而俊雅。它的制作,一般是在素瓷上描绘轮廓后,先填一层"玻璃白",再以所需的色料,用乳香或水调匀,在"玻璃白"上进行描绘,最后入炉烘烤。所用的彩料很多是进口料,除胭脂红外,又有洋黄、洋绿、洋白等色。粉彩以雍正朝最为著名。雍正粉彩不仅有白地彩绘,也有珊瑚红地、淡绿地、酱地、墨地等各色绘彩。乾隆粉彩又有很大发展,凡胭脂红花朵大多勾茎,改变了以前简单的渲染手法,但图案花纹趋于繁缛。由于粉彩多为进口料,其所施彩也属西洋艺术特色,故乾隆时粉彩又有"洋彩"之称。

93. 有关陶瓷的逸闻趣事有哪些？

(1)"高岭土"的传说。很久以前,高岭村住着一户姓高的人家,夫妇二人租地种田为生,生活很苦。一个冬天的早晨,高老汉看到屋檐下躺着一个被冻僵的白发老头,忙唤来老伴把他抬到床上,然后烧姜汤把老人灌醒。老人饿得不会说话,只用手拍拍嘴表示想吃东西。可是高家只有野菜,怎么办呢？只好向富户人家借了一升米熬成粥送给老人吃。老人吃了粥后忽然哈哈大笑:"你们确实是好人,名不虚传。"于是从口袋里拿出一粒洁白晶莹的小石块交给高老汉,让他把小石块埋在高岭山上,待七七四十九天后再挖出,那就会变成挖不尽的白玉土,送到景德镇去就是上好的制瓷原料。高老汉按照他的话去做,果然出现了奇迹,高岭山上到处是白嫩嫩的玉土,于是便和村里人一起去挖,运到景德镇,卖了很多钱。景德镇也因用上了这种瓷土,瓷器质量更好,为国内外的人所喜爱。

(2)"真假观音"。景德镇早在元明时期就能做瓷器人像雕塑,尤以雕造神像著名,至今在四川峨眉山脚的报国寺内还保留了一尊明代景德镇烧造的卢舍那大瓷佛,高2.47米。据说,慈禧太后"垂帘听政"期间,有个外国传教士巴登以传教为名,四处收集中国制瓷技术情报和古瓷。一天他来到一个大寺庙内,看到一尊烧制非常精美的明代瓷观音,就想占为己有。于是趁老僧不在之机,拿出钱袋要向小和尚买这尊观音。小和尚不肯,他又趁小和尚走开的时候偷走了这尊瓷像。老和尚回来后急得要命。正在此时,仿古制瓷名家周小泉来访,得知此事后说:"不要紧,我看到过你这里的观音,我想法给你们要回来。"几天之后,周小泉来到巴登的教堂,说是为他送宝来了,说着拿出一尊瓷观音给巴登看,巴登吓了一跳,怎么与自己的一模一样呢？赶忙拿出来与之相比,确实一样,就问他要卖多少钱,周小泉故意抬高价格,巴登不要。周小泉就趁他不注意时,拿走了那尊真观音,仿古瓷却留在了巴登手里。

94. 古代陶瓷之最有哪些？

最早的陶器 在江西万年仙人洞遗址发掘的陶器,经科学测定,约为8800年前的遗物,是当前我国发现最早的陶器。

最早的瓷器 1955年和1965年在郑州的商代墓中出土了两件较完整的商代瓷尊,被誉为中国瓷器的鼻祖。

古代造型最美的彩陶器 1972年郑州市北郊大河村仰韶文化遗址出土的

彩陶——双连壶,被誉为中国古代彩陶之冠。现藏于郑州市博物馆。

古代最早的彩釉瓷器 1958年春,在河南濮阳市出土了北齐时期两件黄釉绿彩四系罐,开唐三彩之先声,为中国最早的彩釉瓷器。现藏于河南省博物馆。

95. 百家争鸣是怎么回事?

战国时期,我国出现了封建制取代奴隶制的划时代变革。劳动人民、新兴地主、没落奴隶主从各自的阶级利益出发,对当时的社会变革提出不同的看法。这就产生了墨家、儒家、法家等"诸子百家"。诸子百家著书立说,宣传自己的学说,批评其他学派,从而在思想文化领域出现了"百家争鸣"的局面。

96. "独尊儒术"是谁提出来的?

汉武帝建元元年(前140年),董仲舒援引"春秋大一统"的理论,建议独尊儒术,罢黜百家;以通晓儒术作为做官的条件,通过儒家思想以巩固专制主义中央集权制度。汉武帝采纳其建议,在太学设五经博士,凡通一经以上者均可补官。从此儒家思想成为我国封建时代的正统思想。

97. 中国共产党是如何诞生的?

中国共产党十一届六中全会通过的《关于建国以来党的若干历史问题的决议》指出:"中国共产党是马克思列宁主义同中国工人运动相结合的产物,是在俄国'十月革命'和我国'五四运动'的影响下,在列宁领导的共产国际帮助下诞生的。"在各地陆续建立共产主义小组的基础上,1921年7月1日,在上海召开了中国共产党第一次代表大会。出席大会的有毛泽东、董必武、何叔衡、陈潭秋、王尽美、邓恩铭等12名代表,代表着70名党员。大会决定,按照马克思列宁主义的原则建立中国共产党。

98. 旅途朗诵的目的及基本要求是什么?

(1)旅途朗诵的目的。旅途中,导游人员选定适合自己的文字作品,恰到好处地为旅游者进行朗诵,不仅可以增添旅途的情趣,还可以传播很多有益的知识。

(2)旅途朗诵的基本要求:

①注意朗诵的场合和气氛,把握好朗诵的时机。

②选择适合自己年龄、身份和适合自己音域的体裁、内容。

③朗诵时不要矫揉造作,应具有自然的情感。

④朗诵技巧要具有行动性、形象性、音乐性等特点。

99. 旅途朗诵时应注意什么?

(1)掌握朗诵内容的中心思想、写作背景、修饰手法和作者的概况。

(2)掌握朗诵时的抑扬顿挫、有缓有驰、徐疾有致的朗诵技巧,以增强诗词的表现力。

(3)吐字要清晰,要富有情感。

100. 朗诵时应怎样注意体态语的运用?

体态也是一种"语言",是人们用来辅助有声语言进行表达的有效手段。体态语是利用身体的姿态作为传递信息、交流思想感情的辅助工具的副语言符号。体态语运用时须注意:

(1)要适合语境,针对环境和对象,考虑用什么样的体态语,以及怎样运用体态语效果更佳,尤其要注意根据语境变化,调整自己语言(包括体态语)的运用。

(2)和谐统一。多种体态语的运用要协调一致。比如,手势、身势、脚步的运用要彼此配合。

(3)恰到好处。体态语的运用并非多多益善。它是为了辅助有声语言的表达才加以使用的,这样才有可能发挥其作用。否则,过多、过乱的体态语会干扰诗歌内容的正常、准确表达。

(4)自然优雅。自然优雅是美学上的一种要求。自然,就是朗诵者在使用体态语时既能有效辅助有声语言和诗歌内容的表达,又不露刻意雕琢的痕迹,让听众在自然而然中进入朗诵者设计的情境中。体态语不仅要自然,还要优雅,给人以美感,避免使用生硬做作、粗俗不雅的体态语。

(5)走姿、站姿优美。上场走姿步态稳重、双臂自然摆动,目光直视或关注听众,既给人以安稳踏实的感觉,又不让人觉得做作。朗诵站立的体态要挺拔自信。上体要正直,特别是颈部,要后挺,两脚可并拢,可平行分开,也可前后斜向分开,但重心要尽量放在前脚掌上。这样可以为身体的挺拔提供一个支撑点,同时也便于对小腹肌肉进行控制,有利于用气发声的自如运用。

101. 唱歌时应怎样运用呼吸?

导游人员不是声乐演员,许多人不具备唱歌的天赋,也没有条件进行新的歌唱训练,所以游客也不会像对声乐演员那样要求,但是导游人员应掌握一些大众喜闻乐见的曲目和一般的唱歌能力。

歌唱的呼吸,是歌唱发声的动力,也是使歌唱富于表现力的手段。要学好歌唱,必须学会如何正确地运用呼吸。

(1)吸气(歌唱气息的准备)。吸气要在身体直立、站稳重心、上胸敞开、双肩放松、精神饱满的基础上进行。吸气时,胸腔下部两肋感到明显地扩张,并感到横隔膜向下伸展。

(2)呼气(歌唱的运气)。缓慢地(或快速地)吸气。吸气停止后将下肋和横隔膜的扩张状态微微地保持着,但不加入任何挤压的力量,然后将气息缓慢、均匀而有节制地呼出,从这样的纯呼吸练习中,细心体会控制呼吸的状态。

102. 唱歌时应怎样纠正不正确的发声?

歌唱发声,是歌唱技巧中的一个重要方面。歌唱时,常因为发声不正确而影响到歌唱的表现力。

(1)纠正喊叫。一般初学唱歌者,当唱到稍高的音时,只能用力喊叫才能唱出声音。这样,一来难听;二来声音容易沙哑。

纠正的方法是:

①适度地打开咽喉,并放松舌根和下腭。

②暂时用中等音量来唱,使声音圆润自如。

(2)纠正喉音。声音压在喉咙里,声乐上叫作"喉音"。

纠正方法是:

①调整好呼吸。

②放松舌根和下腭,特别注意不压着喉结唱。唱时可用手摸摸下腭到舌根之间的肌肉是否尽可能地放松了。

③把声音的振动位置从喉部移到口腔上前方,使声音唱起来轻松,明亮而圆滑。

(3)纠正鼻音。由于软腭(俗称软口盖)无力地塌下,使声波大部流入鼻腔内所造成。用鼻音发声(除乐曲特殊要求外),表现力会大打折扣。

纠正方法是:

①调整好呼吸。

②咽喉适度打开,下腭放松,特别注意将软腭自然向上提起,调整到气息不从后鼻孔钻入鼻子。

③使声音在口腔上前方振动,并获得明亮的音色。可用"啦"、"哩"作音阶练习。

(4)纠正共鸣位置。高音唱不上去,主要是由于呼吸、喉头声带和共鸣位置这三个方面没有配合得当,没有掌握唱高音时这三方面肌肉运动的规律,而仅用呼吸来冲出或卡紧喉咙喊叫的缘故。

纠正方法是:

①从理论上明确唱低、中、高音时呼吸、喉头声带和共鸣位置是怎样配合的。唱低音时,共鸣主要在胸腔和口腔产生;唱中音时,共鸣主要在口、咽腔;唱高音时,共鸣主要在头腔。

②多练中音区的发声,只有中音区的声音唱对了,基础打好了,高音才唱得上去。

③用音阶或鼻音来练唱高音,声音越往高走,下腭越要放下。

103. 唱歌时怎样纠正不正确的咬字?

咬字,也是歌唱技巧中的一个重要方面。咬字清楚,才能将词意准确地传达给听众,正确表达歌曲中的思想内容。咬字上一般会出现音包字、不收音、误收音、字模糊等弊病。

(1)纠正音包字。唱歌时,字像是被音包住了一样模糊不清,而称为"音包字"。纠正方法:首先将"子音"咬清楚,如"他(ta)"字,须先咬清"特"这个子音,紧跟着圆滑地念"啊","花"(hua)字,须先咬清"呼"音,紧跟着圆滑地念"啊"等等。

子音后面接着唱出的音,一定要把每个字特定的母音音型唱出来,如"啊"(a)母音不能唱成"喔"(o),否则"他"字听起来就像"拖"字,"花"字听起来就像"霍"字了。

(2)纠正不收音。唱一个字,必须把字唱完,交代清楚,然后接唱下一个字,这样,才能字字清楚。如唱"阳"(yang)字,字音快结束时,必须收在"ng"音上;又如"山"(shan)字,字音快结束时,必须收在"n"音上。

(3)纠正误收音。唱歌时,往往把字的尾音误收。如,唱"阳"字,应在

"昂"音之后收在"ng"音上,有人却不收"ng",而将口突然闭住,而误收在"n"音上;唱"啊"(a)这个纯母音时,不是唱完"啊"这个字后才把嘴闭上,结果不知唱成什么字了。

(4)纠正字模糊。每唱一个字,不管它延长多少拍,或者转折地经过多少个音,字出口以后,口型不能随便改变,口型一走样,字就模糊了。

104. 唱歌时应注意哪几个问题?

(1)要正确表达歌曲的思想内容,导游人员唱歌时,要抓住歌曲的风格特点,才能唱得逼真。

(2)注意演唱时的定调,一定要按照曲谱左上方所标注的 1 = G、1 = F 等调号标记来确定歌曲的音高。

(3)正确掌握歌曲的节拍速度。

(4)正确处理唱腔上的强弱变化。

(5)注意正确划分歌曲的乐段、乐句,安排好换气的地方。

105. 舞蹈的基本要素有哪些?

舞蹈,是一种以经过提炼、组织和艺术加工的人体动作为主要表现形式的表演艺术。

(1)动作。动作的基本表现手段,是传情达意的舞蹈语言。舞蹈的内容、情节,舞的形象,舞的情绪,全是通过美化的动作而展现的。

(2)节奏。节奏是舞蹈速度、力度、气度的具体体现,是舞蹈律动的基础,没有节奏就没有舞蹈。舞的各种动态、情感、意念、气质、神态全是在节奏的律动中得到完美体现的。

(3)表情。表情是舞蹈内在情感的体态体现,千变万化的情感,形成千姿百态的舞姿,没有情感的动态,就没有舞蹈的生命。表情是舞蹈的核心。

106. 导游人员一般应掌握哪些基本舞蹈?

(1)交谊舞。交谊舞,是国际标准舞(即国标)和舞厅舞的统称。目前一般在舞厅里跳的是舞厅舞,而在国际上比赛跳的是国际标准舞,又称体育舞蹈。交谊舞能协调人际关系,增进彼此的了解和培养感情。

(2)民族民间舞。民族民间舞,是在人民群众中广泛流传,具有鲜明的民族风格和特色的传统舞蹈形式。它与特定民族的历史传统、民俗习惯和审美趣味存在着内在联系,大都格调清新、欢快,带有明显的民族特色和地方特色。

107. 跳舞的艺术要求有哪些?

(1)导游人员参加跳舞时要热情大方、形象端庄。

(2)要适当具备一些舞蹈知识素质。

(3)舞蹈内容是健康、积极和向上的。

(4)邀请舞伴时要尽可能地照顾到每位游客。

108. 组成谜语的元素有哪些?

猜谜是一项文雅优美、益智怡情、轻松愉快的大众娱乐活动。谜语是一种由喻体(即谜面)和本体(即谜底)组成的特殊的语言文字形式。喻体,可以是巧妙隐喻本体的各类文字形式;而本体,则是在喻体暗示下所实指的事物。猜谜语,就是要求猜谜者通过喻体的暗示,调动自己的知识储备和智慧,运用各种(分析、筛选、判断)猜测方法去找出其实指事物——谜底的过程。谜语的三个基本要素是谜面、谜目和谜底。谜面,俗称谜题,是制谜者为猜谜人所出的题目,一般多用字、词、句进行表述。其作用是对谜底做特征性地概括和描述。

(1)谜面。谜面从形式和特点上分析,具有不同的形态,大致可分为单体和联体、单句与多句、有韵与无韵等多种。

①单体谜。指谜面暗示猜测的谜底为单一事物,单体谜占谜语绝大多数。例如,上面不怕水,下面不怕火,家家厨房里至少有一个(打一工具:锅)。

②联体谜,即谜底有两个或多个,此类谜语较少,但趣味性更强。例如,是鸡不长毛,是牛不耕田,是猫不捉鼠,是虎不出山(打四种动物:田鸡、蜗牛、熊猫、壁虎)。

③单句谜。是由字、词、词组或单个句子组成。例如,三人叠罗汉(打一字:众)。

④多句谜。是由两句以上的文字组成谜面,多句、双句、四句。例如,生在山上,卖到山下。一到水里,就会开花。(打一饮料:茶)

⑤韵句谜。多以诗句、顺口溜为谜面形式,在双句押韵。例如,叫枪不是枪,呼呼冒蓝光,只管打硬仗,对准铁和钢(打一工具:焊枪)。

(2)谜目。谜目,是谜面与谜底之间的中介与桥梁。其作用,是指出该谜猜测的范围并以此引导猜谜者按正确的思路与范围去寻找谜底。谜目一般要标明两项内容:一是猜测的范围,即事物的类别;二是谜底事物的数量,说明是单底还是多体。两项内容缺一不可。

谜目所标的范围大小,可视制造者的目的与谜语难易程度。笼统地可分为"物"、"事"、"字"等。"物"可分为"植物"、"动物"。植物,又可细分为"树木"、"花卉"、"蔬菜"等。至于具体谜题,编创者可灵活掌握。其原则是不能太露、太直,但又不能太宽太远,尽量做到既有一定难度,又能起到恰到好处的作用。

(3)谜底。谜底是指谜语的答案,也是谜语分类的主要依据。谜底、谜目和谜底三者互为因果、缺一不可。

109. 猜谜的基本要求是什么?

趣味性要浓;疑难性要适度;知识面要广;文字性要强。

110. 猜谜的基本方法有哪些?

(1)象形法。这种谜语是把有形文字的特点利用起来并加以描述构成的。例如,"牛过独木桥"打一字——"生"。这个字的上部为牛,下面一横,就是独木桥的形象。

(2)会意法。这是最常见,也是最普通的方法。这类谜语主要是通过谜面的意思去猜测。例如,"重逢"打一字,重逢的意思是"又见面",简化成"又见",就是一个"观"字。

(3)别释法。就是以词组的原意为基础,与词组之外的引申含义相扣。例如,"能说会道"打一常用词组,其谜底即为"出口技术"。

(4)离合猜谜法。就是把字进行分解或组合而形成的字谜。例如,"一口咬去多一半","多"字去掉一半而添个"口"字,就是"名"字。

(5)拟人法。把所猜的事物拟人化,从形象上领会出谜底来。例如,"世人都知他热心,不欺老小不嫌贫,不怕风吹和雨打,夜夜辛苦伴行人"打一物,谜底是"路灯"。在这里,就把路灯拟人化了。

(6)影射法。对有些用倒影法组成的字,猜谜时可用此法。例如,"山字颠倒入境中"打一字,谜底是"王"字。

111. 何为旅游景区?

旅游景区,是指以旅游及其相关活动为主要功能之一的(或其经营项目一部分的)空间或地域。即具有参观游览、休闲度假、游乐体验、康体健身等功

能,具备相应旅游服务设施并提供相应旅游服务的独立管理区(或管理区的一部分)。

旅游景区包括风景区、文博院馆、寺庙观堂、旅游度假区、自然保护区、主题公园、森林公园、地质公园、游乐园、动物园、植物园,以及以工业、农业、经贸、科教、军事、体育、文化艺术等旅游为吸引内容的各类营业性和非营业性旅游活动区。

112. 绕口令的基本要求是什么?

绕口令,又叫"急口令"、"拗口令"或"吃口令",就是将声母、韵母或声调极易混同的字,反复重叠,组成拗口的句子,要求一口气快速读出,借以测验念读者的反应灵敏程度和口齿伶俐程度。绕口令也是导游人员发动、组织游客一齐参与活动的既简便易行又饶有趣味的互动形式。通过与游客的互动,既可活跃气氛,又可减轻游客的旅途疲劳。其基本要求是:

(1)导游人员自己必须熟练掌握且做好充分准备。
(2)先易后难,从简单的开始,后逐渐加大难度。
(3)不要请有口吃病的游客参与。
(4)词语安排要巧妙得当。
(5)内容要有一定的情趣。

113. 脑筋急转弯的基本要求是什么?

这一活动比较有趣,能吸引游客。通过导游人员和游客的语言游戏互动,达到既活跃气氛又帮助游客消除旅途疲劳的目的。其基本要求是:

(1)导游人员自己要记牢内容。
(2)不能临时看书。

114. 文字接龙的基本要求是什么?

这一活动是由导游人员说一个词语,然后由第一位游客接着该词语的最后一个字接第二个词语,这样一直接下去,直到回到第一个词语为止。其基本要求是:

(1)接龙的第一字与前者的最后一字,可以是同一字,也可以是多音字、同音字或谐音字。
(2)所接词语必须是一个完整的意思。

(3) 速度要快,一般在 1～2 秒中接出。

(4) 接不上或速度过慢,视为失败。

115. 接唐诗的基本要求是什么?

唐诗,是我国文学宝库中的一朵奇葩,在我国流行数量最多,范围最广。接唐诗,一方面可以活跃气氛;另一方面又可借机进一步帮助大家学习唐诗,是个一举两得的有益活动形式。其基本要求是:

(1) 导游人员自己要有一定的文学功底,不然弄错了会出笑话。

(2) 组织此类活动,一定要了解游客的文化层次,否则适得其反。

(3) 一般是出上句,要求答下句,也可出下句答上句。

116. 谚语的基本性质是什么?

谚语,既有丰富的知识内涵,又具有哲理性,且口语性强,生动而风趣,是群众中以口头形式广泛流传的一种现成且固定的句子。

谚语的基本性质表现在三个方面:

(1) 谚语是一种熟语。它有固定的词组,只能整体应用,不可随意变动其中的成分,并且不能按一般的构词法来分析理解谚语的意义。

(2) 谚语是一种口语。它是以口耳流传为主要方式的语言。

(3) 谚语是一种现成的句子。谚语的结构简洁有力,语义浓缩明快,能激发人的思维并给予种种启迪。

117. 谚语的结构与分类包含哪些内容?

(1) 谚语的结构。从宏观上讲,谚语短小精悍、简明凝练、定型成句。从微观上看,可从两个方面来分析:一是句式与字数;二是组词状况。谚语主要有单句与复句两种句式。单句,极少 4 字以下,以 5 字、6 字、7 字居多;复句,通常是由两个分句组成,也有由三个小短句分句组成的,还有双重复句的。谚语复句的句型模式主要又有两种:一种,是"否定/肯定式",如,"正业不务,吃掉衣裤";另一种,是"肯定/否定式",如,"晴天铺好路,雨天不踩泥"。

谚语复句的具体存续关系主要有 6 种:

① 并列关系。例如,"大处着想,小处着手"和"水往低处流,人往高处走"。

② 递进关系。例如,"错下一着棋,全盘都是输"和"一根筷子容易折,一把筷子硬如铁"。

③ 条件关系。例如,"只要功夫深,铁杵磨成针"和"为人不做亏心事,不怕半夜鬼敲门"。

④ 假设关系。例如,"要想庄稼好,一年四季早"和"要学惊人艺,须下苦功夫"。

⑤ 连锁关系。例如,"有山必有水,有水必有路"和"经一事,长一智"。

⑥ 取舍关系。例如,"宁吃鲜桃一只,不吃烂杏一筐"和"与其修饰面容,不如修正心胸"。

(2) 谚语的组词状况。由于谚语是以口头传诵为主,所以它大量采用口语词。口语词简明凝练,可修饰、无水分,人们听得懂、记得住、传播快。

(3) 谚语的分类。由于谚语数量多、构成要素多,因此,其分类自然是多层次和多类型的,有按时间分的,也有按地区、民族分的。谚语大体可以划分为如下 8 类:

讽颂谚　内容是对是非、善恶及光明与黑暗方面进行歌颂与批判的谚语。如:冻死闲人,饿死馋人。

规诫谚　是有关思想意识、道德观和是非认识方面的谚语,劝人如何做人处世。如,冤仇可解不可结。

事理谚　即有关总结客观事物的必然性、规律性,对人们的世界观、方法论进行指导帮助方面的谚语。如,处世让一步为高,待人宽一分是福。

生产谚　即总结人们在农、林、牧、副等多项生产斗争经验方面的谚语。如,锄花要趁黄梅时,锄头落地长三寸。

气象谚　即反映风云雷电、寒暑燥湿等气候气象变化方面的谚语。如,冬至不过不寒,夏至不过不热。

风土谚　即反映我国山河壮丽、物产富饶、民族风情、乡土习俗方面的谚语。如,先来的媳妇不怕晚来的婆,不吃凉粉让开座。

常识谚　即反映人们日常生活中各种知识体验方面的谚语。如,好事不出门,坏事传千里。

修饰谚　即对事物特点、性状、程度进行描述、渲染,对人们说话交流有所帮助,提高语言表达能力方面的谚语。如,大象走到河里,鳄鱼不敢张嘴。

118. 谚语的特色与功能包含哪些内容?

谚语具有浓郁的民族性、深邃的思想性、生动的科学性和灵活的艺术性等四大特色。

（1）谚语的民族性。主要是说它说明的事理、总结的规律，都是以本民族为立足点，如，一些谚语中说到"长江"、"黄河"、"龙"、"凤"、"状元"、"诸葛亮"等。

（2）谚语的思想性。主要是说谚语所总结的生活和斗争经验及种种规律，并不只是单纯的筋筋条条。每条谚语都包含了人民群众的喜怒哀乐，充分表达了人民群众的智慧和思想感情。如，"熬不过艰辛就难得安乐"、"离开了和睦就休想幸福"、"百病从口入"等。

（3）谚语的科学性。是说谚语总结的无论是生产实践、社会斗争、科学实验经验，还是归纳积淀的生活知识，都不是抽象虚无、不可捉摸的，而是客观存在、生动可感的。如，"哀兵必胜、骄兵必败"，"爱惜五谷、儿孙多福"。

（4）谚语的艺术性。是说谚语对词语的选择，注重选用朗朗上口、顺畅和谐、凝练简洁、形象生动、风格多样的词语，力求达到清新爽朗、风趣俏皮、典雅庄重、平衍质朴、含蓄委婉的效果；在修饰上尽量调动多种手法，使之达到夸张与摹状、比喻与比拟、借代与对照、对偶与顶针、层递与反复、回环与粘连的交替和谐；在语句的节奏音律上尽可能做到简短明快、押韵协和、平仄匀称、抑扬有致，充分显现出谚语所应有的诗词似的音乐美和对联式的韵律美。

119. 谚语运用时应遵守哪些原则？

谚语运用时，一定要严格遵守以下四个原则：

（1）要结合对象和语境，选用最适当、最合理、最精练的谚语，万万不可随意套用，更不能牛头不对马嘴，甚至恣意堆砌。

（2）要多选用健康活泼、具有积极意义的谚语，以鼓舞激励人民大众团结一心，共同为国家的繁荣富强而奋斗。

（3）选用谚语，一定要注意应用范围。

（4）对于那些陈旧过时的谚语，非不得已则以不用为好。对于某些含有不健康甚至腐朽思想意识的谚语则要予以批判，促其尽快淘汰消亡。

120. 中国旅游整体形象标志是什么？

"美丽中国之旅"。

"美丽中国之旅"形象标志以印章作为主体表现形式，以"美丽中国"和Beautiful China分别作为中英文表述，将中国的印章和书法艺术形式结合起来,并通过甲骨文的"旅"字(背景反白色)来突出旅游特色。以蓝色为主的背景颜色,象征着美丽中国事业发展的朝气和生命力。中文字体"美丽中国"字样为红色,是国旗的颜色,代表中国文化,其中"中国"二字采用毛体书法风格,"美丽"二字力求简洁;英文字体为黑色,采用欧美手写形式,以体现流畅和自然,彰显了中国旅游国际化视野,象征着开放的、充满活力的、具有美好前景的中国旅游事业。

121. 何为海洋旅游?

所谓海洋旅游,是指人们在一定的社会经济条件下,以海洋为依托,以满足人们精神和物质需求为目的而进行的海洋游览、娱乐和度假等活动所产生的现象和关系的总和。海洋旅游,是指人们以海洋资源为基础的包括观光、度假和特种旅游的各类旅游形式的总称。

122. 何为生态旅游?

"生态旅游"这一术语,最早由"世界自然保护联盟"(IUCN)于1983年首先提出。它是指以可持续发展为理念,以保护生态环境为前提,以统筹人与自然和谐为准则,并依托良好的自然生态环境和独特的人文生态系统,采取生态友好方式开展的生态体验、生态教育、生态认知并获得心身愉悦的旅游方式。

123. 何为乡村旅游?

乡村旅游,是在20世纪80年代出现在农村区域的一种新型的旅游模式,尤其是在20世纪90年代以后发展迅速。

乡村旅游是以农民为经营主体,以农民所拥有的土地、庭院、经济作物和地方资源为特色,以为游客服务为经营手段的农村家庭经营方式。实际上是一种"农家乐"的概念。我国的乡村旅游至少应包含以下内容:一是以独具特色的乡村民俗文化为灵魂,提高乡村旅游的品位丰富性;二是以农民为经营主体,充分体现"住农家屋、吃农家饭、干农家活、享农家乐"的民俗特色;三是乡村旅游的目标市场,应主要定位为城市居民,满足都市人享受田园风光、回归淳朴民俗的愿望。

124. 中国菜分为几大类?

(1)地方菜。是指在一定区域内,因气候、物产、风俗的不同而多姿多彩的菜肴形成的鲜明的地方特色。如,我国常讲的八大菜系(川菜、鲁菜、苏菜、粤菜、浙菜、闽菜、皖菜、湘菜)等。

(2)宫廷菜。即皇宫"御膳房"烹制的供帝王、后妃们食用的菜肴。其用料讲究、技艺精湛、菜名动人。

(3)官府菜。是指一些大的官僚、名人、社会名流府上所烹制的菜肴。如,孔府菜、谭家菜、东坡肉等。

(4)民族菜。是指我国少数民族地区发展起来的菜肴,如,"烤肉"、"涮羊肉"等。

(5)寺院菜。也称素菜,因出自佛家寺院,故名。

(6)药膳。是我国饮食文化特有的菜类,亦可称饮食疗法。根据咸、酸、苦、甘、辛五味和药性,将中药适当放入菜肴中,起到既食美味又利健身的效果。

125. 中国民间流传最广、影响最大的"四大传说"是什么?

(1)牛郎和织女。

(2)孟姜女哭长城。

(3)白蛇传。

(4)梁山伯与祝英台。

126. 我国古典音乐中的"十大古典名曲"是什么?

《高山流水》、《广陵散》、《平沙落雁》、《梅花三弄》、《十面埋伏》、《夕阳箫鼓》、《渔樵问答》、《胡笳十八拍》、《汉宫秋月》、《阳春白雪》。

127. 中国人到底有多少个姓?

据统计,中国见于文献的姓氏(包括少数民族和元清时代蒙满两族译改的姓氏)有6362个。其中单姓3730个,双字姓2498个,三字姓127个,四字姓2个,五字姓5个。

128. "共产党"名称是怎么来的?

随着1847年"共产主义者同盟"运动的兴起,特别是1848年马克思和恩格斯《共产党宣言》的发表,一个光辉的名称"共产党"应运而生了。

由于历史的原因,俄国工人阶级的政党起初是用"社会民主工党"这一名称,十月革命胜利后,列宁不止一次地提出把俄国"社会民主工党"改称为"共产党"。1918年3月8日,列宁在俄共(布)第七次代表大会上,专题作了《关于修改党纲和更改党的名称的报告》。列宁指出,更改党的名称,不仅是因为"社会民主工党"这个名称已被第二国际机会主义者所玷污,更重要的是因为"社会民主工党"这个名称已不能正确地反映十月革命胜利后俄国工人阶级政党的历史使命。"共产党"这个名称,能够集中地反映工人阶级政党的本质、任务、目标及其思想体系,"共产党这个名称是唯一科学的。"(《列宁选集》第3卷第476页)

"共产党"这一名称,标志着它是在共产主义实际运动中产生和发展的,它不仅体现着共产主义的远大目标,而且闪耀着共产主义的思想光辉。在政治上,它能帮助启发无产阶级意识。因此,随着国际共产主义运动的发展,共产党这个名称愈来愈发出更加灿烂的光辉。

129. "长征"一词是谁提出来的?

"长征"一词的确切含意,是指中国工农红军于1934年10月开始的战略大转移。

1935年9月,中央红军主力进入甘南。这时红军转战已近一年,行程2万余里。9月12日,党中央在俄界召开了政治局扩大会议,在会议作出的《关于张国焘同志的错误的决定》中,第一次把中央红军战略转移称为"二万余里的长征"。俄界会议之后,党中央率红军一、三军团于9月18日到达哈达铺。9月22日,在哈达铺关帝庙召开的团以上干部会议上,毛泽东同志号召红军广大指战员坚持到陕北去建立新的革命根据地。他说:"经过两万多里长征,久经战斗不畏艰苦的红军指战员们,你们一定能以自己英勇、顽强、灵活的战略战术和以往的战斗经验,来战胜一切困难!"可以说,是毛泽东同志的这次讲话使"长征"这个新名词得到广泛的宣传和使用。

中央红军主力胜利到达陕北吴起镇的当天(10月19日),毛泽东在和部分红军指战员谈话时,对红军的战略大转移作了精辟的总结。在这次谈话中,毛泽东第一次提出了"二万五千里长征"这个概念。不久,毛泽东写了著名的《七律·长征》诗。1935年12月27日,在瓦窑堡党的会议上,毛泽东又对"长征"作了精辟的论述。从此以后,"长征"就成为了红军战略大转移的专用名词。

130. 什么是 A 股、B 股、H 股？

A 股的正式名称，是人民币普通股票。它是由我国境内的公司发行，供境内机构、组织或个人（不含台、港、澳投资者）以人民币认购和交易的普通股票。

B 股的正式名称，是人民币特种股票。它是以人民币标明面值，以外币认购和买卖，在境内（上海、深圳）证券交易所上市交易的。它的投资人限于外国的自然人、法人和其他组织，香港、澳门、台湾地区的自然人、法人和其他组织，定居在国外的中国公民，中国证监会规定的其他投资人。现阶段 B 股的投资人，主要是上述几类中的机构投资者。B 股公司的注册地和上市地都在境内，只不过投资者在境外或在中国香港、澳门及台湾地区。2001 年我国开放境内个人居民可以投资 B 股。

H 股，即注册地在内地、上市地在香港的外资股。香港的英文是 Hong Kong，取其字首，在香港上市的外资股就叫作 H 股。

131. "中国人民银行"的书写者是谁？

据有关方面调查，人民币上"中国人民银行"6 个字是由马文蔚书写的。马文蔚是山西阳曲县人，1930 年毕业于南京中央大学经济系，新中国成立前一直就职于旧银行界。1949 年 6 月参加中国人民银行总行工作。1950 年的一天，他应当时的总行行长南汉宸之邀，书写了"中国人民银行"等字，数年之后，这些字便出现在"一九五三年版"人民币的票面上。

还有人说"中国人民银行"是冀朝鼎的手笔。冀朝鼎同志，山西汾阳县人，生于 1903 年，1927 年加入共产党，新中国成立后担任中国国际贸易促进委会副主席和中国银行副董事长等职，1963 年逝世。他工书法，尤擅魏、颜两体。"中国人民银行"这 6 个魏碑字确是稳健工深。

132. "三教九流"到底包括哪些？

关于"三教九流"的来历有两种说法：一种说法是，清乾隆以后，为使举人有较宽的出路，对会试三科以上仍不中进士的举人实行"大挑"，主要按形貌、应对等方面的优劣分为两等授职。一等多授以知县，此外还有府经历、直隶州州同、州判；属州州同、州判及县丞、藩库大使、盐大使等职，计 9 种，时称"九流"；二等授以教职，掌管地方童生、生员的教育、考试等事务，有学政、教谕、训导 3 种，时称"三教"。另一种说法是，"三教"之称，起自战国时代，指的是儒、释、道3种教派。"九流"的说法是,最早见于《汉书·艺文志》,指的是春秋战国时的儒、墨、道、名、法、杂、农、阴阳、纵横等学术流派。后来,人们把宗教、学术中的各种流派统而称之为"三教九流"。随着时间的推移,"三教九流"逐渐变成了贬义词,泛指那些在江湖上从事各种行当的人。

133. 你知道世界十大文豪吗?

(1)古希腊诗人荷马。
(2)意大利诗人但丁。
(3)德国诗人、剧作家、思想家歌德。
(4)英国积极浪漫主义诗人拜伦。
(5)英国文艺复兴时期戏剧家、诗人莎士比亚。
(6)法国著名作家雨果。
(7)印度作家、诗人和社会活动家泰戈尔。
(8)俄国文学巨匠列夫·托尔斯泰。
(9)苏联无产阶级文学的奠基人高尔基。
(10)中国现代伟大的文学家、思想家鲁迅。

134. 我国最早的小说是什么样的?

小说这一名称的由来已经很久远了。

据《庄子·外篇》载:"饰小说以干县令,其于大达矣!"这句话的意思是说:把"小说"修饰一番用来求得高名和美誉。"小说"的名字,最早即出自于这句话,距今已有2000多年了。可是那时"小说"一词的含义与现在所谓的"小说"并不相同。它是指卑微琐屑的言谈,属于贬义词。

到了汉代,班固在他编修的《汉书·艺文志》里,把"小说"列为独立的一家,并说:"小说者,街谈巷语也。"同时还列出许多他认为是小说的作品,这才与现在的小说相近了。汉代的小说作品,大都是"残丛小语"的形式,有了初步的人物性格刻画和情节,结构趋于完整,从此,"小说"作为一种重要的载体,独立于文学之林了。

"小说"在唐代叫作"传奇",发展到了一个新的阶段。此时的"小说"题材广泛、多样,篇幅加长,故事完整,情节委婉曲折,刻画人物性格细致鲜明。从这时起,作为一种文学样式的"小说",艺术上可算是基本成熟了。

现在的"小说",一般采用第三人称或第一人称的叙述方式,按其篇幅的长短,分为长篇小说、中篇小说、短篇小说;按其内容的不同,分为社会小说、神话小说、历史小说、科学小说、侦探小说等。

135. 中国有哪四大名绣?

中国刺绣工艺历史悠久,在漫长的发展过程中,由于各地刺绣风格不同,形成了多种多样、各具特色的刺绣,其中以江苏苏州的苏绣、湖南的湘绣、四川的蜀绣、广东的粤绣最为著名,被称为我国的"四大名绣"。苏绣的双面绣"猫"、湘绣的"虎"、蜀绣的"鱼"、粤绣的"百鸟朝凤"均为各自的代表作。

136. 伞是我国发明的吗?

伞,系挡雨或遮阳之用具,以油纸、布、塑料等材料制成,中间有柄,可以张合。

追溯伞的由来,最早是由我国发明。相传,第一个发明伞的人,是 2000 多年前春秋末年我国著名的工匠鲁班(公输般)的妻子。这位没有留下姓名的中国妇女,看到丈夫天天在外作业,若遇到雨雪,常常被淋得透湿,于是便潜心琢磨,能不能发明一种"活动的亭子",整天跟随着丈夫,一旦太阳暴晒或雨雪来临,可以替丈夫遮身蔽体。经过长时间的琢磨,她把竹子劈成细条,再在细条上蒙上兽皮,中间用一根竹棍当柄,收拢如棍,张开如盖,一个可随身携带的"亭子"就这样诞生了。这就是伞的始祖。

古时候,伞也写作"簦","伞"、"盖"两字相同。据《伞物纪原》转引《通俗问》曰:"张帛避雨,谓之伞。"可见,除鲁班妻子用兽皮做的伞外,风行于世的伞,大都用丝帛制成。纸发明以后,纸伞相继出现。以后历代均有改进,有纸伞、油伞、蝙式伞及现在常用的尼龙收折伞等,品种繁多,不胜枚举。

1747 年,一个到中国来旅行的英国人,带了一把当时中国制造的油纸伞回到英国,从此,中国伞走向了世界。但是,并不能因此而认为外国的伞是从中国传入的。据文献记载,早在这位英国人将中国伞带到欧洲之前 1000 多年,欧洲就已经有伞了。在欧洲,希腊人是最先试用伞的,大都是用来遮挡烈日,而用伞遮雨则要首推罗马人。随着社会发展和科学技术的进步,国外伞的品种也是愈来愈多。国外现已设计出带有半导体收音机的伞,行人既能遮阳挡雨,又能欣赏乐曲。还有一种伞,有电池开关,可使伞顶发亮,避免下雨天人们在匆忙中发生交通事故。

137. 为什么要吃"闭门羹"？

唐代冯贽《云仙杂记》中的史凤，是唐代宣城的一名妓女。她把客人分成等级。下等的人来，只用汤羹接待，然后把门关上。后演变为俗语"闭门羹"，指拒绝客人进门，不与之相见。

138. 中国有哪些名酒？

中国名酒很多，各个时期出现过不同的名酒牌号，仅历年来被海内外一致公认的历史名酒就有8种：贵州茅台酒、山西汾阳杏花村汾酒、陕西凤翔柳林镇西凤酒、四川泸州老窖特曲、浙江绍兴加饭酒、山东烟台张裕葡萄酒厂的红玫瑰葡萄酒厂的红玫瑰葡萄酒、味美思酒、金奖白兰地等。1963年全国评出的18种名酒，除以上8种外，还有四川五粮液、安徽古井贡酒、中国红葡萄酒、山西竹叶青酒、山东白葡萄酒、贵州董酒、北京特制白兰地、青岛啤酒等。

139. 如何解释"东南西北"？

古人凭借自然景象辨认四方，并创造了东南西北等方位字。

东（東）。"东字"日在木中，意思为旭日初升。旭日初升的地方就是东方。

南。"南"字的外框是木字的变形。草木因南面充足的阳光而枝叶繁茂，所以向阳处就是南方。

西。"西"字古形是鸟在巢上。即太阳西沉而鸟归巢栖息。"鸟归巢"就成了方位字"西"。

北。"北"字古代写成两个相背的人字。宫室多坐北朝南，故背面就是北面，北（背）也就成了北方的"北"。

140. 最初的"借光"是什么意思？

据《战国策·秦策》记载，战国时秦国将军甘茂曾对齐国使者苏代讲过这样一个故事：一条江边住着不少人家，每晚，姑娘们都凑到一起做针线活儿。其中有一位姑娘家境贫寒，买不起灯烛，其余的姑娘都嫌弃她，说她爱占小便宜，拒绝她来。这位姑娘说："我虽然买不起灯烛，但是我每晚都比别人先来，把屋子打扫干净，把坐席铺设整齐，让大家都能舒适地做活，这对你们多少也有些方便。你们的灯反正都是要点的，借我一点光又有什么损失呢？"姑娘们觉得她的话有道理,便把她留下了。

后来,人们就将凡事请求别人提供某种帮助或从别人那儿分享某种荣誉称为"借光"了。

141. 男子为何称"汉子"?

在现实生活中,人们常常把具有阳刚之美、有作为、有勇气,遇事冷静、果敢,坚韧不拔、顽强进取的男人称为"男子汉"。而且常常将"男子汉"与"大丈夫"合在一起称"男子汉大丈夫",也就是说,这样的男人不仅胸怀宽广而且一定会成就一番事业。

虽然现在"男子汉"一词已经广为人们所接受,但该词的形成,却是经历了一个相当漫长的过程。

在我国,男子称"汉",始于西汉武帝时,那时正是汉代的鼎盛时期,兵强将勇。因此,匈奴人将汉兵称为"汉儿"和"好汉"。

南北朝时也有称男子为"汉子"的。据《北齐书·魏兰根传》记载,北齐宣文帝封魏恺为青州长史,魏恺固辞不就。文宣帝便对人说:"何物汉子,我与官不肯就。"

到了唐朝,又有了"好汉"的说法。据《新唐书》记载,武则天让狄仁杰推荐"一好汉任使",狄仁杰推荐了荆州张柬之。《新唐书》把张柬之称做奇男子。

宋元以后,"好汉"常被誉为"仗义疏财、扶危济困"之人。随着时间的推移,"汉子"、"好汉"与"男子"相混合,构成了男子汉一词。

142. 为什么把医生叫"大夫"?

我国北方称医生为"大夫",南方(尤其在农村),则称医生为"郎中"。这种称呼可追溯到1000多年前的唐末五代时期。

唐末五代时期,朝政腐败、战祸频繁,统治阶级穷奢极欲,甚至把国家的官职拿来卖钱,致使官衔泛滥,吏治更加黑暗不清。当时,以官名相互称呼逐渐形成社会风气,比如,读书人为"相公",称工匠为"待诏",卖茶人叫"茶博士",当铺老板叫"朝奉",有钱人叫"员外"、"宣敬"、"奉斋"。这既反映了当时卖官鬻爵的混乱,又反映了人民对那些封建官职的藐视,几乎社会上任何一个职业都可以用一个相应的官职名称来称呼。医生上至皇帝,下至平民谁都离不开,因此,人们就用官职中品级极高的"大夫"、"郎中"来称呼他们。但是,医生称

"大夫"真正的起源,则要从我国宋代开始。在宋代,我国的医务制度和医学管理,都有了相当的发展。当时负担管理医疗行政的官职很多,仅翰林医官院的医官就分为7级。官职有22种之多,如,安大夫、成和大夫、成全大夫等。这样,医生称"大夫"就成了正式的称呼,此时,已经没有了先前那种对统治者所设官职的藐视,而成了对医生的尊称并一直延续至今。

143. 最早的床是用来睡觉的吗?

床,是供人躺在上面睡觉的家具。

在原始社会,由于生产力低下,人们过着简陋的生活,当然也就没有什么家具。吃饭、休息、睡觉全在地上。为了隔潮防凉,就铺一张兽皮,垫一些树叶柴草。以后掌握了编织技术,发明了席子,就用席子作为睡觉、休息时的铺垫。如果席子也算作家具的话,这便是人工制造的最早、最原始的家具了。一直到汉代,"席"还是人们室内日常使用最多的家具。

继"席"的使用之后,出现最早的家具就要算床了。由此可见,床的历史至少已有3000年了。1957年在河南信阳长台关一个战国楚墓中,出土了一张保存完好的漆木床,长2.18米,宽1.39米,床足高19厘米。周围有栏杆,两边栏杆留有可以上下床的空隙,床框有两条横带、一条竖带,上面铺着竹条编排的床屉。整个床给人一种古朴大方的感觉。

到了汉代,人们用的床还是比较矮的。那时候床和席并用,席更普遍一些。人们写字、吃饭、读书,或在床上,或在席子上设置一张小几案,用时陈设,用罢撤去。有时主要人物坐在床上,其他人坐在席上。

魏晋南北朝以后,由于生产技术的进步,建筑物增高加大了,人们在室内活动的空间也随之增加了。于是床也就不像以前那么矮了。晋代大画家顾恺之的《女史箴图》中,所画的床,高度和今天的床就差不多了。

河南信阳长台关战国楚墓中出土的床是6条足,魏晋南北朝以后的床足不仅变高了,而且出现了4足。当时,北方少数民族传入中原一种"胡床"。这种床两木相交叉,床面用绳索连成,可开可合,携带方便,很像后来的交椅,又像今天的马扎子。因此,许多研究者认为,与其说"胡床"是供人躺在上面睡觉的家具,不如说它是椅子的前身。由此也可得知,最早的床并非专供睡卧之用,而是一种多功能的家具。

144. 过年为什么要吃饺子？

半圆形的有馅的面食，称为饺子。饺子是我国的传统面食。

关于饺子的记载，最早见于隋代颜之推的文集。他说："今之馄饨，形如偃月，天下同食也。"偃月，就是半月形，因此，颜之推所说的"馄饨"，其实就是饺子。

为什么古代把饺子称为馄饨呢？因为尽管饺子和馄饨形状不一样，做法不同，但却都是用粮食和肉配合而成，也就是说都要有饵。东周时成书的《礼记》中说："稻米二，肉一，合以为饵，煎之。"这里所说的这种食品，到底是饺子还是馄饨，谁也说不清。因此，在唐代以前，饺子叫馄饨，馄饨也叫饺子。有人根据《礼记》中这一段记载，认为饺子已有 2600 多年历史，也是有道理的。

唐人段成式所著《酉阳杂俎》一书中，有关于"汤中牢丸"的记载。明朝末年的张自烈考证饺子名称的来源时说："水饺饵，即段成式食品汤中牢丸，或谓粉角，北人读角为矫，因呼矫饵，伪为饺儿。"张自烈说的是段成式所说的汤中牢丸，又名粉角。北方人读"角"作"矫"（读 jiǎo），于是，饺子的名字就诞生了。1968 年，我国在新疆一座唐代墓葬中出土了一个碗，碗里盛馔饺子。这说明饺子不仅历史悠久，而且早在唐代，就已经传到了西域的少数民族地区。

饺子成为北方人过春节的传统食品，已有数百年的历史。据清初河北肃宁县志记载："元旦子时盛馔同享，各食偏食，名饺子，取更岁交子之义。"由此可见，人们过春节吃饺子，不仅因饺子好吃，还有取"吉利"的意思。

145. "解手"的说法是怎么来的？

人类在进化过程中，语言文字的进化是同步的。有些碍口的话，渐渐在公众场合少用了，拉屎、撒尿便是其中之一。现在，我们常说"去洗手间"，以此代表去洗手间要做的事情。台湾更有趣，常说"去化妆室"。

在并无洗手间存在的地方，连简易的厕所也没有时，说"去洗手间"显然不妥。因此，中国人的词汇中有个"解手"的说法，其实，这并非新词，是古代流传下来的。

明朝初年，开国皇帝朱元璋曾有一次大规模的移民行动，从山西将百姓强逼移居到中原和江浙一带。人民当然很反感，于是纷纷逃跑。朱元璋命令官员将所有移民捆绑起来，再用一条长绳索串在一起，像押解犯人一样。大家走在路上，凡是要大小便的，都必须对差役说："请大人解开手"，然后官吏解开其

手,押去方便。后来大家干脆简略说一声"给我解手"。自此,"解手"一词便传开并沿用至今。在地铁站内曾见过一张泻药广告,大字写明:"'解手'二字,不失文雅"并作了通俗宣传,正是"解手"之妙用。

146. 久烧的开水能饮用吗?

水烧开后,生水中的细菌被灭掉,但开水在汽化时,原来溶于水中的矿物质及重金属中的有害物浓度也相对增加,特别是水中的硝酸银离子会被还原成毒性很强的亚硝酸银离子。开水烧的时间越久,这种有毒的物质越多。而这种亚硝酸银离子能使血液中的低铁血红蛋白结合成为不能携带氧化的高铁血红蛋白,从而导致血液中毒。另外,亚硝酸银离子还能在人体内合成致癌性很强的亚硝酸化合物。因此,开水久烧后切忌饮用。

同样蒸饭、蒸肉的"甑脚水"和在炉子上温热的"温锅水"也不能用来煮饭或饮用。

147. 中国酒的种类和白酒的香型有哪些?

我国的饮料酒,一般分为白酒、黄酒、葡萄酒、果酒、啤酒、配置酒。白酒的香型共有6类:酱香型、清香型、浓香型、米香型、复香型和其他香型。

148. 世界古代史上最大的一次奴隶起义是什么?

世界古代史上规模最大的奴隶起义(前73—前71年)是斯巴达克起义。斯巴达克是起义领袖,色雷斯人。斯巴达克原为古罗马奴隶角斗士,因不堪奴隶主的虐待,密谋逃亡。事泄,率70余人冲出虎口,逃到维苏威火山上,举行起义。后各地奴隶和贫民纷纷响应,队伍迅速壮大。他领导的奴隶起义,沉重地打击了罗马奴隶主的统治,动摇了奴隶制的基础。

149. "结发夫妻"一词源于什么仪式?

文艺作品与民间俗语中,常有"结发夫妻"的说法,它出自古代婚俗中的一个仪式。

婚俗中"结发"仪式的具体做法各不相同,有的是在婚礼上将新郎新娘的头发依男左女右扎在一起;有的是将新郎左前额的头发剪下一绺,扎在新娘的头发之中;还有的是将新郎和新娘的头发各剪下一绺,打成一个同心结,然后烧成灰搅在一起。

婚俗中这种结发的仪式,实际上是中国古代的一种爱情巫术。

我们知道,古人相信人的头发、指甲、牙齿等物,在离开了身体后,还与人体保持着某种联系。头发是身体的一部分,里面也藏有人的灵魂,假若对头发施以法术,就会对头发的主人产生直接的影响,使他(或她)按自己的意愿行事。

有本古书介绍如何使妇人害相思病的秘诀,说是以相思豆五颗,妇人头发五钱,乳汁五钱,做成七七四十九颗药丸放于神龛之下,后每日口服一丸,这样该妇人就会对服药者相思不止,恩爱情深。该书还说,若以某妇人的头发放在写有她姓名和生辰八字的符上,以左脚踏之,念动咒语,该妇人就会坐卧不安,主动前来与施法的人幽会。

这些爱情巫术是否效验,今天当然会哂之一笑。然而古代相信头发有此功效的人却大有人在。例如,《金瓶梅》中潘金莲失宠之后,就以一小木人写上西门庆的生辰八字,用自己的头发将它缠住,放在枕头之中,想以此重新将西门庆拉回自己的怀里。

头发既有如此重要的爱情魅力,婚礼上的结发,就是一件很庄重的大事了。它既是一个无声的爱情契约,又是一个爱情的巫术。今天,人们常说"结发夫妻共白头",其中虽已没有了古老的巫术成分,但却已成为夫妻恩爱忠贞的一种民俗象征了。

150. 中秋节为什么要吃"月饼"?

农历八月十五是我国的中秋节。由于这一天恰是三秋之半,所以也叫中秋节,民间俗称八月节。

不过,汉代的中秋节定在立秋之日。这天,王者出猎,所获祭宗庙。到了唐时,各类书中备载四十二节令,单单没有中秋故事。可见唐以前还未以中秋为节。而在宋人的笔记之中,中秋的记载就屡见不鲜了。宋代的中秋夜,"贵家结绵榭,民间争占酒楼观月",就是贫穷的市民,也"解衣市酒,勉强迎秋"。这天晚上,"闾里儿童,连宵嬉戏。夜市骈阗,至于通晓。"从此,中秋节成为我国的一个大节日。

关于月亮的神话,如嫦娥、吴刚的传说,在上古就已产生。以后,人们渐渐地把月亮和中秋月结合在一起,出现了唐明皇中秋游月宫等故事。唐诗中也有了"八月中秋月正圆"、"平分秋色一轮满"等诗句。人们把世间的悲欢离合，与月亮的阴晴圆缺联系在一起，圆而无缺的中秋月，成为亲人团聚的象征。不仅如此，人们还在这天将圆如明月的月饼作为祭月的供品。

关于中秋吃月饼，还有一段传说。相传在元末时期，人民群众为了反抗残暴统治，以饼子互相赠送，饼里附夹字条，约定八月十五日一同起义，共同推翻元朝政权。从此，中秋吃月饼的风俗便在民间渐渐流传起来。

151. 奥运会期间火炬为什么不能熄灭？

在历届奥运会上，整个比赛期间，体育场圣火台上的火炬一直在默默燃烧不停。那么，为什么整个比赛期间火炬不能熄灭呢？

1920年，第7届奥运会在比利时的安特卫普举行。为了纪念在第一次世界大战中牺牲的协约国将士，经组委会讨论通过，在会场中点燃焰火，以象征和平。当绚丽的焰火燃烧起来时，场面极为壮观庄严。为了发扬奥林匹克精神，传播友谊与和平，1928年奥委会通过决议，正式规定在开幕式上要举行隆重的仪式，点燃圣火台上的火炬，以火炬燃烧与熄灭象征开幕与闭幕。同年在荷兰的阿姆斯特丹市举行的第9届奥运会上即执行了这一决议。当时按照古代奥运会的传统在希腊奥林匹克山上用凸透镜点燃圣火炬，途经希腊、南斯拉夫、奥地利、德国而进入荷兰，最后在开幕式上按规定的时间进入阿姆斯特丹的会场，点燃了圣火塔上的火焰。

在第11届德国柏林奥运会时，正式用人进行接力传递的方式迎送火炬，人们认为运动员用接力跑的方式来迎送火炬，有利于扩大奥运会的影响，传播奥林匹克精神。以后的奥运会一直沿用此法。

152. 古代欧洲文明古国有哪些？

古代欧洲文明古国有两个：

(1) 希腊。前2000年左右—前146年，希腊的地理位置在欧洲南部的巴尔干半岛。古希腊人活动于希腊半岛、爱琴海诸岛和小亚细亚西部海岸。

(2) 罗马。前753年—公元476年，罗马的地理位置在欧洲南部地中海中部的意大利半岛，以罗马城为中心。

153. 中国象棋是由什么演变而来的？

中国象棋，又称"象戏"、"橘中戏"，是由先秦时期的博戏演变而来。周朝时，军队的基本编制由 5 名步兵所组成，作战的兵器也是由弓、殳、矛、戈、戟 5 种为一组配合使用的。这种战斗整体，后来被运用到象棋中来，定为双方各有 5 只兵卒。战国后期宋玉的《招魂》里已提到"菎蔽象棋，有六簿些"。"簿"与"博"通。"博"是古代一种带有娱乐性质的赌博玩具。西汉末年，刘向的《说苑》中则有"斗象棋而舞郑女"的记载，至南北朝，因周武帝亲撰《象经》，使象棋逐渐流行。

唐时象棋很普及并传入日本，当时的棋子有王、将、车、马、兵，棋盘上无九宫。北宋初，王棋改为将棋，原将棋改称偏、裨。到南宋，偏、裨又改称士、象，还增加了炮，至此，中国象棋已基本定型。明代，一方的"将"改为"帅"。

明、清以后，棋坛名将辈出，棋谱大量流行。如《梦入神机》《橘中秘》等都出在这个时期。

如今，中国象棋已流传到世界上 10 多个国家和地区。有些国家，如日本、菲律宾等，还成立了中国象棋协会。

154. "气功"一词最早出现于哪里？

气功一词，最早见于东晋道士许逊写的《净明宗教录》气功阐微，但没有清楚的概念和定义。在 1915 年中华书局出版的《少林秘诀》和 1929 年商务印书馆出版的《武术汇宗》中提到气功一词，但仅指武术中的基本功夫。

1934 年杭州祥林医院出版的董浩著《非老兵特殊疗法——气功疗法》和 1938 年上海出版的公溥气功治疗院印的《气功治验录》两书中，气功一词方与医疗保健联系在一起。

1950 年以后，由河北省卫生厅段慧轩、黄月庭、刘贵珍等确定，河北开展的治病功法叫气功。当时，考虑到气功一词虽不在《辞海》《字典》，但在民间却广为流传，人们都知道有一种简便易学，不花钱也能治病的气功方法，适合广大群众需要，在临床实验中定名为"气功疗法"。1955 年 12 月，经卫生部鉴定承认了"气功疗法"的疗效并给予奖励。继而在全国推广。1957 年，刘贵珍的《气功疗法实践》一书问世后，不仅对国内影响较大，在国际上也产生了一定的影响，使中国传统的医疗保健方式获得新生并步入医学科学领域。

155. 中国红葡萄酒的特点是什么？

中国红葡萄酒，是北京东郊葡萄酒厂的产品。它采用良种葡萄发酵，用山葡萄酒调色，装入橡木桶贮存 2 年以上，方才装瓶出厂。其酒精度为 16°，含糖量为 12%，总酸量为 0.65%，其色透亮，味甘香。

156. 中国茶叶有多久的历史？

中国是茶叶的故乡，尤其是中国红茶，一直受到世界各国人士的欢迎。中国是人类最早发现、栽培、生产和饮用茶叶的国家，饮茶历史已有数千年。最初人们采集茶树叶煮沸饮用，逐渐发展为采叶晒干，制成茶末。唐代时，又用蒸、拍、捣、焙技术生产蒸青饼茶，全国兴起饮茶之风。宋代时炒青法制茶问世，龙井茶开始出名。明代时，出现了大量论述茶叶的著述。清代时，茶的品种增多，并开始大规模外销，乌龙茶、红茶等成为名茶。

157. 中国古代皇陵主要分布于何处？

轩辕黄帝陵坐落于陕西黄陵县，黄帝葬于湖南鄜县。尧帝葬于山西临汾，舜帝葬于湖南宁远，大禹葬于浙江绍兴。商帝葬于安徽亳县，秦始皇葬于陕西临潼。西汉帝全部葬于咸阳。东汉帝刘秀陵在河南孟津。三国蜀国刘备陵在成都，魏帝曹丕陵在河南孟津。隋炀帝陵在江苏扬州。唐高宗的献陵、唐太宗的昭陵、唐高宗与武则天的乾陵均在陕西境内。北宋皇陵皆在河南巩义市。南宋帝陵均在绍兴。成吉思汗陵在内蒙古伊金霍洛旗。明孝陵在南京，其他陵在北京昌平十三陵。清太祖努尔哈赤、太宗皇太极陵在沈阳，入关后 5 帝葬于河北遵化，称东陵；11 帝葬于河北易县，称西陵。

158. 中国著名的"四大名窟"是什么？

中国著名的四大名窟是：甘肃敦煌石窟、山西大同云冈石窟、河南洛阳龙门石窟、甘肃天水麦积山石窟。敦煌石窟中艺术种类最多，成就最高的是壁画；云冈石窟以其气魄雄伟、内容丰富而著称；龙门石窟以其佛雕多、山水美而闻名；麦积山石窟的泥塑像填补了我国历史上十六国到南北朝时期泥塑艺术作品的空白。

159. 中国古代的"四大名亭"指哪些？

即浙江绍兴西南渚山下的兰亭，安徽滁县琅琊山中的醉翁亭，北京宣武区西南的陶然亭,湖南长沙岳麓山的爱晚亭。

160. 江西人为什么被称为"老表"?

传说明代开国皇帝朱元璋在一次战斗中,大败于元军且负了重伤,逃到江西康山。当地乡民知道他是反元的义军后,将其藏于山洞中,并给他治伤、供食,使其伤口很快得以治愈。在与乡亲们告别时他非常感激。老乡们却好像未卜先知似地对他说:"要是你将来当了皇帝,恐怕就不认得我们平民了!"朱元璋连忙回答说:"不会的,如果真有那么一天,你们只管来找我。"老乡们说:"皇宫大院的,我们去哪里找?就算找到了,我们平民又哪里进得去?说说笑笑算了。"朱元璋却一本正经地说:"你们就说是我朱元璋的表亲来找我就行了。"

1368年,朱元璋真的当上了明朝的开国皇帝。有一年,江西一带发生了大旱灾,但广大农民仍须分夏秋两季向朝廷缴纳赋税,并要按丁服"徭役"。贫苦乡民在无可奈何的情况下想起了"朱老表"。于是,乡民们来到朝廷,自称是朱元璋的老表,获准进入了皇宫大院。他们万万没有想到,朱元璋真的召见了他们,并详细地听了他们的意见和要求。结果,在这一年,朱元璋下令减免了他们的负税。从此,"老表"便成了江西人的代称。

另有一说,太平天国时,江西人逃到了湖南避难,与湖南人建立了深厚的感情,老表是由湖南人开始使用的最亲热的称呼。

161. 中国旅游日是哪天?

5月19日是中国旅游日。该节日是中国国务院于2011年批准的非法定节假日。该节日起源于2001年5月19日,浙江宁海人麻绍勤以宁海徐霞客旅游俱乐部的名义,向社会发出设立"中国旅游日"的倡议,建议《徐霞客游记》开篇之日(5月19日)定名为中国旅游日。2009年12月1日,国务院下发了《关于加快发展旅游业的意见》,提出了要设立"中国旅游日"的要求。2009年12月4日,国家旅游局正式启动了设立"中国旅游日"的相关工作。2011年3月30日,国务院常务会议通过决议,自2011年起,每年5月19日定为"中国旅游日"。

162. 何为邮轮旅游?

邮轮旅游是用邮轮将一个或多个旅游目的地联系起来的旅游行程。这种旅行方式始于18世纪末,兴盛于20世纪60年代。邮轮度假风潮是由欧洲贵族开创的。其精髓在于全家人借浩瀚的海洋去寻访历史,是一种优雅、闲适、自由的旅行,是欧美人最向往的度假方式之一。

163. "三山五岳"是指什么?

成语"三山五岳",泛指名山或名地。五岳,是指泰山、华山、衡山、嵩山、恒山。三山,则是指传说中的蓬莱、瀛洲、方丈三山。另外以游旅胜地闻名的雁荡山、庐山、黄山也有被合称为三山之说。"三山五岳"在中国虽不是最高的山,但都高耸在平原或盆地之上,这样也就显得格外险峻。东、西、中三岳都位于黄河岸边,黄河是中华民族的摇篮,是华夏祖先最早定居的地方。三山处于南方,相对于中原稍远,继五岳之后成名,反映了华夏民族的南向扩展和中原文化的传播。

164. 我国著名的红茶有哪些?

我国著名的红茶有:安徽的祁红、云南的滇红、湖北的宜红、四川的川红等。

165. 何为"工业旅游"?

"工业旅游",始于20世纪50年代的法国,是以了解各种工业产品的工艺流程、发展史和未来科技与工业的发展前景等为主要目的的具有较高科技和知识含量的一种高品位的旅游形式。

166. 何为"会展旅游"?

"会展旅游",是指借助举办各种类型的会议、展览会、博览会、交易会、招商会、文化体育、科技交流等活动,吸引游客前来洽谈、贸易、观光旅游,进行科技交流、文化交流和信息沟通,并带动交通、旅游、商贸等多项相关产业发展的一种旅游活动。

167. 导游人员怎样才能成为旅游者的"开心词典"?

利用语言的变化,愉悦旅游者是导游人员在旅游途中常常使用的一种方法。语言是一种艺术,运用得当会产生各种有趣的效果,成为旅游者的"开心词典"。如,利于语言文学讲故事、说笑话、唱快板、猜谜语,或教旅游者绕口令、谚语、歇后语(俏皮话)、方言,教唱富有本地特色的歌曲小调,或介绍并表演有趣味的本地风俗民情等。

168. "世界旅游日"是哪一天?

世界旅游组织于 1979 年 9 月举办的第三届代表大会上,正式确定 9 月 27 日为"世界旅游日"。其原因,是 1979 年这一天,在墨西哥城的特别大会上通过了《世界旅游章程》,这一天又恰是北半球旅游旺季刚刚过去,南半球旅游旺季刚刚到来之际。其正是世界各国人民旅游度假的好时节。

导游不可不知的1000多个服务技巧

第三篇
导游服务技能篇

第一章　导游基本服务程序

1. 送别旅游团前,地陪导游人员对交通票据应做哪些工作?

（1）旅游团离开的前一天,地陪导游人员要落实交通票据,包括核实旅游团名、团号、人数、去向、全陪姓名、航班（车次、船次）、起飞（开车、起航）时间、启程的机场（车站、码头）等事项。

（2）如交通票据已办妥,应核对日期、航班次（车次）、机场（车站、码头）、人数等。

（3）如果航班（车次、船次）的时间有变更,应问清内勤,是否已通知了下一站接待社,以免造成漏接或空接。

2. 旅游团退房前,导游人员须做好哪些工作?

（1）如无特殊原因地陪导游人员应在中午12:00以前办完旅游团的退房手续（或通知有关人员办理）。

（2）及时提醒、督促旅游者尽早与饭店结清与其有关的各种账目（如,洗衣费、长途电话费、饮料费等）,若旅游者损坏了客房设备,地陪导游人员应协助饭店妥善处理赔偿事宜。

（3）提醒旅游者不要忘记携带物品（如,手提包、照相机、摄像机等）。

（4）全面检查客人住过的房间。

3. 团队离开饭店前,导游人员应如何办理行李托运?

旅游团离开饭店前,导游人员应与海外领队、全陪、行李员一起清点行李,确认总件数,检查行李包扎情况,并在行李单上签字,然后请行李员办理行李托运手续。

4. 送站途中导游讲解的主要内容是什么?

（1）回顾几天来的旅程,感谢大家的支持。

(2)对以往发生的不愉快再次表示歉意。

(3)致欢送词,给旅游团(者)留下美好的最后印象。

5. 欢送词的内容主要包括哪几个方面?

(1)回顾几天来的旅游活动,感谢大家的支持与合作。

(2)对以前发生了的不愉快或不顺畅的事再次表示歉意,并征求客人的意见和建议。

(3)代向游客家人、朋友问好,欢迎再来。

(4)祝返程顺利、身体健康。

6. 送走旅游团后,地陪导游人员与司机还应做什么工作?

(1)送走旅游团后,地陪导游人员应与司机核实用旅游车公里数,在用车单据上签字并保留好单据。

(2)如果过桥费、公路费、停车费由地接社支付,则在汇总、核实后与司机结算,并保存好票据,以待日后结账所用。

(3)交流和总结此次合作情况。

(4)感谢司机的合作和辛勤工作。

7. 地陪导游人员在送别旅游团前的业务工作有哪些?

(1)核实交通票(机、车、船票)。

(2)准备好专用旅游车和行李车。

(3)检查自己是否保留有游客的证件,若有应立即如数归还。

(4)与入境团领队商定第二天叫早、出行李、早餐、集合及出发的时间,提醒游客有关注意事项。

(5)协助饭店结清与游客有关的各种账目。游客若损坏了客房设备,导游人员应协助饭店妥善处理索赔事宜。

(6)检查自己是否有受委托应办理的事情。

8. 送走旅游团之后,地陪导游人员还应做好哪些善后工作?

(1)及时上交"陪同日志"和"游客意见反馈表",如实反映游客的意见和建议。

(2)认真、妥善处理好旅游团在当地游览时的遗留问题。

(3)认真完成游客的委托事宜。

(4)与旅行社结清账目,归还所借物品。

(5)及时写好团队接待工作总结。

9. 地陪导游人员应如何处理手中游客和领队的证件？

(1)一般情况下,地陪导游人员不应保管游客和领队的证件。

(2)离站前一天,地陪导游人员要检查自己的物品,看是否保留有游客的证件、票据等,若有,应立即归还,当面点清。

(3)某些酒店在旅游团入住后,要领队留下证件在总台,这时要提醒领队取回自己的证件。

(4)团队出境前要提醒海外领队准备好全团护照、签证和出境名单,以便交边防站和海关检查。

10. 什么情况下旅游团集合较慢，须引起导游人员的高度注意？

(1)小孩较多或新婚夫妻较多的旅游团队。

(2)前一天疲劳过度,次日集合往往不准时。

(3)购物往往会使行程拖延。

(4)整个旅程中,团队成员的守纪情况呈越来越差的趋势。

11. 商定日程时，地陪导游人员应怎样处理旅游团提出的意见和要求？

(1)在合理而可能的情况下尽量满足其要求。

(2)对无法满足的要求要详细解释,耐心说明。

(3)出现分歧时,要平等协商,合理解决。

(4)若领队手中的旅游计划和地陪接待计划有出入,应及时报告旅行社查明原因、分清责任。若是我方责任,应说明情况并赔礼道歉。

(5)如果旅游团提出的要求与原定日程不符,且涉及接待规格标准时,一般应予婉拒,并说明我方不便单方面改变合同。

(6)若旅游团领队提出的要求确有特殊理由,导游人员须请示旅行社领导酌情而定。

12. 在景点游览中，地陪导游人员应如何防止游客走失？

(1)在景点导游过程中,要自始至终与游客在一起活动。

(2)用精彩的导游讲解吸引旅游者。

(3)随时注意游客的动向并观察周围环境,与全陪、领队密切配合并随时清点人数,防止游客走失和意外事件的发生。

(4)对个别散漫的游客予以特别关照。

(5)拐弯处人多拥挤,行走速度要放慢并特别提醒旅游者紧随团队。

13. 入境旅游团参观工厂、企业时,主讲者言语有误,导游人员应怎么办?

陪同入境旅游团参观工厂、企业时,导游人员的工作主要是担任翻译,若主讲者的言语中出现不妥之处,在翻译之前应给予提醒,请其纠正,必要时要把好关,以免出错或泄漏有价值的经济情报。

14. 导游人员怎样为散客提供送站服务?

(1)在运送散客去机场(车站、码头)途中,导游人员应向游客征询在本地旅游期间的感受、意见或建议,并请他们填写"旅游服务质量反馈表"。

(2)到达机场(车站、码头)后,应提醒和帮助散客带好行李物品并协助散客办理进站手续。

(3)向散客告别前,需要再次向机场(车站、码头)工作人员确认航班(火车、轮船)起飞或离站(港)的时间并主动为散客提供力所能及的帮助。

(4)将乘飞机的散客送至隔离区入口处并与其话别,欢迎下次再来。

(5)带领乘火车(轮船)的散客登车(船)入座并协助其安顿好行李后,与散客话别,欢迎下次再来。

15. 旅游团即将离站,但游客对当地的接待服务表现出十分不满,导游人员该怎么办?

(1)首先表示歉意,并欢迎大家提意见。

(2)认真听取游客的意见并做好记录。

(3)将游客的意见和不满如实向旅行社汇报,并把自己的看法和观点与旅行社进行交流沟通。

(4)尽快对游客提出的意见予以反馈。

(5)将游客的意见和不满加以汇总,通知下一站接待社予以注意。

16. 地陪导游人员接团前的准备工作主要有哪些?

业务准备;知识准备;心理准备;形象准备及物质准备。

17. 地陪导游人员接站的一般程序是什么?

(1)准备接站。

(2)核实好飞机(车、船)的确切抵达时间、地点。

(3)尽快准确认找自己的旅游团。

(4)主动向海外领队(全陪)做自我介绍。

(5)引导大家登车。

(6)核实人数,若与原计划人数不符时,应立即报告旅行社计调部门。

(7)待大家坐稳后要再次清点人数。

(8)向旅游团全体作自我介绍(同时介绍司机)、致欢迎词。

(9)乘车前往下榻的饭店(或餐厅、景点)。

18. 地陪导游人员的主要工作职责是什么?

(1)安排旅游团队在本地的旅游活动。

(2)做好旅游团队的接待工作。

(3)负责旅游团队的导游讲解工作。

(4)维护旅游者的生命、财产安全。

(5)妥善处理旅游活动中发生的各种问题。

19. 地陪导游人员应怎样与旅游团队商定日程安排?

(1)尽管旅游日程在旅游合同中已做了明确规定,但为了表示对客人的尊重和礼遇,同时也便于客人对原定行程安排提出修改意见,可以与游客核对、商定日程。

(2)旅游日程原则上应与全体旅游者共同商定,条件有限时,也可与旅游团队的代言人——领队(全陪)商谈。

(3)核对、商定旅游日程时,游客若提出小的修改意见应及时向旅行社反映,经旅行社同意对合理而可能满足的项目尽可能予以安排。

(4)对客人提出新增项目或提高接待标准时应婉言拒绝。

20. 地陪导游人员如何接待不合作的海外领队？

（1）首先办事要坚持原则，绝不能让其牵着鼻子走。

（2）采取适当措施，做好游客工作，争取大多数游客的同情、谅解和支持。

（3）必要时当着游客的面提醒领队要遵守"合同规定"。

（4）矛盾一旦化解，应给海外领队台阶下，以求随后的顺利合作。

21. 地陪导游人员应怎样引导旅游团成员登车？

地陪导游人员确认旅游团队后要及时引导游客登车。带领游客前行时，步子不宜太快，到达接待车后，导游人员应站在车的一侧并做到：

（1）面带微笑对客人的到来表示欢迎。

（2）照顾年老体弱者上车。

（3）清点人数。

（4）导游人员最后上车。

22. 前往饭店途中，地陪导游人员的主要工作有哪些？

（1）上车后，地陪导游人员一般坐在与司机并排的一侧，或面向客人站在驾驶员一侧。

（2）清点人数。办法有三：一是按车座位一一点数；二是站在车厢前头点名；三是清点旅游团人数与车座位数的差额。但不管哪种办法，都不可用手指一个个点着人头数。

23. 接站后，从机场（车站、码头）到下榻饭店途中，地陪导游人员的工作有哪些？

（1）作自我介绍（包括介绍司机）。

（2）致欢迎词。

（3）简要介绍旅游团在本地的行程。

（4）与旅游车同步进行沿途导游。

（5）快到下榻饭店时介绍饭店的名称、所处地理位置、规模、星级、特点等。

24. 地陪导游人员应如何确定和通知叫早时间？

（1）根据次日活动计划与领队商定第二天的叫早时间；

（2）由领队通知全体旅游者；

(3)由地陪通知饭店总服务台或楼层服务员,保证按时叫早。

25. 游客入住自订饭店时,导游人员应如何起"协助"作用?

(1)入住由组团社自订的饭店,导游人员要起"协助"作用,不能反客为主。

(2)应协助领队办理住店登记手续,请领队分发住房卡。

(3)协助饭店行李员将行李送到客人住店的楼面。

(4)配合领队对房间进行检查,若存在问题,及时协助领队同饭店交涉处理。

26. 导游人员自我介绍时应把握哪些基本原则?

(1)热情待客,体现真情。

(2)言辞得当、体现水平、适当幽默,以达到尽快缩短与旅游者的感情距离。

(3)把握分寸赢得好感。

27. 地陪导游人员在接站时如何认找旅游团?

(1)站在明显的位置,举起接站牌或导游旗,以便领队、全陪(或客人)前来联系。

(2)主动从游客的民族特征、衣着、组团社的徽记等分析判断。

(3)上前委婉询问,主动认找自己的团队。

(4)无论用什么方法,找到旅游团后一定要核对团队人数、主要行程等。

28. 导游人员第一次亮相时应重视什么?

导游人员第一次亮相,应重视"出面、出手、出口"。

(1)所谓"出面",是指导游人员要显示出自己良好的仪容仪表、神态风度。

(2)所谓"出手",是指导游人员表现在动作、姿态诸方面的形象美。

(3)所谓"出口",即指导游人员所使用的语言、语音、语调及导游词的正确性。

29. 地陪导游人员如何与全陪导游人员进行行李交接?

(1)请旅游者将行李集中在指定地点。

(2)地陪与领队、全陪及行李员一起清点行李件数、检查行李的完好状况,与行李员办妥交接手续。

(3)若发现有行李未到或损坏,导游人员应协助失主到机场失物登记处或其他部门办理行李丢失或赔偿申报手续。

30. 导游人员接待入境旅游团前的知识准备包括哪些内容?

(1)了解旅游团所在国(地区)的概况。

(2)了解旅游团内人员所从事的专业和相关专业知识。

(3)了解旅游团所在国与我国的外交关系及友好往来情况。

31. 地陪导游人员接团前的物质准备主要有哪些?

(1)与旅行社计调部或各接待部门联系,核实住房和车辆的准备情况,了解旅游者将下榻的饭店情况。

(2)与司机联系,确定去机场(车站、码头)迎接旅游团的时间和停车地点。

(3)准备好必要物品,如,接站牌、导游旗、旅游车标志、宣传材料、浏览画册、结算账单、"游客意见反馈表"、现金、胸卡、名片、记事本、扩音器等。

32. 为了避免漏接和空接,地陆导游人员在阅读接待计划时应注意什么?

(1)计划签发单位(即组团社)联络人的姓名及电话号码。

(2)旅游团名称、代号、国别、语言、收费标准和海外领队姓名。

(3)旅游团的人员组成情况:人数、性别、姓名、职业、宗教信仰等。

(4)全程旅游路线、入出境口岸城市和地点。

(5)抵达本地时所乘交通工具、时间和接站地点。

33. 入境口岸地陪导游人员应掌握旅游团交通票据哪些方面的内容?

(1)该团去下一站的交通票据是否按计划订妥。

(2)有无返程票和返程的人数等。

(3)是 OK 票还是 OPEN 票。

34. 地陪导游人员上团前应如何做好语言和知识方面的准备?

(1)根据接待计划上确定的参观游览项目,对翻译、导游的重点内容,须做好资料和翻译的准备。

(2)接待专业团队,要做好相关专业知识、词汇的准备。

(3)了解游客感兴趣和当前的热门话题、国内外重大新闻等方面的准备。

(4)对不熟悉的景点和新的旅游景点,地陪应事先进行了解。

35. 市容导游讲解的一般内容是什么?

(1)城市概况。

(2)沿途即兴导游讲解。

(3)沿途典型、重点标志性建筑或景观的讲解。

36. 游客入住酒店后,地陪导游人员应如何保持与旅游团的联系?

(1)掌握海外领队、全陪和团员的房间号。

(2)将自己的电话号码和联系方式等告诉全陪、海外领队。

37. 前往景点途中,地陪导游人员的主要工作是什么?

(1)在前往景点途中,地陪导游人员首先应向游客介绍本地的风土人情、自然景观,回答旅游者提出的问题。

(2)抵达景点前,介绍该景点的简要情况,尤其是景点的历史价值和特色。讲解要简明扼要,目的是为了满足旅游者事先想了解有关知识的心理,激起游客对游览该景点的欲望,也可节省到达目的地后的讲解时间,此时运用导游讲解的方法是"引而不发"。

38. 抵达景点游览前,地陪导游人员应向游客交代哪些注意事项?

(1)抵达景点下车前,地陪要讲清并提醒游客记住旅游车的型号、颜色、标志、车号和停车地点、开车时间等。

(2)在景点示意图前,讲明游览线路、所需时间等。

(3)向游客强调游览过程中的有关注意事项。

39. 返程途中导游讲解的内容是什么?

(1)地陪导游人员利用返程之机,应就旅途中的导游讲解内容进行回顾、补充说明,以使旅游团(者)在感受和认识上达到更深的层次。

(2)对旅途中导游讲解的重点内容和知识作特别说明。

(3)回答旅游者的提问。

40. 在景点游览中,地陪导游人员应怎样进行导游讲解?

(1)景点讲解,是地陪导游工作的重中之重,地陪导游人员要特别注意讲解内容的正确性和全面性,主要包括景点的历史背景、特色、地位、价值等方面的内容。

(2)讲解的语言应生动,富有表现力。

(3)保证在计划规定的时间内,做到讲解与引导游览相结合,适当集中与分散相结合,并能使旅游者有充分时间进行游览、观赏和拍照。

41. 地陪导游人员的现场导游讲解应具备什么特点?

现场导游讲解应具有"具体、亲切、生动、形象、灵活"等特点。

42. 地陪导游人员应如何带领旅游团队用好第一餐?

(1)带领旅游团到餐厅指定餐桌入席。

(2)将海外领队介绍给餐厅经理或主管服务员,并告知旅游团的特殊要求。

(3)向旅游团全体成员介绍团体餐饮的有关规定,如,超标准的饮料费用和酒水须自理,单独点菜的费用须自理等。

(4)待餐厅送上一两道菜后再离开。

(5)餐间须不时察看了解团客用餐情况。

43. 首次沿途导游讲解的主要内容是什么?

首次沿途导游讲解的内容,要根据途中的时间及沿途的景色来决定,一般应主要介绍当地的风光、概况、风情及所下榻饭店的有关情况。

44. 怎样预防客人托运行李出错?

(1)办理行李交接手续时,一定要认真仔细,做到领队、全陪、地陪、行李员四方交接。

(2)在送客时,向游客发放旅行社行李牌并挂牢在行李上以免与其他团队行李混淆。

(3)一旦发现行李托运有误要立即处理,不可拖延。

45. 导游人员怎样与领队或全陪合作?

(1)尊重领队(全陪)权限,支持其工作。

(2)同领队(全陪)协商,主动争取配合。

(3)多给领队(全陪)荣誉,调动其积极性。

(4)出现矛盾及时沟通。

(5)坚持有理、有利、有节,尽量避免正面冲突,特别注意尽量不要在游客面前发生激烈争执。

46. 导游人员怎样与司机合作?

(1)主动与司机联络有关出车事宜,经常给予司机关照、体贴。

(2)游客到达景点后,须告知客人集合时间、地点,同时亦要告知司机。

(3)旅游线路有变化时,应提前告知司机。

(4)与司机研究并征求其意见,确定游览参观行车路线。

(5)主动协助司机做好安全行车工作,行车途中不与司机闲聊,并在需要时给予适当帮助。

(6)遇有险情,一般由司机保护车辆,全陪(领队)保护游客,地陪去求援。

47. 导游人员怎样与其他旅游接待单位合作?

(1)尊重相关单位接待人员。当其他专业人员为游客服务时,导游人员应起辅助作用。

(2)多与旅游接待单位沟通,及时了解各种信息,以确保旅游活动顺利进行。

(3)工作上相互支持、密切配合,共同做好旅游接待工作。

(4)游客对旅游服务接待不满意或进行投诉时,不要互相推诿甚至公开吵闹,一切应将为游客服务放在第一位,内部协商解决。

48. 导游人员怎样与游客建立伙伴关系?

(1)以诚恳的态度、谦逊的作风热情服务,让游客获得安全感和自我成就感。

(2)正确把握游客心态,尊重他们,与他们保持平行性交往,力戒交锋性交往。

(3)交往中既要与游客成为朋友,但同时也要注意自己导游人员的身份,在服务中多做提醒工作,让游客感受到导游人员的关怀。

49. 旅游景区讲解员的语种准备包括哪些?

(1)景区讲解,应以普通话为普遍使用的语言。

(2)位于民族地区的景区,宜根据客源情况提供民族语言和普通话双语讲解服务。

(3)有条件的景区,宜根据客源情况提供多语种的讲解服务。

50. 旅行社产品说明书中的不确定要素包括哪些?

旅行社产品说明书中不能确定的要素应限于:

(1)具体航班信息。

(2)酒店具体名称、地址及联系方式。

(3)紧急情况联络方式。

(4)目的地有特别注意事项应做特别说明。

51. 全陪导游服务准备工作有哪些?

(1)牢记团队成员、国别、人数、海外领队姓名。

(2)了解团队中各成员的情况(民族、性别、姓名、职业、宗教信仰、生活习惯等)。

(3)了解团队中较有影响的成员和需特殊照顾的对象情况。

(4)熟悉团队行程安排,抵离旅游线路及各站的时间、交通工具班次、票据情况(是否确定、是否齐全及有无变更等)。

(5)熟悉行程中各旅游路线、游览项目,针对团队特点有关知识的准备,解答询问和针对性讲解的准备。

(6)记下相关部门和个人的电话号码,以便于联系。

52. 全陪导游人员须做好哪些联络工作?

(1)做好领队、旅游者与地陪导游人员之间的联络、协调工作。

(2)做好旅游线路上各站间,特别是城市与城市之间的联络工作。

(3)通报有关情况和督促落实接待事宜。

53. 全陪导游人员途中服务工作有哪些？

(1) 事先请入境领队分配旅游者的铺位或座位。

(2) 乘飞机(火车、轮船)时,全陪要积极争取乘务部门工作人员的支持,共同做好安全保卫、生活服务工作。

(3) 在运行中,全陪应提醒旅游者注意人身和物品的安全。

(4) 协助安排好饮食和休息,照顾好旅游者的生活,组织好娱乐活动。

(5) 保管好行李托运单和飞机(车、船)票等单据,抵达下站时将其交给当地陪同。

54. 在离境前的末站服务中,全陪导游人员须做好哪些服务工作？

(1) 核实交通票证(包括时间、人数、旅游者姓名、出发港口)。

(2) 提醒旅游者带好自己的物品和证件。

(3) 协助饭店结清与旅游者有关的各种账目。

(4) 征求旅游者对整个接待工作的意见和建议。

(5) 致欢送词,对游客给予的合作表示感谢并欢迎再次光临。

55. 全陪导游人员在送别离境旅游团时应注意什么？

(1) 协助旅游团办理好行李托运和出境手续。

(2) 在海关检查站口与旅游团所有成员一一握手话别。

(3) 待旅游团所有成员进入隔离区后,导游人员即可离开机场(车站、码头)。

56. 全陪导游人员如何参与商定旅游活动日程？

(1) 与地陪、入境领队商定旅游活动日程。

(2) 若入境领队要求对旅游接待计划作部分修改,本着"合理而可能的原则"尽力满足旅游者的需求。

(3) 若有特殊费用发生(超过接待计划标准的,要马上向旅行社领导和派出全陪的主管部门报告,按旅行社指示办理)。

(4) 因不可抗力因素需要改变日程时,应协助地陪导游人员做好相关工作。

57. 全陪导游人员在饭店内的工作有哪些?

(1)旅游团队每到一地住进饭店后,全陪导游人员须掌握入境领队的房号、电话号码和全团住房分配名单,以便随时联系。

(2)掌握饭店总服务台的电话号码及与地方接待社和地陪导游人员的紧急联络办法。

(3)当地陪导游人员离开饭店后,全陪导游人员要负起责任照顾好旅游团。

58. 全陪导游人员应怎样监督各地旅游服务质量?

(1)要及时提醒地陪导游人员严格执行旅游接待计划。

(2)若活动安排与上几站有明显的重复,应建议地陪导游人员作必要的调整。

(3)若对当地接待工作有意见(如,地陪导游人员擅自加点收费和降低用餐标准、过多安排购物等)和建议,要诚恳地向地陪导游人员提出,必要时向组团社报告。

(4)经常征求游客意见并及时反馈给地陪导游人员。

59. "全陪日志"包括哪些内容?

(1)旅游团的基本行程(旅游线路、日程安排情况)。

(2)各地接待质量。

(3)发生的问题及处理经过。

(4)游客反映及改进意见。

60. 全陪导游人员的作用是什么?

(1)全陪处于整个导游服务工作的中心位置。

(2)受组团旅行社的委托,起着保障组团社和接团社之间的联络畅通,保证旅游活动的连贯性和多样性。

(3)在全面落实旅游接待计划的实施上发挥指挥和监督作用。

61. 入境旅游团的全陪导游人员在接站前应做好哪些准备工作?

(1)认真研究旅游团的性质和特点,熟悉旅游团的旅游活动计划。

(2)了解旅游团在中国境内旅行的交通工具(飞机、火车、轮船等)的落实情况。

(3)要做好精神准备、知识准备和物质准备。

(4)要掌握各站的联络方式。

(5)客人上车后代表组团社致欢迎词并介绍地陪导游人员。

62. 全陪导游人员接站的一般程序是什么?

(1)与地陪导游人员一起前往机场(车站、码头)迎接入境旅游团,向地陪导游人员介绍该团的特点,协助地陪导游人员准确接到旅游团队。

(2)接到旅游团后,全陪首先须简扼自我介绍,代表接待方旅行社欢迎他们来华旅游。

(3)主动与领队联系,了解实到人数、旅游团的特殊要求及需要特殊照顾的对象并提供相关服务。

(4)与地陪、海外领队和行李员一起清点、交接行李。

63. 全陪导游人员在全程陪同服务中的位置在哪儿?

(1)旅游团乘坐飞机时,全陪导游人员应坐在全团客人最后一排的靠近通道的位置,这样有利于观察并及时给客人提供必要的帮助。

(2)乘坐火车、轮船时,其卧铺应在全团卧铺房间中间位置的房间,以方便前后照顾全团。

(3)乘坐汽车时应坐在旅游车的最后一个座位。

(4)景区游览参观时应走在全团最后,以便观察全团行动并及时提醒有关注意事项。

64. 带团出境旅游前领队的准备工作有哪些?

(1)熟悉旅游接待计划,特别是旅游行程、团员名单、费用标准。

(2)熟悉旅游团的基本情况,如,游客姓名、年龄、职业及特殊要求等。

(3)掌握全程线路以及各旅游目的地概况及其与我国的关系、生活习惯、主要游览景点等。

(4)检查护照、签证、机票、各种票据、表格和旅行证件。

65. 领队怎样开好出国旅游说明会?

出国旅游说明会,是领队在团队出境前必须做的一项极为重要的工作,为

此必须做好以下几个方面：

(1)通知并要求所有团队成员出席出国旅游说明会；个别未出席的游客要及时告知会议内容。

(2)详细介绍旅游行程及旅游目的地情况。

(3)强调注意事项，如出、入境手续及有关法律规定，境外旅游财产的保管，人身安全注意事项。

(4)落实有关住房分配和特殊要求事项。

(5)宣读并强调遵守《中国公民出境旅游文明行为指南》。

(6)将应发给游客的物品发给大家。

66. 领队召开出国旅游行前说明会前须注意哪些问题？

(1)要体现出领队的精神风貌。

(2)要以礼貌语言亮相。

(3)着重强调时间。

(4)将自己的手机号码告知团队成员。

(5)记下团队所有成员的手机号码。

67. 领队对旅游行程接待计划应掌握哪些要点？

(1)掌握旅游团的详细行程计划，包括旅游团抵离各地的时间及所乘交通工具。

(2)熟悉并记住旅游团行程计划中所开列的全部参观及游览项目(含自费项目)。

(3)熟悉并记住行程中下榻的各酒店名称。

(4)了解旅游团全部行程中的文娱节目和用餐安排等事项。

68. 领队带团出境旅游须特别做好哪些工作？

(1)开好行前说明会。

(2)把好交通安全关。

(3)把好住宿安全关。

(4)把好游览安全关。

(5)把好旅游食品安全关。

69. 领队带团出境应携带并稳妥保管的业务资料有哪些?

(1)旅游团所有成员及自己的旅游证件(护照、机票必须要有复印件)。

(2)中国公民出国旅游团队的名单表格。

(3)"出境旅游行程表"及其辅助说明文件(收费说明及旅行社的承诺和声明)。

(4)分房名单(尽量多打印几份)。

(5)境外接待社联系方式及联系人名单。

(6)其他与带团工作密切相关的必备物品。

70. 中国人出境的工作流程是怎样的?

(1)团队集合——清点人数、介绍出关程序。

(2)通过海关——填写海关申报表、申报携带出境的物品。

(3)办理登机手续——行李托运。

(4)通过卫生检疫——检验黄皮书、接受体温检测。

(5)通过边防检查——查验护照、机票,交验出境卡。

71. 外国(地区)人入境的工作流程是怎样的?

(1)经过卫生检疫——交验黄皮书和健康证明。

(2)办理入境手续——交付入境卡、查验护照和签证。

(3)拿取托运行李。

(4)接受海关查验——交付海关申报表、接受抽查。

72. 领队在境外带团期间的主要工作有哪些?

(1)积极配合当地导游人员的工作。

(2)为游客办理入住饭店手续并分配房间。

(3)协助导游人员完成计划行程中的购物、观看文艺演出等工作。

(4)辅助导游人员完成游览计划。

(5)带领旅游团队顺利回国。

73. 结束一地旅游,领队的离别讲话有哪些内容?

(1)简单回顾在此地整个旅游过程中的游览精彩点,品尝了哪些风味。

(2)感谢全体团员的合作。

(3)对下面的旅游憧憬表示美好的祝愿。

(4)对前段活动中不顺利或服务不尽如人意之处表示歉意。

(5)代表全团对当地的导游、司机表示感谢。

74. 领队带团归国时如何办理入境手续？

(1)下飞机抵达入境机场——填写入境卡和健康证明表。

(2)通过卫生检疫——交验健康证明表、接受体温测量。

(3)通过边防检查站——交验出境卡，查验护照、机票。

(4)通过海关——填写海关申报单，申报入境物品。

75. 带团归国后，领队有哪些工作需要交接？

(1)领队与组团社计调部进行口头报告和递交书面报告等交接工作。

(2)将填写好的"领队日志"和"旅游服务质量评价表"交给计调部。

(3)对带团期间发生的特殊事情进行书面报告并做好个人接团工作总结。

(4)交齐其他与该团有关的资料凭证。

76. 中国公民出境旅游过程中生命财产受到损坏或严重威胁时，应急处理工作的原则是什么？

(1)以人为本，救助第一。

(2)迅速反应，减少损失。

(3)依法规范，协调配合。

(4)顾全大局，服从指挥。

77. 领队对出境游客日常行为规范应做哪些提醒？

(1)穿着的提醒。提醒客人出境旅游一般最适合的装束，是穿休闲服装，特殊情况下应提前将具体的着装要求告知游客。

(2)吃饭的提醒。国外旅游时往往用西餐，领队有责任先给游客讲解并示范西餐的吃法、刀叉摆放的含义等。

(3)国外饭店的住宿提醒。乘坐电梯不可争先恐后；饭店大堂不可大声喧哗；不可穿睡衣在饭店内穿行。

(4)行车走路的提醒。特别要将"谢谢"、"对不起"、"请原谅"三句话教会游客。告知游客万一不慎走失，不要着急，应在原地等候或到警察局、我国驻该国使领馆请求帮助,千万不可轻信陌生人。

(5)安全的提醒。最好晚上不要单独上街,外出尽量少带现金,改用银行卡,平时外出把护照、机票、证件存放在饭店,随身只带复印件。

(6)卫生习惯的提醒。对个别游客随地吐痰,不分场合吸烟,随处乱丢烟头、垃圾等不卫生陋习进行提醒,同时,将外国有关处罚条款尤其是高额罚款告知游客,以起到警示作用。

78. 哪些是领队行为之忌?

(1)个人日常行为粗陋之忌。如,不修边幅、不讲卫生、说话粗鲁、不讲礼貌、随意评价游客等。

(2)个人情感充分外露之忌。喜欢将苦、累挂在口头写在脸上,将个人的喜怒哀乐溢于言表。

(3)品行不端惹是生非之忌。如,参与并制造游客之间的矛盾、不尊重游客的民族习俗、侵犯游客的人格尊严。

(4)工作马虎、敷衍塞责之忌。如,工作粗心大意、丢三落四,只顾自我享乐,忘记自身任务、工作。

(5)与当地导游人员沆瀣一气,欺骗游客之忌。

(6)组织游客参与明令禁止的活动之忌。

(7)瞒报游客滞留不归之忌。

(8)带团不佩戴领队证之忌。

79. 领队在对地方导游人员推荐自费项目时,须特别注意哪些方面?

应明确告知地方陪同人员:

(1)推荐自费项目须征得我国组团社及当地接待社一致同意。

(2)必须征得旅游者同意。

(3)不得影响合同中规定的旅游行程。

80. 领队如何当好旅游团队的代言人?

领队要代表旅游团向接待方(一般通过该团的导游人员)转达旅游者的要求、意见、建议及投诉,但要努力保持与接待方导游人员的良好关系,要注意做到是当好代言人而不是传声筒。

81. 领队在提供乘机服务时应注意哪些事项?

(1)确认机位、核对班机起飞时刻、确定旅客人数。

(2)确认交通工具、落实送客的时间。

(3)协助团队成员托运行李,填挂行李标签。

(4)办理登机手续,领取各团员座舱的登机证,注意班机出发与登机时间。

(5)按客人名单顺序分配客人座位。

(6)在机舱内指导团员按号就座并协助安置随身行李。

82. 有人要求游客携带物品出入我国海关时,领队应向游客提醒什么?

(1)通常情况下,游客不要替他人(特别是陌生人)携带物品出入我国海关。

(2)如有携带者,应将托带人、收领人的职务、单位、地址、相互关系及物品的名称、件数等情况通知领队,而且这些物品必须符合海关规定。

83. 领队如何指导游客在境外兑换、使用外币?

(1)游客应在当地银行或酒店外汇兑换处兑换当地货币,千万不要到黑市兑换。

(2)光顾摊位时,要注意找回来的货币有无伪钞。

84. 游客在境外购物时,领队应提醒游客注意哪些问题?

(1)不要盲目购物,尽可能多去几家商店,对其价格、品种多作比较。

(2)现代化购物中心、超级市场的商品都明码标价,不容讨价还价,但货真价实。

(3)尽量不要在街头小店、流动摊贩购买物品。

(4)在小摊上购物应注意勿乱挑乱捡,以免被劣商讹诈。

(5)要先问好价格再购买,以免挨"宰"。

(6)在专门针对游客的商店,虽然可以讨价还价,但要注意真伪和质量。

85. 领队应提醒游客在境外旅游期间如何保管现金和贵重物品?

(1)不要怕麻烦,应将现金、贵重物品存入饭店保险柜,随用随取。

(2)使用保险柜前,应先在服务台填写登记表,领取并保管好保险柜钥匙。游览参观时,贵重物品不可放在车上,要随身携带。

86. 领队应提醒游客在境外旅游期间如何树立防盗、防抢意识?

(1) 以集体活动为主,即使是自由活动也应三五成群。

(2) 在境外尽量使用信用卡、支票,少用现钞。

(3) 遇到素不相识的人主动与游客搭话、问路、借钱时,千万要警惕,手提包不离手。

(4) 平时多准备些零用钱以备急用或用来打发歹徒以免遭受伤害。

87. 领队应提醒游客在境外旅游期间如何进行自由活动?

(1) 无论什么时候都应保持清醒、警惕、自爱。

(2) 自由活动时,要有人陪同,外出时要三五成群,以便相互照应。

(3) 外出时携带下榻饭店的名片,以便顺利返回时急用。

(4) 归队后要及时向领队打招呼。

88. 在境外海滨旅游时,领队应提醒游客注意哪些事项?

(1) 不要在近海旅游区单独开水上摩托车,以免发生冲撞伤亡事故。

(2) 在深海区,不会游泳的游客不要单独开水上摩托车,以免发生溺亡事故。

(3) 租用水上摩托车之前要问清有无故障或其他破损,防止不法车主讹诈。

(4) 在浅水游玩区开车、滑水前应与车主问好价格,在近海活动时,防止被坏人拉入深水区讹诈钱财或遭受人身伤害。

(5) 要尽量在导游人员指导的范围内活动,并注意保管好自己的钱包、相机等贵重物品,避免落入水中。

89. 在境外遇到警察盘问时,领队应提醒游客注意什么?

(1) 要大大方方地接受盘问,文明礼貌回答。

(2) 万一违反了有关规定,应主动赔礼道歉,接受合法处理,不可与对方理论、争吵,也不要低三下四求情讲好话。

(3) 如果对方借题发挥、乘机刁难、敲诈勒索,应本着有理、有节的原则来处理,必要时应及时与我国驻外使领馆取得联系。

90. 在境外旅游时,领队应提醒游客如何注意交通安全?

(1)过马路时一定要遵守信号,不可乱走人行横道、天桥、隧道,违反者会被阻拦和罚款。

(2)穿过马路时,要快步通过,不要停留。

(3)注意有的国家(地区)车辆的行走方向是靠左行(与我国恰恰相反),为此过马路时要先看右再看左。

91. 旅游景区讲解员开始接待服务时的要求有哪些?

景区讲解员开始接待服务时的要求包括:

(1)代表本景区对游客表示欢迎。

(2)介绍本人姓名及所属单位。

(3)表达景区对提供服务的诚挚意愿。

(4)了解游客的旅游需求。

(5)表达希望游客对讲解工作给予支持配合的意愿。

(6)预祝游客旅游愉快。

92. 在境外旅游时,领队应提醒游客如何注意防火?

(1)提醒游客在公共场所禁止吸烟,只有放置了烟灰缸的地方才能吸烟,乱扔烟头要罚款。

(2)在客房吸烟应注意熄灭烟头,以防引起火灾。

(3)因境外普遍饮用生水,游客若想喝开水,须特别注意不可用电热杯在桌上、地毯上烧水,夜间应及时拔掉电源插头,以免酿成火灾。

93. 在境外旅游期间,领队应提醒游客,向国内打电话须注意哪些事项?

(1)在电话里不要谈对什么技术感兴趣之类的话。

(2)也不要谈"不幸负组织期望"之类的话。

(3)注意不要谈及当地党派、选举、民意之类的话题。

94. 在境外旅游入住酒店后,领队应提醒游客注意什么?

(1)酒店房间内的饮料、啤酒、小食品属于个人消费,须付费。

(2)离店前,主动到前台结清电话等个人消费相关费用。

(3)部分酒店内设有收费电视节目,提醒客人注意选择频道,避免产生不必要的花销。

95. 领队应提醒游客注意哪些有关行李物品的事项？

(1) 旅行包要轻便、坚固、上锁。

(2) 免费托运行李重量不得超过20公斤，长、宽、高合计不得超过269厘米，随身行李长、宽、高合计不得超过115厘米。

(3) 要将贵重物品或随时要取用的物品放在随身行李中。

(4) 现金、证件、护照、贵重物品不要托运，应随身携带。

(5) 打火机随身带，水果刀须放在行李箱中。

96. 在东南亚国家旅游，导游人员应提醒游客如何对待当地华人问题？

东南亚国家多系我国周边邻国，华人华侨集中（逾2000万人），绝大部分已加入当地国籍，社会、历史问题比较复杂。东南亚一些国家，特别是马来西亚、新加坡对华人华侨问题非常敏感。领队应提醒到这些国家的中国游客必须十分注意：

(1) 严格区分华人、华侨的国籍界限，特别注意在称呼上的区别。不要称华人为华侨，如，新加坡是以华人为主的多民族国家，新加坡华人自称新加坡人。

(2) 在公开场合不要宣扬、介绍华人华侨在华的投资、捐赠及兴办福利事业等情况。

(3) 在马来西亚还须注意尊重马来民族的习俗，不要评论当地政府对华人的政策和做法。

97. 在境外旅游期间，导游人员应提醒游客怎样树立防盗、防抢意识？

在盗贼眼中，我国旅游者常常有以下明显区别于他国人的特征：

(1) 以集体活动为主，自由活动时也是三五成群，无论在什么场合，大多数人总是衣冠楚楚、西装革履，但又因缺乏国外生活经验，对什么都感到新奇，比较"扎眼"。

(2) 中国人在国外使用信用卡、支票的不多，主要是带现钞，特别是以带美元、港币硬通货为主。

(3) 中国人难得出国一次，因而带有大量现金购物，消费欲望强烈。

(4) 外出时，老年人喜欢将钱缝在内衣兜内，女青年喜欢将钱和贵重物品装在一个时髦的小提包内,十分醒目。

(5)在住地,现金、贵重物品除随身携带外,一般都放在枕头底下。

针对以上情形,领队应提醒游客须注意自我防范,避免财物被盗、被抢,特别是在社会治安不好的地区。

①遇到素不相识的人主动前来搭话、问路、借物时,千万要警惕,手提包不离手。

②如带有旅行支票,最好用中文签名,使偷窃者在冒领钱时难以模仿。

③准备一些零用钱,这是外出时的"常规装备",坐巴士、打电话时都用得着;万一遇到抢劫时,也可用来打发歹徒,免遭伤害。

98. 在境外旅游期间,领队应提醒游客夜间自由活动时须注意什么?

境外一些地方,既有高度的现代文明,又有"黄、赌、毒"等社会丑恶现象,还有的地方扒手、劫匪、骗子、流氓、黑社会势力活动频繁,一些外国间谍也时刻在寻觅对象,社会情况十分复杂,因此,要提醒客人注意:

(1)在身处异地、谈天说地、游山玩水、酒酣耳热的同时,须清醒、警惕、自爱,免得"一失足成千古恨",乘兴而来败兴而归。

(2)自由活动时,一要有当地亲友或导游人员陪同;二要三五成群,以便互相照应;三要携带住地饭店的卡片,以便在情况不熟、语言不通时能顺利返回;四是归队后要及时向领队打招呼。

99. 散客旅游与团队旅游的主要区别在哪儿?

(1)旅游的行程计划与安排不同。其行程计划一般是由散客自行制订和安排。

(2)付费方式不同。散客多采用零星现付方式。

(3)付费不同。散客旅游活动项目是按零售价格支付,相对贵些。

(4)自由度不同。散客旅游的自由度大,一般不受什么约束。

(5)旅游人数不同。散客旅游的人数多少不一,一般在9人(含)以下。

100. 为散客提供旅游服务有哪几种类型?

为散客提供旅游服务,主要有以下三种类型:

(1)单项委托服务。即提供导游服务,代办入境、出境和签证手续;代办国内委托、代订、代购交通票据,代订酒店,以及抵离酒店的接送,行李提取、搬运,代租汽车等。

(2)旅游咨询服务。向客人提供各种有关旅游的交通、住宿、旅游景点及有关价格等信息和建议的服务。

(3)选择性旅游服务。根据散客的选择要求,及时采购相应的服务项目。

101. 散客旅游有什么特点?

(1)自主旅游意识强。

(2)散客要求服务项目多、变化大,导游人员往往无时间准备。

(3)接待难度大。

(4)订购服务项目时间短,服务质量难以保证。

102. 散客小包价旅游团有什么特点?

(1)散客小包价旅游团往往由住在多家饭店的游客组成。他们互不认识,风俗习惯不同。

(2)旅游活动中彼此无约束,集合困难,讲解难度大。

(3)导游人员的工作量和困难大大高于包价旅游团队。

103. 导游人员怎样为散客做好接站服务?

(1)一般应提前30分钟到达机场或提前20分钟到达车站(码头)接站。

(2)导游人员与司机应站在不同出口处的显眼位置,举牌等候客人出站。

(3)确认接到游客后,应主动问候,表示欢迎,并询问客人在机场或车站(码头)还需办理的事项,并给予必要的帮助。

(4)询问游客行李件数并进行清点,帮助客人提取行李。

(5)一切办妥后,引导客人上车。

104. 如未接到散客旅游者,导游人员须做哪些工作?

(1)询问机场(车站、码头)工作人员,确认本次航班(列车、轮船)是否还有未出站的乘客。

(2)确认乘客全部出站后,导游人员与司机配合,在尽可能的范围内至少寻找20分钟。

(3)若确实找不到应接的游客,应立即与计调人员电话联系,报告迎接情况,核实游客抵达的日期、航班(车次)有无变化。

(4)与计划中安排的下榻饭店联系,查询是否有自行到达饭店的客人。

(5)当确认迎接无望时,经计调部门同意,方可离开机场(车站、码头)。

105. 导游人员怎样为散客入住饭店提供服务?

(1)帮助办理住店手续,记下游客的房间号码并负责核对客人的行李。

(2)按"旅游委托书"中的服务项目做好相关工作,与客人确认日程安排。

(3)帮客人确认机票。确认机票后向计调部报告飞机(火车、轮船)的航班号及离港时间。

(4)在迎接游客过程中,应相机为其推销"旅游委托书"中的旅游服务项目。

106. 旅游景区讲解员的导游方法与技巧有哪些?

(1)对景区的讲解要繁简适度;讲解语言应准确易懂;吐字应清晰,并富有感染力。

(2)要努力做到讲解生动、气氛活跃,讲解与引导游览有机结合。

(3)要针对不同游客的需要,因人施讲,并对游客中的老、幼、病、孕和其他弱势群体给予合理关照。

(4)在讲解过程中,应自始至终与游客在一起活动;注意随时清点人数,以防游客走失;注意游客的安全,随时做好安全提示,以防意外事故发生。

(5)要安排并控制好讲解时间,以免影响游客的原定行程。

(6)讲解活动要自始至终使用文明语言;回答问题要耐心、和气、诚恳;不冷落、顶撞或轰赶游客;不与游客发生争执或矛盾。

(7)如在讲解进程中发生意外情况,则应及时联络景区有关部门,以期尽快得到妥善处理或解决。

107. 导游人员怎样为散客提供送站服务?

(1)送站前须详细认真地阅读送站计划,记住游客的姓名或散客包价团的人数、离开本地的日期、所乘航班或车次。

(2)有无航班(车次)或人数的变更。

(3)送站前一天须与游客或散客小包价旅游团确认送站的时间和地点。

(4)同计调部门确认与司机会合的时间、地点及车型、车号。

(5)按乘国际、国内航班或乘火车、轮船的时间,分别提前2小时、90分钟、40分钟将客人送到机场、车站(码头)。

108. 在散客接待中应该注意什么?

(1)尽快记住散客的姓名、体态和容貌,并设法了解其性格、特征、习惯行为。

(2)对散客的行李要特别小心,留心照顾。

(3)必要时要将散客托付的事情记在本子上,抓紧时间落实操办并尽快将操办结果告知客人。

(4)让客人做自我介绍,这样便于散客之间互相了解、帮助,也方便导游人员工作。

(5)发给游客的导游标志应鲜明易认。

109. 旅行社产品说明书应该包括哪些内容?

旅行社在向旅游者或零售商发布产品时应提供产品说明书,详细说明产品应具备的要素。产品说明书应包括下列内容:

(1)行程线路。

(2)所采用的交通工具及标准。

(3)住宿、会议(如有)地点、规格及标准。

(4)餐饮标准及次数。

(5)娱乐安排及自费项目。

(6)购物安排、具体次数及每次停留时间。

(7)产品价格、价格包含及不包含的内容、产品价格的限制条件(如,报价的有效时段、人数限制、成人价、儿童价等)。

(8)游览时间及季节差异。

(9)旅游目的地资讯介绍及注意事项。

(10)针对高风险旅游项目的安全保障措施。

(11)投诉电话。

110. 旅游服务产品设计应符合哪些要求?

(1)符合国家法律法规、部门规章、国家或行业标准要求。

(2)具有可操作性。

(3)具有安全保障。

(4)具备突发事件应急预案。

(5)产品能满足特定旅游者需求。

(6)产品明码标价,质价相符,不断推出创新产品。

111. 旅行社门市部的营业环境有何要求?

旅行社门市部的营业环境要求:

(1)整洁、明亮。

(2)有能满足与旅游者交流要求的营业空间。

(3)有醒目、准确、美观的业务分类标志。

(4)提供各旅游线路的信息资料。

(5)在醒目处张贴服务监督热线电话和旅游紧急救援电话号码。

112. 旅行社营业销售人员有何职业要求?

旅行社营业销售人员的职业要求:

(1)遵守旅游职业道德和岗位规范。

(2)佩戴服务标志,服饰整洁。

(3)熟悉所推销的旅游产品和业务操作程序。

(4)积极热情,微笑服务。

(5)主动推介旅游线路,百问不厌。

(6)认真细致,避免错漏。

113. 旅行社产品销售的基本原则是什么?

旅行社在旅游产品销售时应遵循的基本原则是:

(1)发布的广告和宣传材料应真实、客观、准确。

(2)依据"产品说明书"推介旅游产品,不进行超范围的宣传。

(3)双方就旅游服务产品达成一致后,旅行社应按照中华人民共和国旅游行业标准:《旅行社出境旅游服务质量》(LB/T 005-2002)和《旅行社国内旅游旅游服务质量要求》(LB/T 004-1997)的规定与旅游者办理相关手续。

114. 旅行社的旅游产品销售方法有哪些?

旅行社宜采取不同方式向旅游者推介旅游产品,不断创新旅游产品销售方式,包括但不限于门市销售、电话销售、网络销售、同业销售等。

预制旅游产品多采用门市销售方式。旅行社应在合法设立的门市部提供旅游咨询和销售旅游产品。

定制旅游产品多采用上门销售方式。在旅游者的要求下,旅行社可指定销售人员前往旅游者的住所或经营场所提供销售服务。

倡导旅行社在销售过程中逐步建立批发零售代理体系,通过合法旅行社代理销售旅游产品。旅行社应向零售商提供符合《标准》要求的产品,并提供符合《标准》要求的旅游服务。零售商应提供符合《标准》要求的销售服务。

115. 旅行社产品售出后,须与旅游者办理哪些相关手续?

无论采取何种销售方式,销售完成后,旅行社均应与旅游者办理如下手续:

(1)与旅游者签署正式旅游合同,并提供"产品说明书"作为旅游服务合同的附件。

(2)向旅游者开具发票。

(3)建议旅游者购买旅游意外保险,并有书面提示。

(4)妥善保管旅游者在报名时提交的各种资料,并办理交接手续。

(5)出境旅游、入境旅游根据服务约定,提供必要的出入境手续服务或提示。

116. 旅游景区的讲解管理部门(或小组)有何职责?

(1)接受游客的讲解要求,负责安排讲解。

(2)做好讲解人员的工作分派与协调。

(3)帮助讲解人员做好有关物质准备。

(4)管理好讲解的有关器材和资料。

(5)联系景区有关部门以获得讲解工作的更多支持。

(6)协调讲解人员的学习与提高,以及必要时的对外交流与进修。

117. 旅游景区语音讲解器材有何要求?

旅游景区语音讲解器材包括:

(1)适宜团队使用的无干扰导游无线讲解系统,宜选用频率数值较高和工作频段数较多的设备,以保证语音的清晰和团队众多时的不同讲解。

(2)适应于散客的自助电子语音讲解系统,宜选用自动接收与自由点播相结合的产品(包括无线自行播放式、无线触点感应式及预存储手动数字选择式),手动数字选择式以能支持重复收听为宜。

(3)适应于散客的自助电子语音讲解系统,宜配有景区导游图,并适合在室外查看:导游图上应标有序号和讲解点名称;导游图上宜标有厕所、停车场、景区出入口。

(4)设备周转量宜与景区游客需求量大体适应。

(5)注意保障无线传输设备的使用安全,并避免雷雨天户外使用。

(6)景区应安排专用的消毒设施(或程序),及时对耳机与话筒进行消毒,以有利于游客与讲解人员的健康。

118. 旅游景区讲解活动中有何安全要求?

在景区讲解活动中,应充分注意安全:

(1)提前了解讲解当天的天气和景区道路情况,防患于未然。

(2)讲解活动应避开景区中存在安全隐患的区域。

(3)讲解中随时提醒游客注意安全(尤其是在游客有可能发生失足、碰头的地带)。

(4)发生安全事故时冷静妥善对待,在积极帮助其他游人疏散的同时,及时通知景区有关部门前来救助。

119. 领队怎样为旅游者提供购物服务?

(1)严格执行旅游合同中涉及购物事项的相关规定。

(2)向旅游者实事求是地介绍本地商品特色。

(3)向旅游者介绍购物有关注意事项(如,勿忘要购物发票,介绍该国的退税规定等)。

(4)在购物过程中随时为旅游者提供其所需要的服务(如,语言翻译等)。

第二章　导游人员接待服务技能技巧

1. 对年长游客,导游人员应怎样提供导游服务?

(1)多尊重、多帮助、多照顾。

(2)旅游活动节奏放慢些。

(3)导游讲解的音量要大一些,语速要慢一些。

(4)选择安全停车地点。

2. 对年少游客,导游人员应怎样提供导游服务?

(1)勤关注、多提醒。

(2)安排旅游活动节奏适当快一些。

(3)条件允许时,多安排一些参与性活动。

(4)须特别注意少儿旅游者的安全。

3. 导游人员怎样带领小朋友旅游团?

(1)小朋友不喜欢长篇大论,为此讲解景点要简明扼要。

(2)语言要生动形象,富有激情而又准确,语速要亲切、缓慢。

(3)导游技巧上多使用提问式或启发式。

(4)小朋友年少好动,应较多地安排活动项目。

(5)要特别关注小朋友们的安全,经常清点人数,防止小朋友走失。

4. 导游人员应怎样为女性旅游者提供导游服务?

(1)安排旅游活动速度须适当放慢些。

(2)导游讲解简明扼要。

(3)适当多安排些购物,逛商场。

(4)导游人员对她们应当多一些活泼、热情。

5. 如何接待稳重型旅游者？

稳重型旅游者严谨，不轻易发表见解，不主动与人交往，不愿意麻烦别人，喜欢独自游览欣赏，喜欢思考、比较。导游人员应重视这类旅游者：

(1)多接近他们,满足其合理要求。

(2)平心静气地与其交换意见,认真诚恳地与其商讨问题。

6. 怎样接待急躁型的旅游者？

急躁型旅游者性急好动,争强好胜,情绪不稳定,喜离群活动。

(1)导游人员对急躁型旅游者应避其锋芒,不与之争论,不激怒他们,不与之计较,待他们冷静后再与其商量。

(2)对他们要多微笑服务,多无言关心,随时注意其安全。

7. 为游客提供娱乐服务对导游人员的知识积累有哪些要求？

(1)在戏剧艺术方面。全面了解演出的剧目、剧种特点、历史背景、人物刻画、场景布局、服装道具、角色内涵、舞台文化、民俗风情、表演技巧、观看细节及故事情节等。

(2)在歌舞表演方面。熟悉歌舞表演的历史进程、内涵、服装变化、动作要领、文化展示、歌舞来源、表达含义、表演程序、细节要点、舞台道具和肢体语言等。

(3)在传统工艺方面。工艺的名称、用料要求、历史发展、现实意义、文化价值、实用价值、艺术价值、操作工艺、创作程序、特色地位、优点与不足及保存价值等。

8. 怎样接待活泼型旅游者？

(1)应扬其喜欢交际、喜欢交谈、好出点子、乐于助人之长。

(2)与其交友但不可过分亲近,请其帮忙,令其活跃旅游气氛。

(3)避其之短,特别不可让其左右旅游活动。

(4)适当时机对其给予的合作表示感谢。

9. 如何接待散漫型旅游者？

(1)安排旅游活动时在个别场合下予以特别提醒。

(2)对其多关心、多接触、多体贴,感化他,尽力发现其长处,以其之长制约其短。

(3)必要时请旅游团中与之接触多、关系较好的游客给予多提醒。

(4)出现差错千万不要公开批评指斥,避免矛盾公开化、尖锐化。

10. 怎样接待"难伺候"的旅游者?

(1)要严格按照旅游接待计划书上的内容进行活动,导游服务要规范、操作程序要合理。在提供导游服务时,态度不卑不亢,工作认真细致。

(2)办事公道、公正,服务热情周到。

(3)面对游客的挑剔和指责,既不对着干,也不陷入毫无意义的争论,更不感情用事,而应以更大的热情和毅力服务好这些游客,使其内心真正感受到导游人员服务的真诚和高质量。

11. 怎样接待自高自大型旅游者?

(1)满足此类游客的虚荣心,必要时还可附和几句,微微点头。

(2)要绝对避免"冲撞",处理问题不要直截了当,做到顾全大局,以保证旅游活动顺利进行。

(3)要巧妙地让他变成听讲者,并设法让其附和导游人员的观点和意见。

12. 怎样接待慢性子旅游者?

(1)记住此类游客的姓名,使其感到自己受到尊重。

(2)经常关心他们,听取他们的意见和要求,使他们得到自我价值的体现。

(3)切不可故意以"快"对"慢",对于要办的急事,事先要做好宣传解释工作,使他们在思想上有准备。

13. 怎样接待宗教人士?

(1)接团前,要再次认真学习了解我国有关宗教政策,掌握有关基本情况。

(2)认真分析接待计划,了解接待对象的宗教信仰及其职位。

(3)对接待对象所信仰的宗教教义、教规、礼仪习俗等情况要有所了解并做好相关知识准备。

(4)了解寺院(教堂、道观)的位置和开放时间。

(5)将接待对象饮食方面的禁忌和要求提前通知酒店、餐厅并要求做好相关准备。

(6)要尊重其宗教信仰和习惯,导游讲解中不要向对方宣传"无神论",更不可把宗教、政治、国家之间的问题混为一谈,随意评论。

14. 怎样为特殊身份的旅游者提供导游服务?

所谓特殊身份的旅游者,是指外国在职或曾经任职的高级官员、社会名流、国内外有一定影响的各界人士,政治家、社会活动家、大企业家等,或者还有其他任务或使命的人士。为此,为特殊身份的旅游者提供导游服务的技能要求:

(1)提前做好相关的知识准备,如专用术语、行业知识等。

(2)从接待计划上了解这些特殊身份旅游者所在国家的基本国情,了解对方所属的社会阶层和特殊职务,以及对方国家的一些基本习俗、礼仪。

(3)要具有接待好这些特殊身份旅游者的信心,排除心理压力。

(4)注意相关的礼仪,说话应注意对方的态度、立场、方式等。

(5)热情、细心服务,提供服务应不卑不亢。

(6)多请示汇报,严格按照有关规定做好接待服务工作。

15. 怎样为残疾人旅游者提供导游服务?

(1)首先要做到,在任何时候、任何场合下都不可讥笑和歧视他们,要处处表现出尊重和友好。

(2)要特别注意服务的方式方法,既要满腔热情,又要细心周到,尽可能提供方便,又要不给他们带来压力或伤害他们的自尊心。

(3)接到残疾人旅游者后,应适时地询问他们需要什么帮助,但要注意不宜过多地问候。

(4)时刻关注残疾人旅游者,密切注意他们的行踪,以便随时提供恰到好处的帮助。

(5)对聋哑人旅游者要安排在前排就座,以便他们通过导游口型了解更多的讲解内容。

(6)对视力障碍旅游者应尽最大努力使讲解内容细致、形象,能用手触摸到的地方、物品则应尽量让他们触摸。向他们介绍当地有关盲道和特殊设施的地方。

16. 怎样为忧郁型旅游者提供导游服务?

(1) 接待他们时须注意讲话要清楚明了。

(2) 不与他们开玩笑,以免引起误会。

(3) 要特别注意关心、帮助他们,使他们感到温暖。

(4) 须临时调整餐位、房间时,要事先向他们讲明原因,以免引起他们的猜疑和不满。

(5) 向他们解释问题时,不可表露出半点不耐烦的神情。

17. 如何接待由年轻人组成的旅游团?

(1) 年轻人好学好问,接受知识快,要善于了解他们的心理活动、特点和兴趣爱好。

(2) 尊重他们,热情服务,要讲有特点,做有规矩,履行合同,等距离交往。

(3) 旅游节奏可适当快些,尽量让他们多看、多参与。

(4) 多给他们自由活动时间,但要控制好整个团队的旅游节奏。

(5) 多关心、多提醒。

(6) 导游讲解宜采用"提问法"。

18. 如何对待旅游团队中的"群头"?

(1) 发挥"群头"的特点,必要时让其配合组织好导游工作。

(2) 主动找"群头"个别做工作,尊重他,真挚地与他商量,以满足"群头"的自尊心和荣誉感。

(3) 与"群头"接触不宜过于频繁,以免引起其他游客的不满。

(4) 切不可被"群头"干扰旅游活动计划的进行。

19. 如何为伊斯兰教旅游者提供导游服务?

(1) 通知饭店注意,餐饮宜安排牛肉菜肴,不得上猪肉,也不得用猪油炒菜给客人吃。

(2) 如条件允许,尽量不将伊斯兰教游客与其他游客安排在同一餐厅用餐。

(3) 客人提出去清真寺做礼拜,导游人员要予以尊重并妥善安排。

(4) 导游讲解时,注意导游用语,不要用犯忌的字、词。

20. 为什么要了解旅游者的旅游动机?

"动机"往往决定人们的行为,导游服务的最大特点就是要努力做到"投其所好",只有了解旅游者的旅游动机,才能真正满足旅游者"所好",这样才能更有针对性地安排活动日程和活动项目,才能为其提供最满意、最需要的导游服务。

21. 东西方旅游者有什么不同的性格和思维方式?

东方人的性格和思维方式一般表现为含蓄内向,善于控制感情,往往委婉地表达自己的意愿,思考问题习惯从抽象到具体,从大到小,从远及近;西方人的性格和思维方式一般表现为活泼、自由、易激动、喜外露,往往喜欢直截了当地表明自己的意愿,并希望得到肯定的答复。

22. 怎样为欧洲旅游者做好导游服务工作?

欧洲旅游者的特点,是旅游经验丰富,要求高雅,追求文化,喜欢面对面服务,为此,导游人员的接待方法和导游艺术应是:

(1) 安排住宿要舒适、干净,多安排美味佳肴。

(2) 导游接待服务水平要高。

(3) 导游讲解讲究艺术、感人、生动。

(4) 介绍景点多用对比方法,讲深、讲透。

23. 怎样为美洲旅游者做好导游服务工作?

美洲地区旅游者的特点,是遵时、少礼、好问、坦荡,说话办事幽默,崇尚个人奋斗,不爱谦让。导游接待方法和导游艺术应是:

(1) 服务设施尽量高档,多安排美味佳肴。

(2) 接待客人要多些人情味。

(3) 安排旅游的节目要丰富,特别是让他们多接触旅游目的地的群众。

24. 怎样为亚洲旅游者做好导游服务工作?

亚洲地区,尤其是东南亚,不少文化方面仍然保持东方的特点和东方的文化本色。由于文化接近,游客往往善于提出各种问题。这个地区的游客重视餐饮,非常讲究吃,讲究礼仪,为此导游人员的接待方法和导游艺术应当是:

(1) 常常主动交流些共同话题,极力推荐美味佳肴。

(2)导游服务要注重礼仪,导游人员的知识面要求丰富一些。

(3)多安排访古、寻亲探友活动。

(4)导游讲解注重艺术,细节处理上尽量细致。

25. 如何为中东和非洲旅游者做好导游服务工作?

中东和非洲地区旅游者的特点,是肯学习,要求礼遇,喜欢参与旅游活动,喜欢游览自然风光。为此,导游人员的接待方法和导游艺术应该是:

(1)将这个地区的游客奉为上宾,提供耐心细致的服务,随时随地给予礼遇。

(2)一般宜采取深入浅出、简明易懂的语言进行讲解。

(3)多采用"平铺直叙"的导游讲解方法。

(4)多安排游览山水风光和一些游乐场所的参与性节目。

26. 如何为俄罗斯和东欧旅游者做好导游服务工作?

俄罗斯和东欧地区旅游者的特点,是喜欢并要求餐饮;对规范的接待条件容易满足;这个地区旅游者的知识面一般较为丰富且喜欢交流,文明度高,为此,导游人员的接待方法和导游艺术应该是:

(1)提供餐饮要实惠、量足,安排购物一定要选择畅销对路的商品。

(2)导游人员知识面要广博,接待服务要老练。

(3)多安排些以休闲为主的游览项目和到工厂、学校参观。

27. 如何为大洋洲旅游者做好导游服务工作?

大洋洲地区的旅游者性格开朗大方,喜欢动植物,忌讳他人干预,讲礼节、重友谊,为此,导游人员的接待和导游艺术应当是:

(1)多安排些像烤鸡、烤鸭、烤鱼等烧烤类食品,对他们的接待一定重视礼节。

(2)游览节目安排一定要精心,可安排一些观赏风光,登山、涉水,观看动植物等贴近自然的节目。

(3)导游讲解语言要平易近人、亲切动听,一般宜采用"比较"的艺术手法。

28. 如何为华侨及港、澳、台地区旅游者做好导游服务工作？

华侨及港、澳、台地区旅游者是我们的同胞,亦是我国最大的入境旅游群体。他们对来到祖国大陆旅游表现出特有的亲切感,往往流露出游子返乡的激动;他们怀念故乡、故土,喜欢探望世交及儿童时代的朋友、同学,喜欢品尝家乡食品。为此,导游人员的接待方法和导游艺术应当是:

(1)安排住处好一些,尽量安排家乡口味的餐饮。

(2)接待规格要求较高,导游服务要尽量满足他们"衣锦还乡"爱面子的心理。

(3)与之交谈要充分表达出亲情,可随意些,但禁止讲"黄色笑话"。

(4)导游讲解的语言要亲切,导游方法简易一些,多采用"聊天交流法"等技巧。

29. 如何为珠江三角洲地区旅游者做好导游服务工作？

在国内,珠江三角洲地区的旅游者收入高、出游意识强,不讲究接待的规格、礼遇,但强调吃、住、行。与他们交谈尽量实际。这个地区的旅游者购物量大,喜欢给小费。为此,导游人员的接待方法和导游艺术应该是:

(1)以"吃"为主,安排好生活,认真负责地做好接待工作。

(2)尽量多安排些参与性、游艺性游览项目。

(3)为他们做好购物"参谋"。

(4)导游讲解一般宜采取"平铺直叙"和"简单描绘法"。

30. 如何为长江中下游地区旅游者做好导游服务工作？

以上海为中心的长江中下游地区(一般包括上海、浙江、江苏等地区)的游客,旅游意识强、导游要求高、维权意识强,喜欢投诉,对国内外情况十分熟悉,了解"市场感"很强。为此,导游人员的接待导游方法和艺术应该是:

(1)以风光景观为主,节目安排紧凑些。

(2)接待服务要小心仔细,严格遵守旅游合同,导游服务要规范。

(3)宜为该地区旅游者提供"规范+感情+艺术"的综合性服务,导游言词及体态要给予游客以"美感",导游讲解一般宜采用"虚实结合"和"引而不发"的方法。

31. 如何为京津地区旅游者做好导游服务工作?

京津地区旅游者身处或紧靠首都,他们关心时事政治,收入虽不高,却往往气势大、有派头,但无排他性,没"小家子气",包容性强。为此,导游人员的接待方法和导游艺术应该是:

(1)接待服务要注重礼遇,特别注重文明礼貌。

(2)尽量安排参观历史古迹等游览项目,导游人员接团前一定要做好历史和时事政治等方面知识的充分准备。

(3)导游讲解不仅须注意材料真实,而且声音、声调要讲究生动形象、有节奏感,一般宜采用"触景生情"和"引而不发"等导游讲解方法。

32. 导游人员应如何对待旅游者在不同阶段出现的心态?

(1)旅游的初期阶段。旅游者多重视安全和"好奇",为此导游人员应多和他们接触,倾听他们的意见,保证他们的安全,组织他们进行愉快、轻松的游览。

(2)旅游的中期阶段。旅游者开始懒散,求"完善"心理开始出现。此时,导游人员要对他们多关心、多提醒、多商量,努力保持他们的体力和精力,力争使他们更加开心、称心。

(3)旅游的结束阶段。此阶段旅游者更多的时间是处理个人事务、逛商场,外出上街次数增多,时间观念淡薄,行动较为懒散。此时,导游人员安排活动时间须留有余地,更要向旅游者提供超常服务,解决遗留问题,做好送行工作,有始有终,圆满完成旅游活动。

33. 旅游者晚间自由活动,导游人员应提供什么服务?

晚间如无具体安排,旅游者可以自由活动。导游人员一般不陪同外出,但应做好以下工作:

(1)提醒旅游者注意安全,尽量不要去路途较远、情况比较复杂的地方和场所。

(2)建议外出时带上饭店导游卡,以备急用。

(3)若要外出,最好不要一个人单独行动,外出前和返回后,应向海外领队或全陪打招呼。

(4)返回饭店不要太晚,也不要随便带陌生人回来。

34. 怎样为旅游者安排旅途中的饮食?

(1) 不要过多地在旅途中改变平日的饮食习惯,坚持荤素搭配,提醒游客多吃水果。

(2) 注意饮食卫生,一般情况下,要安排游客到定点餐厅或正规的大餐厅用餐。

(3) 注意游客饮食平衡,不可饥一顿饱一顿,提醒大家多喝水。

(4) 适当安排游客品尝当地的名"吃",但须注意量不宜过大。

(5) 提醒游客不要勉强吃自己不喜欢的东西。

(6) 提醒游客吃地方风味时须注意水土服不服的问题。

(7) 注意饮食的多样性,增强游客食欲,以便有足够的体力进行旅游。

35. 怎样安排旅游者乘机前的饮食?

(1) 提醒游客不宜吃得过饱。

(2) 提醒游客不要食用多纤维和容易产生气体的食物及太油腻和含大量动物蛋白质的食物。

(3) 安排就餐时间一般宜在飞机起飞前60~90分钟。

(4) 提醒游客注意多吃些高热量的食品,如,面包、面条、酸牛奶、蔬菜、水果等。

36. 怎样指导旅游者避免水土不服?

(1) 注意饮食,不要多吃大鱼大肉,饭菜尽量清淡些;多吃软食、面条等。

(2) 旅途中不要过多饮酒。

(3) 合理安排旅游活动时间,防止游客体能消耗过大,引起疲劳过度。

(4) 生活要有规律,注意早起早睡,尽量做到睡前洗个澡、烫烫脚。

(5) 长途旅行不可太节俭,尤其是老人、妇女、儿童,要注意多休息。

(6) 身体实在不支时,千万不要蛮撑,要抓紧时间多休息,以保持旺盛的精力。

(7) 多喝开水,少喝饮料。

(8) 外出旅游前,多备些日常小药品,如,黄连上清丸、牛黄解毒丸等。

37. 导游人员须掌握哪些"吃"的知识？

（1）要有较高的文化素养，全面了解中国饮食文化，如餐厅服务的基本要求、厨师烹饪工艺等。

（2）懂得中国美食菜肴的特点及欣赏途径，引导游客了解餐饮审美。

（3）掌握中国各大菜系的特点、基本制作方法及本地菜的特点。

（4）了解当地饮食的特色，注意饮食与地方民俗的结合。

（5）导游讲解时须注意讲解对象、时间和场合。

38. 导游人员为游客介绍中国菜肴应注意哪些方面？

中国菜肴最讲究色、香、味、形、声、器、意、养八个字。为此，介绍中国菜肴时应注意围绕这八个方面进行讲解。

（1）从色的角度，让游客大饱"眼福"。

（2）从香的角度，没有香就不成佳肴，让游客饱尝"鼻福"。

（3）从味的角度，中国菜肴强调"五味"，强调酸、甜、苦、辣、咸，让游客饱尝"口福"。

（4）从形的角度。中国菜点十分讲究造型，烹饪大师通过刀工、火候烧制的菜肴栩栩如生，让游客再饱"眼福"。

（5）从声的角度，中国菜肴往往注重上菜时的浇注声和就餐时咀嚼的清脆声，让游客大饱"耳福"。

（6）从器皿的角度，美食与器皿的和谐统一是中国传统烹饪艺术的重要组成部分，强调菜肴的"形"必须有相应的器皿搭配才能使其保持完美。

（7）从意的角度，中国菜肴的每一道菜都有一个很特殊的名字，其含义很深，往往表现出它的最高意境。

（8）从养的角度，中国菜肴十分注重营养，有益于身体健康和养生。

39. 导游人员应怎样讲解菜肴的特色？

（1）讲究原料。选料是中国厨师的首要技艺，是做好一道菜肴的基础。为此，导游人员首先要介绍菜肴的选料。中国烹饪所用原料十分丰富，主要可分为：主料、配料和调料等。厨师选料的指导思想是"精"、"细"，与此同时，还要考虑其品种、产地、季节和生长期。

（2）讲究刀工和火候。刀工好坏直接影响菜肴的色、形、味。火候是烹饪中最重要的,是形成菜肴风味特色的关键环节之一,因此,掌握火候是厨师的一门绝活,火候掌握的恰当适宜,是保证菜肴色、香、味、形、营养的关键。

(3)讲究烹饪方法。烹饪方法是我国烹饪技艺的核心。其实质主要是对热能的运用,有了对热能的运用技巧,从而形成了丰富多彩的烹饪方法。如,炒、熘、爆、炖、煸、煮、焖、烤、烧、烩、煎、涮、煲、煨、蒸等。

(4)讲究调味。俗话说"五味调和百味香",中国菜肴的调味手法有三种:基本调味、定型味和辅助味。

(5)讲究营养。中国菜肴的选料和搭配十分强调菜肴的营养搭配,讲究食疗和饮食对健康的影响。

40. 吃中国菜肴的程序一般是怎样的?

中国菜肴的进食程序,第一道菜是冷菜,可供慢慢品尝;第二道菜是热炒,由此开始初入高潮。第三道是烧菜。这道菜一般口味更浓、节奏更快,也是宴席进入第二个高潮的开始。第四道菜是头菜,头菜又称主菜,是一场宴席中最重要的菜,表示宴席进入最高潮。第五道菜是甜菜、清汤、果点。其特点是口味甜淡平和,余味无穷,表示宴席进入尾声。

41. 怎样为游客提供参与性娱乐项目的服务?

(1)首先要向游客介绍娱乐项目的特点、发展历史及活动技巧的要点。

(2)向游客讲清有关注意事项和物品的安全保管。

(3)向游客介绍参与性娱乐项目与当地民族、民俗的关系,要求游客一定要尊重民族习俗。

(4)游客进行参与性娱乐活动时,导游人员不可离开活动场所,要密切注意游客的安全。

42. 导游人员为游客提供"住"的服务程序是什么?

(1)接团前要核实下榻饭店(含农家旅馆)的基本情况并注意客房的数量、标准与本团队的人数是否符合。

(2)了解下榻饭店(农家旅馆)的地理位置、星级、设施设备及周边环境等基本情况。

(3)协助办理相关入住手续,提醒游客注意安全事项等。

(4)协助处理游客与饭店之间出现的问题和纠纷,同时也要注意维护旅游业的声誉和利益。

43. 饭店的特色主要表现在哪些方面？

(1) 建筑装饰、周边环境、客房布局与装饰。

(2) 特色餐饮、娱乐项目。

(3) 服务水平与质量。

(4) 企业文化。

44. 介绍饭店时应突出什么？

介绍饭店要突出饭店的特点，让游客感到下榻的饭店是旅行社为他们精心准备的。他们享受的是同级标准中最好的服务，是当地同档次中最有特色的饭店。

45. 不同的饭店应着重从哪些方面进行讲解？

(1) 从其悠久的历史、响亮的牌子、规范的服务等方面介绍老牌饭店。

(2) 从其齐全的设备、考究的装潢、住宿的实惠舒适等方面介绍新建饭店。

(3) 从其方便的交通、集中的商铺、丰富的夜生活、方便的自由活动等方面介绍位于市区中心的饭店。

(4) 从其环境幽雅、清新的空气、最佳的休闲度假等方面介绍僻静的饭店。

46. 怎样为旅游者选择、安排饭店？

要根据旅游者的年龄、性别、兴趣爱好及旅游服务标准等不同情况，为游客选择、安排喜爱的住宿之所，使他们得到一种别具情调的享受。旅游者都希望住进有浓郁民族风情或有独特服务的宾馆。像我国内蒙古草原上的蒙古包、云南少数民族的小竹楼、江西风景优雅的农家旅馆等，对来自国外和其他异地居住的国内旅游者都很有吸引力，因为这些旅游者体察到异国他乡的又一个民族的生活风采，从中会增长见识，受到启迪。

47. 为游客提供乘机服务的内容有哪些？

(1) 导游人员拿到机票后要特别检查票面，认真核对票面信息，如游客的姓名、航班号、起飞时间等。

(2) 请游客带好身份证件，带领游客到机场办理登机手续，提醒通过安检时注意事项,协助游客办理托运行李。

(3)登机后,听从乘务员安排,要求游客仔细听从乘务员介绍安全知识。

(4)飞行途中,仔细观察旅游者乘机反应,发现问题要随时予以关照或向乘务员提出。

(5)飞机抵达时,听从乘务员安排,提醒游客携带好随身行李,按顺序排队出机舱。

(6)组织大家到行李传送处领取托运行李,出站后与地陪核对本团队有关旅游信息,一切无误后,引导游客登乘旅行车。

48. 为游客提供乘坐火车服务的内容有哪些?

(1)拿到火车票后一定要检查票面,千万不能延误车次,上车排队一般顺序是地陪领头,海外领队或全陪负责断后。

(2)为方便为游客服务,要尽量把自己安排于游客中间的包房或床位、席位,要经常走动,关照每一位旅游者。

(3)安排房间时,注意尽量不要把一家人、夫妻、情侣分开分配在不同包房中。

(4)上车后协助游客找好铺位或座位,必要时可请乘务员帮助。

(5)铺位或座位全部安排妥后,要遵守铁路规定,安顿好车上生活,提醒大家保管好自己的行李物品,注意列车行驶中的安全。

(6)为缓解和减轻长途旅行的疲劳,可组织一些有益的活动,抓住此机会与游客建立良好的关系。

(7)对途中所经地区风景优美或特别的地方应适时讲解并指导观赏。

(8)根据车上广播,关照大家携带好行李并提前做好下车准备。

(9)到站后,全陪先下车,海外领队负责断后,组织大家按顺序下车并尽快与地陪接头。

49. 为游客乘坐轮船服务的内容有哪些?

轮船的特点是慢,有的根据江河两岸景点还须组织游客下船进入沿岸景点参观游览。为其服务应是:

(1)安排好包房或铺位,组织好途中的娱乐活动。

(2)注意沿江两岸风光讲解。

(3)如需上岸游览景点,应组织好游客的下船、上岸,进入景点后须时刻注意清点人数及返回船上的安全。

（4）乘坐海轮时注意提醒游客避免晕船。

50. 为游客乘坐其他特殊交通工具服务的内容有哪些？

所谓特殊交通工具，一般包括缆车、索道、电瓶车、滑竿及各种畜力交通工具，如牛车、马车、骆驼……景区设立这些特殊交通工具的目的，是为了减少游客的体力消耗，有的本身就是一个游览体验的项目。导游人员组织带领游客游览过程中特别要注意：

（1）若是计划中已有的项目，要不折不扣地执行，若是计划中没有的项目，要向客人讲清有关费用问题。

（2）乘坐特殊交通工具前，一定要由工作人员详细介绍乘坐特殊交通工具的方法和安全注意事项，并提醒游客一定要确保安全。

（3）对有安全隐患的特殊交通工具一定要婉言阻止游客乘坐。

51. 与外国相比，我国景点有什么突出特点？

（1）文化内涵极其丰富。

（2）育人作用非常明显。中国历来讲究"师法自然"和"师法造化"，这充分体现了中国山水的育人作用。

（3）中国的山山水水、名胜古迹是华夏文化的具体体现。

（4）我国景点是先人信息的固体传递。

（5）景点是古人、今人情感交流的媒介。

52. 检验景区（点）导游成功与否的基本标准是什么？

（1）景观的历史背景是否讲到了、讲全了。

（2）景点的用途是否讲清楚了。

（3）景点特色，特别是其内涵是否讲到位了。

（4）景点的地位是否讲明白了。

（5）景点的价值是否讲透了。

（6）历代名人对景点的评论给我们的启迪是否讲正确、讲全面了。

53. 导游人员为游客提供导游讲解时所处位置应怎样选择？

（1）游览行进中。导游人员（全陪、地陪、海外领队）因职能的不同，所处的工作位置也有所不同。一般情况下,地陪(或者景点讲解员),要走在旅游者的前面。其作用是带路、游览、讲解。全陪,在队伍的末尾。其作用是照顾游客,防止游客走失,观察、防止发生意外事件等。若是入境旅游的团队,海外领队应走在团队的后面照顾旅游者。

(2)参观、会见、座谈时。导游人员要明确自己充当的角色。在这种场合,中方有关单位出面接待的负责人是主人,旅游者是客人,导游人员则是主客之间的介绍人。其位置应在主宾之间,主要工作是协调主宾之间的关系,促进交流。

(3)景点游览时。导游人员要熟悉各景物的观赏角度,不同的景物有不同的观赏方式和特殊的观赏位置,而一些景物由于观赏时间和角度的不同,其所展示的景观形态会有较大的差异,因此,导游人员在引导旅游者游览,为旅游者进行景物讲解时,一定要选择好最佳的观景位置。导游讲解时要选择好自己的站位。最佳位置就是说话时面对所有旅游者,同时便于为旅游者指示景物,又不能遮挡旅游者的视线,一般应放在景物与旅游者之间,角度为45°~60°的位置。

54. 引导游客购物的原则是什么?

(1)导游人员的购物服务必须建立在"游客需要购物、愿意购物"的基础之上。

(2)既要让游客购物,更要让游客购物后感到满意。

(3)当好游客购物的顾问和监督员,而不当推销员。

55. 应旅游者要求提供购物服务时应注意什么?

(1)无论游客是否购物,都要为游客提供优质的购物讲解。

(2)介绍特产,须尽量与景点相关的知识讲解相协调,不能因推销商品而讲解。

(3)要以自己丰厚的知识底蕴和灵活的讲解技巧、真诚的服务态度赢得游客的信任,做好购物服务工作。

(4)应实事求是地讲解商品,既要介绍商品的特色,也要讲明商品的不足之处。

(5)游客购买到不满意的商品时应协助其做好商品的调换工作。

(6)选择旅游购物定点店或信誉高的正规商店购物,注意不要安排重复的购物点。

(7) 如果游客提出要买古玩或仿古艺术品,要告知游客到正规的文物商品店购买,同时提醒游客,尤其是入境游客,必须保存好发票及物品上的火漆印,以便出境时海关检查。

56. 旅游购物的知识要求主要包括哪些方面?

(1) 所购物品的名称、内涵及生产厂家的基本情况。

(2) 所购物品的历史、文化承载及有关传说、故事。

(3) 商品的生产过程和工艺特色。

(4) 充分了解商品的优点及缺陷。

(5) 掌握区分商品品质的基本方法。

(6) 了解商品的保存方法和技巧。

57. 导游人员应怎样指导游客购物避免上当?

(1) 提醒游客购物时不要"从众",少买吃的、多买用的。

(2) 提醒游客购物尽量做到"三要"、"三不要"。"三要",即要买自己喜欢的东西,买东西一定要商家开据发票,贵重物品一定要索取"保单"。"三不要"即贵重物品(金银饰品、珠宝玉器、古董等)勿买、大件物品勿买、海洋水产品勿买。

58. 导游人员安排娱乐活动时应注意什么?

(1) 应以轻松愉快的表演为主,时间不可太晚。

(2) 活动内容应突出地方文化特色,使娱乐项目真正起到旅游活动的延伸和补充作用。

(3) 劝阻游客到不健康的娱乐场所。

59. 导游人员应怎样为游客提供娱乐活动服务?

(1) 注意为游客购票,并与司机约好出发时间、停车地点和返回时间。

(2) 事先对本地特色的表演和剧目内容作一个详尽的了解,演出前先作一个概述性介绍,看完节目后,作总结性讲解,同时回答游客的提问。

(3) 地陪、全陪、海外领队要互相配合避免游客走失。

(4) 导游人员必须坚守岗位,引导陪同游客观看演出,中途不可离场,演出

结束后,组织带领游客安全返回。

60. 一般旅游纪念品有什么特点?

(1)"小",首先要"小",便于携带。

(2)"土",具有地方特色、民族特色

(3)"巧",物品的构思巧妙、独特,具有"创新"意识。

(4)"异",异地他乡的产品,平时很少见到,须能反映当地制作者的文化、思维和独特价值观。

第三章　导游的讲解技能

1. 导游人员的"开场白"一般有哪几种方式？

"开场白"，是导游人员迎接旅游者的第一次亮相，巧妙地运用各种导游技巧，精心设计"开场白"，是创造良好的旅游团队氛围十分重要的工作，也是整个旅游成败的重要因素。"开场白"一般有以下5种方式：

(1) 带有介绍性质的开场方式。此方式较为普通，什么团队、什么散客都可以使用。

(2) 针对性较强的开场方式。此方式主要适合于专业人士，及同工种、同门类的旅游团队。

(3) 采用朗诵的开场方式。此方式主要通过导游人员简短的朗诵作为开头，创造出一种迎合慕名前来旅游，又特别想尽快欣赏到美的迫切心情的旅游团队。

(4) 采用猜谜的开头方式。此方式能很快创造出团队的活跃气氛，但采取此方式时应注意，首先要看旅游者的情绪；其二猜谜的内容要紧扣旅游景点；其三，谜底不要太难。

(5) 采用小故事的开头方式。讲故事能吸引旅游者的注意力，激发旅游者的情感，使游客潜移默化地受到启发和激励。

2. 导游人员的"结尾"一般有哪几种方式？

"开场白"很重要，但结尾也同样重要。光有"凤头"没有"豹尾"是不能深得人心的。为此，导游人员不仅要在"开场白"中掌握好"简单、平易、明确"三部曲，以巧妙的"凤头"赢得旅游者良好的"第一印象"，而且还要运用各种方法和手段使"豹尾"工作尽善尽美。

(1) 一般常用的结束方法。寒暄不可少、热情不可减、总结不可忘。总结工作，除大家常讲的5项内容：总结旅游行程、表惜别、感激之情、虚心听取意见、期待再重逢外,要在"巧"字上做文章,要表达导游人员的真实情感。

(2)运用诚恳谦虚的方法做结尾。导游人员送别旅游者时,要表示自己诚恳谦虚的态度,这不仅可以受到旅游者欢迎,更是导游人员高层次、高素质的表现,也是具有较高职业道德的反映。

(3)运用祝愿与希望的方法做结尾。良好的祝愿与希望更能交流感情,增进友谊,给旅游者留下美好的印象,可以利用这一特殊的美好时刻,把导游人员和旅游者的感情推向一个高潮。

3. 在景区(点)游览时,导游人员应注意什么?

(1)参观游览活动要有张有弛。

(2)行进速度要有急有缓。

(3)游览顺序要先高后低。

(4)讲解内容要有取有舍。

(5)把握好讲解时机与地点。

4. 幽默讲解有哪几种方法?

(1)谐音方法。

(2)更换词语的方法。

(3)顺口溜的方法。

(4)歇后语的方法。

(5)拟人的方法。

5. 景点讲解应注意哪几个层次?

景点讲解应把握如下三个层次:

(1)是什么。这是景点讲解的第一个层次,包括景点的名称、地理位置、修建时间、历史渊源、自然景观或者建筑特征等。

(2)为什么。是在景点基本概况的基础上,深入讲解景点的由来,以及相关的传说、民俗等。

(3)怎么玩。这是景点讲解的最后一个层次,也是游客参与性的关键层次。导游人员在讲解了"是什么"和"为什么"后,就应考虑如何将静止的景点转化为游客可看、可听、可参与的项目。

6. 导游讲解应具备哪"三感"?

（1）美感。旅游本身就是一种综合性的审美活动。为此，导游人员不仅需要自己发现美、欣赏美，还要善于表达美。

（2）情感。具有高尚情操的导游人员才是称职的导游人员。为此，导游人员首先要爱旅游的客体——我国的景观；爱服务的对象——旅游者；爱导游职业——不断钻研业务、完善服务技能。

（3）现场感。要多使用具有现场感的词语；多使用引导性的语言；多使用提示性语言。

7. 怎样把握好讲解时机与地点？

导游人员讲解游览点的历史、规模、传说等，须选择合适的时机和地点，而且要根据季节、气候的变化灵活掌握。如，在西安，游览临潼华清池之前，总要介绍它的历史背景，包括唐玄宗与杨贵妃的故事、"西安事变"与蒋介石的故事，让旅游者预先对华清池有个大概的了解，然后再在现场边看边讲，会使游客的印象更为深刻。那么，是在下榻饭店介绍，还是在去华清池途中做一般性介绍呢？这要根据具体情况来选择最佳讲解时机。通常情况下，在即将到达华清池的途中做概括性介绍效果比较好，因为可与接下来的景点讲解紧密衔接。有时也可预先做一般性介绍，然后边看边讲。

在现场讲解时，还要选择合适的地点。若是在冬季或夏季进行讲解，注意不要站在露天长篇大论，让旅游者忍受寒冷或酷暑，否则，会引起旅游者的反感。在夏季，要找一个阴凉通风的地方进行讲解；而在冬季，要找个避风有阳光的地方讲解，而且时间不宜过长。再者，选择的讲解地点相对来说，还应便于集中旅游者。

8. 为什么同一景区（点）的讲解内容要有取有舍？

导游人员在讲解一处景观时，都不可能面面俱到，而且导游人员在选取讲解内容时，必须依据团队的性质和特点等情况进行取舍，如果对任何旅游者都背诵同一套"放之四海而皆准"的导游词，就有失妥当了。如，同样为日本朋友讲解苏州寒山寺时，一位有经验的导游人员就能根据日本团队的具体情况提供不同的讲解内容。

当为一批文化水平低的日本客人讲解时，她只照字面意思讲解诗的内容，重点则讲唐代寒山寺香火兴旺的盛景。唐代的寒山寺,规模很大。新年除夕,四方香客成千上万,彻夜不眠,等待钟声,迎接新年。日本朋友远道而来和中国人民一起在寒山寺聆听钟声,欢度新春佳节,是中日友好的象征。最后,她祝愿中日人民新年快乐,万事如意。日本游客听后热烈鼓掌,并同声说"哈伊,哈伊"(是的,是的)。而面对一批日本教师时,这位导游人员则先讲张继的身世和写诗的时代背景,又介绍书写诗碑的清代学者、书法家俞樾的情况,并逐句讲解诗的含义。之后,还带领客人观看碑廊和殿阁、走廊壁上名画家罗聘、郑文焯所绘高僧寒山等石刻像及历代名人,如、韦应物、岳飞、陆游、唐寅、康有为等的诗文碑刻。她还着重说明,寒山寺历经沧桑,诗中所咏古钟,早已失传。明嘉靖年间所铸寺钟传说流入日本。1905 年(光绪元年)寒山寺重建时,日本友人募捐铸造仿唐式青铜乳头钟送还中国,悬于大殿右侧。最后,她语重心长地说:中日两国同文同种,友好交往源远流长,愿友谊长存,与年俱增。

两个团队讲解的内容明显不同,但最后达到的效果却是一样——两个团队的客人都感到十分满意。

9. 怎样对自己的导游水平、技巧、艺术进行自测?

根据世界著名的伦敦旅游局(London Tourist Board)现场考核导游的十余种方法和我国导游人员需要提高的具体情况,总结了20 条,可供导游人员们进行自测时参考。这 20 条可分为三部分:前 7 条,是讲规范,着重检查自己的基本水平;中间 6 条,是讲导游技巧测试;最后 7 条,是讲导游艺术的全面提高。

(1)发声的音量,即导游讲解的可闻度,无论在车上或在景区(点),大家是否都能听得见。

(2)语音、语调有无变化,即声音有无节奏感,是否有抑、扬、顿、挫,有无美感。

(3)讲话用词是否准确。

(4)持麦克风的方式是否得当,声音经麦克风是否失真、是否清晰。

(5)出发时是否清点人数,清点方式是否得当;能否将今日要游览的项目和注意事项告诉旅游者。

(6)导游所提供的材料,特别是数据,是否准确可靠,有无出处。

(7)衣着是否整洁,证件、标志是否显露;能否给旅游者一种"训练有素"、

"专业水平"之感。

(8)市容导游选择的讲解点是否得当,选"景"和讲"情"有否内在联系。

(9)对景点的文化内涵、育人作用,揭示得是否恰到好处。

(10)用语可接受程度,是否用旅游者经常用的、容易理解的,而又喜闻乐见的语言。

(11)游览车上所讲内容和车外所见景物有无内在的逻辑关系。

(12)导游讲解时,是否一直面对旅游者并适度地运用体态语言。

(13)导游讲解时,是否面带笑容、语调悦耳,使旅游者产生愉快经历之感。

(14)导游时是否能运用语言艺术,旅游者听后有无美感,语言是否具有生动、形象、富有表现力、口头语言这四大特色。

(15)导游所用知识和信息是否平衡,即旅游团内各成员(涉及各专业)所关心的知识和信息是否都有所提供。

(16)导游服务能否引起游客兴趣,言谈有无旅游者可接受的幽默感,讲解时,是否旅游者都在听。

(17)导游语言艺术可否达到"言之有理"、"言之有据"、"言之有物"、"言之有情"、"言之有趣"、"言之有神"、"言之有礼"和"言之有喻"。

(18)导游词是否有"针对性",导游艺术和方法能否"运用而又无形"。

(19)外语讲解是否清楚、准确、流畅,"达"、"雅"是否有时代感,海外导游内容,能否同国内情况对比进行。

(20)每接一团是否发"征求意见表",旅游者满意率可否达90%以上。

10. 进行旅游宣传时,导游人员须遵循的原则有哪些?

(1)积极主动、因势利导。

(2)实事求是、保守秘密。

(3)不卑不亢、求同存异。

(4)灵活。

11. 怎样为游客讲解娱乐活动?

简明扼要、通俗易懂;突出重点,语言规范、形象;声情并茂,模拟"表演"。

12. 景点导游讲解服务的内容有哪些?

(1)景点或参观地的概况介绍。

(2)带领游客按参观游览路线进行分段讲解。

(3)结合有关景物或展品宣传环境保护或文物保护知识。

(4)解答游客的问询。

(5)注意游客动向和安全。

13. 导游讲解基本原则有哪些？

(1)客观性原则。是指独立于人的意识之外,又能为人的意识所反映的客观存在。旅游目的地的名山大川、文物古迹、社会制度,无论有形的还是无形的,都是客观存在的。为此,导游人员进行导游讲解时,无论采用什么方法和技巧,都必须以客观存在为依据。

(2)针对性原则。就是从旅游者的实际出发,因人而异,有的放矢。

(3)灵活性原则。由于旅游者的审美情趣各不相同,不同景点的美学特征千差万别,大自然又千变万化,阴晴不定,因此,导游讲解要因人而异、因时制宜、因地制宜,贵在灵活,妙在变化。

14. 导游人员在景点平面图前须向游客讲明的内容有哪些？

(1)游览线路。

(2)游览所需时间。

(3)集合的时间、地点。

(4)游览中的注意事项。

15. 提升导游语言魅力的实现途径有哪些？

(1)口齿清晰,简洁明了,确切达意;措辞恰当,组合相宜;层次分明,逻辑性强。

(2)文物古迹的历史背景和艺术价值,自然景观的成因及特征必须交代清楚。

(3)使用通俗易懂的语言,慎用歧义和生僻的词汇;尽量口语化、短句化,避免冗长的书面语;不要满口空话、套话;使用中国专用的政治词汇时要作适当解释。

16. 自然景观的特点是什么？

(1)自然景观都是自然形成,天工开物的杰作。

(2) 自然景观是由自然地理环境的各个要素所组成。

(3) 从旅游审美的角度来看,一切自然景观都具有自然属性的天然美特征。

(4) 自然景观本身具有美感,而且是与社会发展水平和人们的综合素质分不开的。

17. 自然景观美的类型有哪几种?

两种:一种是原始自然美景观;另一种是人文点缀自然美景观。

18. 自然景观美有哪几个层次?

三个层次:形式美、文化美和象征美。

19. 自然景观包括哪些内容?

山体景观、水体景观、动植物景观、气候景观等四个方面。

20. 自然景观导游讲解的要求是什么?

(1) 熟悉路线。

(2) 掌握必要的自然科学知识。

(3) 掌握相关的文学知识。

(4) 熟悉相关延伸的文化常识。

(5) 掌握观景方法。

(6) 灵活运用导游讲解方法。

21. 山体景观的内容主要有哪几种?

山体景观内容有7种:

(1) 花岗岩地貌景观(如,黄山的"猴子观海""仙人指路"、华山的"观音峰"等)。

(2) 岩溶地貌景观(如,喀斯特地貌,著名的桂林山水、云南的路南石林等)。

(3) 丹霞地貌景观(如,广州仁化县的丹霞山,江西的龙虎山、龟峰等)。

(4) 砂岩峰林峡谷景观(如,湖南武陵源风景区)。

(5) 火山地貌景观(如,浙江雁荡山、云南腾冲等)。

(6)冰川地貌景观(如,云南玉龙雪山、四川贡嘎山的"海螺沟")。

(7)雅丹地貌景观(如,新疆罗布泊的雅丹地区)。

22. 山体景观的美感主要体现在哪几个方面?

形象美、色彩美、动态美、听觉美四个方面。

23. 山体景观的形态美主要体现在哪几个方面?

山体景观的形态美,主要体现在雄、险、秀、幽、旷、奥、奇7个方面。

24. 如何组织旅游者游览山体景观?

(1)制定合理的游览路线。

(2)引导游客游览。

(3)选择最佳游览景点的角度、位置和时间。

(4)在游览中注意多景物的配合。

(5)适时登顶。

(6)结合现场讲解,引导游客审美。

(7)启发旅游者探求山岳的科学人文内涵。

25. 山体景观导游讲解的切入点有哪些?

(1)从地质角度切入。

(2)从山地景观在旅游业中所起的作用角度切入。

(3)从文化角度切入。

(4)从美学特征角度切入。

26. 人文景观讲解的要求是什么?

(1)注重人文景观产生发展的历史背景。

(2)要把自然地理知识和文化知识结合起来。

(3)要全面了解景观。

(4)要注意历史的继承性。

(5)突出文物的价值所在。

27. 水体景观包括哪些内容?

海洋景观、江河景观、湖泊景观、泉水景观、瀑布景观等五个方面。

28. 水体景观的本身造景功能有哪几种？

形态美、倒影美、声音美、色彩美、光像美、水味美和奇特美7种。

29. 植物的造景功能有哪几种？

形、色、香、声、古、幽、光、影、奇、寓意美等十种。

30. 如何利用距离和位置(角度)观赏美景？

(1)距离和角度是两种不可或缺的观景审美要素。自然美景千姿百态,变幻无穷,只有从一定的距离和特定的角度,才能领略其风姿。

(2)根据季节和游览现场情况,把握好空间距离和角度,适时指导旅游者从最佳位置、最佳距离去观赏美景,获得美感。

(3)从不同的角度和空间距离诱发旅游者的审美情趣。

31. 怎样调节好游客的体力？

(1)首先合理订餐提醒游客增加营养。

(2)带领游客观景时,要慢步观景。

(3)合理把握登山方法,上坡走"S"形,下山应前脚掌先着地,走横斜步。

32. 如何利用"动"、"静"结合观赏美景？

随着赏景者的不断运动,步移景异,许多景物都会在人们的视觉中呈现出不同的动态美。而在某一特定的空间里,人们停留片刻作选择性观赏,许多景物又会体现出静态观赏之美。导游人员应视具体的景观及空间条件,灵活运用"动赏"和"静赏"的方法,"动"、"静"结合地引导旅游者在情景交融中得到最大限度的美的享受。

33. 如何调节观赏节奏？

(1)有张有弛,劳逸结合地安排活动日程。

(2)急缓相间地把握好游览速度和讲解节奏。

(3)导与游相结合,讲解指导与独自欣赏相结合。

34. 山岳景观导游讲解的程序是什么？

(1)首先进行总体概况讲解。

(2)组织浏览途中进行讲解。

(3)停留时间进行深层讲解。

(4)安排游客自由活动(交代安全注意事项)。

(5)归纳总结。

35. 中国园林造园要素有哪几种？

筑山、观水、植物配置、建筑营造、书画墨迹等五种。

36. 中国造园的基本法则是什么？

(1)讲究自然、天然。

(2)讲究叠山理水。

(3)讲究创造一个层见叠出的游览空间。

(4)不仅着力追求自然，而且还是诗、书、画、文学、历史、雕塑等诸多艺术的综合体。

37. 应从哪几个方面讲解园林艺术？

(1)园林艺术涉及诗、文、书画、雕刻、音乐等诸多方面的学问，为此，导游人员须具备这些方面的知识。

(2)提高自身的文化艺术素养并遵循审美的规律进行讲解。

(3)园林艺术是一种特殊的艺术，为此，讲解时要十分注意语言的简洁、生动和诗意美，讲出其哲理内涵。

(4)掌握多个园林的个性和特点。

38. 怎样才能激发游客的审美想象？

(1)利用景点原型激发想象。

(2)增加想象内容。

(3)增加神秘性内容。

(4)满足游客的多样性需要。

39. 怎样引导旅游者正确观景审美？

(1)有针对性地传递审美信息。

(2)激发游客的想象思维。

(3) 帮助游客保持最佳审美状态。
(4) 灵活掌握观景赏美方法。

40. 观景审美的艺术方法有哪些？

(1) 动静结合法。
(2) 选择最适宜的观赏距离和角度。
(3) 把握好观赏时机。
(4) 调节好观赏节奏。

41. 讲解中国的景观资源有哪些具体要求？

(1) 突出博大精深的文化内涵。
(2) 充分发挥中国山水的育人作用。
(3) 充分展示其独特的华夏文化——"传递先人信息"。
(4) 注意留给旅游者想象的空间。

42. 水体景观的导游讲解包括哪些内容？

(1) 水域景观特色。
(2) 科学道理的解释。
(3) 美学观赏性讲解。
(4) 从水与其他自然要素的配合讲解。
(5) 从水与人文要素的配合讲解。
(6) 突出人文精神和文化内涵。

43. 水体的主要旅游效用有哪些？

(1) 医疗的效用。
(2) 品茗酿造效用。
(3) 休闲效用。
(4) 交通效用。

44. 导游讲解瀑布景观时必须交代哪几个数据？

落差、宽度和水量等三个主要数据。

45. 导游讲解观花为主的植物主要内容有哪些?

(1) 观花色。

(2) 看花型。

(3) 欣花姿。

(4) 嗅花香。

(5) 品花韵。

(6) 讲花语。

46. 导游讲解以观果为主的植物主要内容有哪些?

看果实、嗅果香、采摘果实(条件许可时)、品尝佳果。

47. 导游讲解动物的要领是什么?

(1) 安全与保护第一。

(2) 科普讲解与动物保护教育相结合。

(3) 突出珍稀性。

(4) 观看动物表演。

(5) 注意内涵相结合。

48. 气候、气象景观的特点是什么?

(1) 多变性。

(2) 广异性和差异性。

(3) 速变性。

(4) 背景与借景性。

(5) 地域性。

(6) 时间性和季节性。

(7) 节律性与导向性。

49. 导游讲解古建筑一般应遵循什么模式?

其模式是:建筑选址原因—群体建筑—单体建筑—建筑体现的艺术特征—从规格看等级—体现生境、画境和意境。

50. 怎样看待中国建筑的文化意蕴?

可以从"以大称威、以中为尊、礼制至上、祈吉为尚"这十六个字来看待中国古建筑的文化底蕴。

51. 导游讲解古建筑的基本内容有哪些?

(1) 古建筑的周围环境与意境。
(2) 古建筑的物质与精神功能。
(3) 古建筑陈设和装饰的含义。
(4) 各种艺术珍品及其价值。
(5) 古建筑体现的礼制思想与等级文化。
(6) 相关的其他文化底蕴及内容。

52. 从哪几个方面讲解中国古建筑文化的具体体现?

(1) 儒家思想在古建筑中的影响。
(2) 佛道文化的影响。
(3) 阴阳五行学说的影响。
(4) 风水理论的影响。
(5) 吉祥文化的意蕴。

53. 从哪几个方面讲解古建筑中吉祥文化的意蕴?

(1) 数字。
(2) 方位。
(3) 色彩。
(4) 图像(雕塑)。

54. 古建筑审美内容包括哪几个方面?

(1) 建筑实体的实用功能。
(2) 建筑外观的观赏功能。
(3) 寓意象征美。

55. 导游人员一般怎样组织带领旅游者游览观赏古建筑群?

(1) 沿中轴线走。

(2)一个殿一个殿地由外往里去。

(3)应把正殿作为游览的重点。

(4)对于中轴线两侧的次要建筑,一般可以弃而不游。

56. 怎样把握古建筑的导游讲解要点?

(1)分析古建筑氛围的意境。

(2)熟悉每个殿堂的物质与精神功能。

(3)准确领略各种陈设和装饰的含义。

(4)评价各种艺术珍品及其价值。

(5)体现礼制与等级。

(6)展示其文化底蕴的内涵及表现途径、方法和手段。

57. 导游人员应怎样把握园林艺术美?

(1)总揽轮廓美。

(2)品味形态美。

(3)诠释色彩美。

(4)感受节奏美。

(5)聆听声音美。

58. 导游人员应戒除的语调语气是哪些?

说话是口耳相传的事,假如说话者有正确的意思,但滥用了语调、语气,也会影响到信息的传递和交际效果。因此,导游人员在实际工作中必须注意戒除下列语调:

(1)烦躁的语调。这样的语调会让游客扫兴,以致选择退出旅游团。如果一个人心情不好或过于忙碌时会产生急躁情绪,也就容易带出烦躁的语调。因此导游人员在工作中必须调整好自己的情绪,尽可能避免说话时出现烦躁的语调。

(2)嘲讽的语调。嘲笑是对人极不尊重的意思表达,往往产生不良后果,且嘲讽的话很容易引发矛盾。

(3)傲慢的语调。有些导游人员由于对自己缺乏正确的估计,总以为自己比别人高明,在与游客交往中使用盛气凌人的语调,说话时带有一种傲慢的色彩。

(4)粗声粗气和油腔滑调。在导游行为规范中已有明确规定。

(5)反问语气和命令语气。导游人员是代表旅行社为游客提供服务的人员,在口语修饰中,必须注意用语的礼貌性,慎用反问句,忌用命令句。

59. 怎样游览和导游讲解古镇民居?

(1)首先观全景,讲布局。

(2)设计有效的游览线路,讲古镇民居的历史与典故。

(3)选取重点参观建筑。

(4)带领游客徜徉于古老街道。

(5)重点讲解古镇民居的外部装饰和地域文化。

(6)参观民居与当地居民友好交谈。

(7)参与民俗活动,体味地域特色文化。

(8)购物或享受饮食服务。

60. 怎样讲解民族民俗文化?

(1)介绍民族的族名来历、分布及发展过程,人口、语言、文字、经济和文化发展。

(2)讲解民族民俗中有关神话传说、音乐舞蹈、戏曲艺术、民族艺术和节庆游乐、婚丧产育等。

(3)介绍该民族的宗教仪式、建筑形式、服饰饮食、礼仪礼节。

61. 导游讲解红色旅游时应注意哪些事项?

(1)要以发生的革命事实为依据。

(2)要严肃认真。

(3)要充满对革命先辈的崇敬。

(4)一般采用"课堂讲解"和"触景生情"等方法进行导游讲解。

62. 向旅游者进行风情介绍时应包括哪些内容?

(1)介绍当地的概况、历史沿革、气候条件、行政区划、社会生活、文化传统、土特产品等。

(2)在适当的时间向旅游者分发导游图。

(3)与旅游车同步,介绍沿途经过的街道、道路两旁的重要建筑物及正在发生的事情等。

63. 人文景观导游讲解的基本要求有哪些？

(1)分析人文景观产生、发展的历史背景。
(2)有机结合自然地理知识和文化知识。
(3)全面、深入地了解人文景观。
(4)注重景观的历史连续性、继承性。
(5)突出文物的价值所在。

64. 园林导游讲解的基本内容有哪些？

(1)园林造园要素。
(2)造园基本法则。
(3)园林艺术。
(4)园林的地位、历史等文化背景要素。

65. 什么是导游讲解中的导入意境法？

导入意境法，即通过生动的导游讲解激发游客的想象力，使他们的情绪、联想进入导游安排设定的意境中，达到探索美、追求美的境界，产生比现实更美好的感觉。

66. 导游人员怎样运用好"名人效应法"？

如今绝大多数人都信服名人效应，所以导游人员要在"效应"两字上做文章。

(1)要通过名人的言行，更要通过名人的感人事迹，使游客真正感受到名人的伟大之处。
(2)着重突出名人的"闪光点"，结合景点挖掘名人那些不被人们注意的小事情、小故事，做到出奇制胜。
(3)在运用名人效应法的同时，要特别注意和防止负面效应的影响。

67. 什么是导游讲解中的"数字法"？

充分利用数字帮助导游人员精确地说明事物历史、年代、形体、特性、大小、功能、角度的导游讲解方法即为数字法。准确使用数字，能使平淡的数字产生画龙点睛的效果,使旅游者确切了解和加强形象记忆。

68. 导游人员怎样活用"数字法"?

(1)善于把抽象的数字与形象相结合,从而产生艺术效果。

(2)使用数字要有准确性,换算后的数字要与换算前的数字大体相同,误差不可太大。

(3)换算的景点或事物应是游客熟悉或有一定了解的。

69. 什么是导游讲解的"虚实结合法"?

(1)"虚实结合法"就是将典故、传说与景物介绍有机地结合起来进行讲解的导游手法。

(2)"虚",是指与景观有关的民间传说、神话故事及趣闻逸事等。

(3)"实",则指景观的实体、实物、史实及其艺术价值等。

(4)"虚"、"实"必须有机结合,但以"实"为主,以"虚"为辅,"虚"为实服务。

70. 什么是导游讲解中的"类比法"?

(1)"类比法",就是以熟喻生、以近比远,从而达到触类旁通效果的导游讲解方法。

(2)对比要恰当,类比要有根据,否则,只会贻笑大方,尴尬难堪。

71. 什么是导游讲解中的"问答法"?

(1)"问答法",就是导游人员向旅游者发问或启发旅游者发问的导游讲解方法。

(2)"问答法"可分为"自问自答"、"我问客答"、"客问我答"三种。

(3)"自问自答"和"我问客答"要紧紧围绕景区(点)内容,提出的问题不宜太深、太难。

(4)掌握"客问我答法"要求导游人员要热情,回答问题要认真,但要注意不能被游客牵着鼻子走而打乱讲解计划。

72. 含蓄讲解有哪几种方法?

(1)借喻方法。

（2）专用名词和术语方法。

（3）一语双关方法。

（4）隐语方法。

（5）点到为止方法。

73. 运用"客问我答"法时,应注意哪些方面?

（1）不要打乱自己的导游安排,不要一听到客人提问就立即回答,要有选择地回答。

（2）不可只顾自己滔滔不绝地讲解,而一点也不顾客人的提问。

（3）要把讲解和答问有机结合在一起,从而起到讲答自然、浑然一体的效果。

74. 运用"我问客答法"时,应注意哪些方面?

（1）运用我问客答法的关键在于"问",要善于"问",要启发游客开动脑筋。

（2）要从游客实际出发,因人、因地、因时地提问。

（3）问题要提得恰当,估计对方一般可以回答出来。

（4）应当会利用回答引出更多的问题。

75. 什么是导游讲解中的"画龙点睛法"?

（1）用凝练的词句、概括的手法将景物"要旨"点给旅游者的导游讲解方法即为"画龙点睛法"。

（2）此法一般适于在"总结、收尾"时使用,点出精华之所在,"破获"神奇之奥秘,使旅游者得到高层次的精神享受。

（3）点睛要好,要精确使用较好的词语概括景点内容。

76. 什么是导游讲解中的"触景生情法"?

"触景生情法"即见物生情、借题发挥的导游讲解方法。导游人员利用所见景物制造意境、引人入胜,使旅游者产生联想,从而领略到景中之妙趣。

77. 什么是导游讲解的"制造悬念法"?

导游人员在导游讲解时,提出令人感兴趣的话题后,故意引而不发,激起旅游者的求知欲,使其产生悬念的导游讲解方法即为制造悬念法。

78. 什么是导游讲解中的"分段讲解法"?

分段讲解法,即将所见到的一个个游览景点按顺序逐一讲解的方法。该方法多适用于较大的游览景区(点)。

79. 什么是导游讲解中的"突出重点法"?

突出重点法,即抓住游览景点中最显著的特色,并以恰当的语言充分表现出来,给人留下深刻印象,引起人们极大的游览欣赏兴趣的导游讲解方法。一般常用"最"来表示。

80. 什么是导游讲解中的"课堂讲解法"?

课堂讲解法,即拟定一个题目或一项专门内容,并进行比较系统的导游讲解的方法。当然,地点不一定在课堂上,根据现场实际,可在会议室,亦可在长途游览车上等。

81. 什么是导游讲解中的"有的放矢法"?

根据旅游者的职业、兴趣、主要游览目的和最关心的问题,有针对性地进行导游讲解的方法即为有的放矢法。

82. 什么是导游讲解中的"引用名句法"?

引用名句法,即按照景点内容将历史上中外名人的名言、名句、诗词、典故引用到导游讲解中的方法。此法能给人留下更形象、更鲜明的印象。

83. 什么是导游讲解中的"组织故事法"?

组织故事法,即把对游览点的介绍,与有关的传说故事有机交织起来,使导游讲解更加生动感人的方法。

84. 什么是导游讲解中的"引而不发法"?

引而不发法,是给旅游者以启示、指点,让旅游者去思考、去判断、去琢磨,最后由他们自己找出答案的导游讲解方法。此法适合于文化水准较高的旅游团(者)。

85. 什么是导游讲解中的"创新立意法"？

创新立意法，即将大家熟悉的景点给予新的讲解，用创造性的、新鲜的手段将旅游者引入一个崭新的意境中去，给人一种美的感受，从而产生愉悦和满足的导游讲解方法。

86. 什么是导游讲解的"启示联想法"？

启示联想法，是指导游人员为了加深游客对游览事物的认识，利用事物特征，启发、引导游客展开联想进行导游讲解的方法。

87. 什么是导游讲解中的"详细描绘法"？

此法主要适合于专业旅游团队。根据专业团队的知识、旅游目的运用对方的专业知识对景点进行具体详细的解说。运用此法给人的印象不是平面的，而是立体的。它给人以全面而又生动的知识，因此很受高层次旅游者的欢迎。

88. 导游讲解文物时应注意什么？

（1）要了解文物的概念和范围，须注意文物与古物、文物与古玩之间的区别。

（2）要理解文物的价值。文物与考古学密不可分，是研究历史的见证；文物是前人工艺技术的结晶，具有很高的艺术欣赏价值和科学价值；文物是弘扬中华民族文化、进行爱国主义教育的生动教材。

（3）要学会如何从艺术和科学的角度欣赏文物。

（4）要掌握文物出境和文物收藏的相关规定，理解文物保护的重要意义。

89. 什么是导游讲解中的"寓情于景法"？

寓情于景法，即导游人员将情感、情况、知识、故事放在景点中去讲，情景交融，使讲解和风光、景物达到和谐的统一，使游客陶醉于情景交融之中。

90. 什么是导游讲解中的"因人而异法"？

因人而异法，即导游人员的导游讲解不能千篇一律，不能不看对象照本宣科，而是要因旅游对象，因当时的时间、场合，有针对性地进行讲解。

91. 什么叫导游讲解中的"以熟喻生法"?

这种方法,是以旅游者熟悉的事物介绍、比喻参观的事物,使游客能很快理解生疏的事物从而产生亲切感,使游客虽在异国他乡,却犹如置身故地。

92. 什么是导游讲解中的"此处无声法"?

在导游讲解中注意深入浅出、以理服人、潜移默化,多提供事实、数据让游客去思索和发挥,具体地来说,导游讲解时话不要讲到头,不要谈尽,要引而不发,给游客留有思索的余地,达到"此时无声胜有声"的效果。

93. 什么是导游讲解中的"由此及彼法"?

由此及彼法,即在谈到此事之后,又涉及另一件有关联的事,这样可展开思路,使旅游者获得更多知识。此法的妙用就在于依靠内在联系,讲到此处而联系到彼处。

94. 什么是导游讲解中的"点面结合法"?

"点面结合法",就是说,在工作中不要眉毛、胡子一把抓,而应分清轻重、突出重点、抓住典型、带动一般。导游中的"点",是指旅游者的参观游览点,"面"是指参观游览点以外的更加概括、更加广泛的情况。当然这些情况必须和"点"有联系,且似乎是旅游者想要了解的。

95. 导游人员运用"点面结合法"时应注意哪些内容?

(1) 全程导游安排日程和线路时,要注意点面结合。

(2) 即使到参观游览点,特别是到范围广、面积大、内容丰富的游览点导游时,也应学会运用"点面结合法",这样就能使旅游者获得更多的知识。

(3) 即使只有一个点也可以引出面来。

96. 导游讲解中语调对表达感情有什么作用?

语调在表达感情方面具有十分重要的作用,所以语调往往被称为"情感的晴雨表"。在导游讲解中,如果能够根据讲解的具体需要对语调进行创造性处理,就会使讲解声情并茂。下面介绍一个演员高超地利用语调传情达意的例子:有一次意大利影星罗西出席宴请外宾的宴会,席上客人请他即席表演一段悲剧,只见他向服务员要了一个本夹,就念了起来,客人们虽然听不懂意大利语,但听到他痛苦的声音和悲伤的语调,看到他凄楚的表情,都不禁流下了眼泪。只有席间的一位意大利人听出来罗西朗诵的其实是宴会的菜谱。这个例子说明了语调传情达意的作用是多么的重要。

97. 导游人员与游客开展"谈天"互动,应注意哪些问题?

(1)要谈健康的、双方都感兴趣的话题,交谈中注意"求同存异"。

(2)要注意适度,掌握分寸,恰到好处,不可太漫无边际。

(3)切忌一本正经、装腔作势,要幽默、风趣。

(4)要把握"谈天"的气氛,使游客感到愉快。

(5)不谈年龄、工资、婚否、饰物价格、住房大小等一些纯属隐私的问题及敏感的政治问题,可多谈一些天气、园艺、习俗等大家都有兴趣的话题。

98. 什么是导游讲解中的"谈笑有度法"?

导游人员为了调节团队气氛,适当地谈笑,以使团员消除疲劳增加愉悦感和旅途乐趣,可采用以谈笑为主,辅之以组织弹唱小节目的方法。

99. 导游人员与游客谈笑时应注意哪些问题?

(1)要待大家高兴时才谈,切忌不要在游客着急或情绪不好时谈笑。

(2)切忌自己还没说,别人还没有笑,而自己傻乎乎地先笑起来。

(3)谈笑时语速不能快,吐字要清楚,结构要严谨。

(4)不可迁就个别游客讲低俗笑话。

(5)作为组织者和主持人,游客笑时,导游人员自己最好不要笑。

(6)笑话是幽默,不是滑稽。

100. 如何合理组织安排游览日程及讲解内容?

如何合理组织安排游览讲解是一门科学,也是一门艺术。它涉及科学安排旅游日程,合理分配好时间,巧妙地组织好参观游览讲解的内容。

(1)要参观与游览兼顾,对旅游者来说,历史文化、文化景观、建筑和当地居民生产、生活的历史及现状都会引起他们极大的兴趣。因此,应巧妙地组织好参观和游览,在条件许可的情况下应尽量兼顾。如上午安排游览名胜古迹,下午则安排参观幼儿园、大学、研究所、工厂等。适当安排一些旅游者感兴趣的参观项目,可使他们在领略了历史文化之后,还可进行一些座谈活动,这样,旅游者在精神上即可得到一些调剂,体力也可得到一定的恢复。

(2)参观讲解要注意点面结合。这里所说的"点",是指参观单位、游览目的地等日程上的既定项目;"面",则是指参观单位、游览点以外的较为广泛的风貌,如,市容、重要街道、重要设施、重要建筑、商业区、文娱休闲场所及古代的城墙、城门、城楼等。"点"和"面"结合得当,能给人以完美的享受。

101. 导游语言有什么特点?

导游语言是一种口头语言,具有生动形象、幽默流畅、通俗易懂并能从多方面调动旅游者的注意力、激发游客的特点。

102. 实现导游语言清楚的途径有哪些?

(1)口齿清晰,简洁明了,确切达意;措辞恰当,组合相宜;层次分明,逻辑性强。

(2)文物古迹的历史背景和艺术价值,自然景观的成因及特征必须交代清楚。

(3)使用通俗易懂的语言,忌用歧义语和生僻词汇,尽量口语化、短句化,避免冗长的书面语,不要满口空话、套话,使用中国专用的政治词汇时要作适当解释。

103. 导游语言正确性的实现途径有哪些?

(1)语音、语调、语法、用词、造句等正确,外语导游人员要避免乡音和汉语语法的影响。

(2)导游讲解的内容必须有根有据、正确无误,切忌胡编乱造、张冠李戴,即使是神话也应有所本源,不得信口开河,且必须与游览景点紧密联系。

(3)使用敬语、谦语、成语、谚语、俚语等时,要注意尊重对方的风俗习惯和语言习惯,也要适合自己的身份,特别要注意东西方的文化差异。

104. 导游语言如何才能体现生动性?

(1)使用形象化的语言,创造美的意境。

(2)使用生动流畅的语言,给人以美感。

(3)使用幽默、诙谐的语言,使导游讲解锦上添花。

(4)讲究语言的趣味性,使语言与情景交融。

(5)恰当使用比喻,以熟喻生,使导游讲解更易理解。

(6)配合适当的动作与表情。

105. 怎样体现导游语言的"适中"？

德国人哈拉尔德·巴特尔指出"讲话的艺术在于适中"。作为口头语言的导游语言在运用时就必须掌握"适中"这个原则。"适中"就是要求导游人员在导游讲解时声音强弱要适度,以旅游者听清为准,避免声音过高或过低。声音太高形成噪声,令人讨厌;声音太低,让人听起来费劲,反而会给人留下没话可讲或无把握、缺乏信心的印象。

106. 怎样掌握正确导游语言的语音、语调？

导游人员语音、语调的掌握与呼吸、运气有直接关系。要把握正确的语音语调就必须平稳呼吸,不要大口地粗声粗气地呼吸。呼吸平稳,需要腹式呼吸,最好是横膈膜呼吸。因此,导游人员在训练自己的语音、语调时,要有意识地加强呼吸训练,使自己的呼吸不再短促,在利用扩音器讲话时,人们就不会觉察出你讲话时的呼吸声。

107. 什么是导游语言的节奏？

导游语言的节奏,是指导游讲解的节奏和声调的节奏。它体现了导游语言的艺术性和趣味性。直接影响着旅游者的审美效果。为此导游人员必须高度重视导游语言的节奏。

108. 怎样掌握讲解的节奏？

导游人员进行导游讲解时,要视旅游者的具体情况和时空条件而定,要徐疾有致、快慢相宜。音调的高低及语言的断续停顿,节奏要恰当,不仅可使旅游者听得清楚明了,且会情随意转,从而收到最佳的导游讲解效果,否则讲快了或讲慢了,都会令人心烦。有经验的导游人员很注意语速,一般控制在1分钟200个字左右,而且行路时少讲些、讲快些,观赏时多讲些、讲慢些。

109. 怎样掌握声调的节奏？

导游人员进行导游讲解时,其声音要富有感情色彩,要抑扬顿挫,但不矫揉造作;声调要适时变化,要有音乐般的节奏感。要时时观察旅游者的反应和理解力,是否明白和记得住等。讲解中该快则快,该慢则慢,快慢结合,该停就要停,停顿得好会收到很好的效果。

110. 导游人员为什么要运用体态语言?

体态语言是以人的动作、表情、服饰等传递信息的一种无声伴随语言。它是一门科学,也是一门艺术。体态是导游讲解的主要辅助手段,正如烹制美味佳肴要讲究火候和调料一样;又如,绘画中的背景,尽管不是导游活动讲解的文体,但也直接影响语言表达和导游讲解的效果。

111. 导游人员的体态语言包括哪几种?

目光语;微笑语;手势语和姿态语。

112. 导游人员应怎样正确使用目光语?

目光语,是通过视线接触来传递信息的一种态势语气。眼睛是心灵的窗户,一个人的眼神是其心理情感的反映。炯炯有神的眼神能拨动人们的心弦,无精打采的眼神会使人感到厌烦。在导游服务中,导游人员正确的眼神应是正视,即视线平行接触游客,表示理性、平等,给游客以自信、坦诚、认真、和蔼可亲之感,正视游客须特别注意,尽量看到游客的全部,至少要看游客的头部和上身,正视游客不等于盯视游客(尤其是对异性),否则会让人讨厌。导游人员的目光和眼神所要表达的整体信息应是亲切、友好的。

113. 导游人员应怎样正确使用微笑语?

微笑语,可以成为口头语沟通的"润滑剂"。微笑能使人感到亲切、真诚、坦然,最能拨动人的心弦;微笑对于树立良好的导游人员形象有着十分重要的意义。导游人员对旅游者提供服务时,一定要全心全意,不能三心二意,甚至是虚情假意,只有真心实意为客人服务才能笑的自然、笑得可爱;任何假笑、皮笑肉不笑都会引起游客的反感。为此,导游人员平时要加强自身素质的修养和提高,掌握好笑的艺术和技巧。

114. 导游人员怎样正确使用手势语?

手势语,是通过手的挥动和手指动作来表达语义和传递信息的一种态势语言。包括握手、招手和手指动作等。

(1)握手语。其语义是见面致意或迎接送别,在某种场合也表示祝贺、感谢等。导游人员接站时初次与游客见面、送站时与游客道别、祝贺游客生日、互赠礼品或引荐时一般都使用握手的方式。

(2)招手语。其表示的意思是致意、理解、再见。导游人员在与游客熟悉后,可以用招手语表示问候、致意、回答。但招手时应面带微笑。

(3)手指语。其是通过手指动作来表达语义和传递信息的一种态势语言。手指语虽然可以起到有效的信息传递和相互沟通的作用,但不同的国家、不同的民族中,由于文化传统和生活习俗的不同,同样的手指动作表示的语义可能不同,甚至相反。为此导游人员在使用手指语时一定要对游客所在国家、民族的手指语有所了解,否则容易引起误会和尴尬。

115. 导游人员应怎样正确使用姿态语?

姿态语,是在某一场合中以身体的静态姿势传递信息。良好的姿态是做好旅游接待和导游讲解的重要条件之一。导游人员的举止、姿态、仪表、风度是导游人员内在修养和情操的外在表现。它可以直接影响导游效果。导游人员的举止姿态既要符合导游人员自身的生理特点、身份和性格特征,又要适合导游讲解内容、场合和气氛。男性导游人员应有阳刚之美,女性导游应该亭亭玉立彰显温柔之美。任何粗鲁举止、不雅姿态都会给游客带来不好的印象。为此,导游人员一定要通过长期修养、实践锻炼才能做到站有站相、坐有坐姿、一举一动、一音一笑文雅潇洒、和谐优美。

116. 怎样体现导游语言的美学特征?

(1)从语言的规范性方面。

(2)从语言的适应性方面。

(3)从语言的情感性方面。

(4)从语言的道德性方面。

117. 语言的规范性有什么基本要求?

导游语言的规范性有两个基本要求:

(1)不生造词语。不说(译)错字,错句,词语没有歧义、混乱现象。这是导游语言规范性的最低要求。但是,有的导游人员在所用的语言中却存在着一些不规范的问题,如,词句不精确、语法逻辑混乱等等。这样既不利于信息传递、情感交流,也不能给人以美感。

(2)在并存的多种语言表现形式中选择最准确、最具有表现力的一种。这是导游语言规范性的最高要求。例如,一位导游人员带领国外旅游者参观一家农舍,主人对宾客说:"你们大老远来到这里,我们表示欢迎,也很高兴。"这句话很实在,但表现不够。于是导游人员在翻译时采取了意译的方法:"中国有句古话说:'有朋自远方来,不亦乐乎',我们全家正是怀着这种心情来欢迎大家的光临。"其效果比原话要美得多。

118. 从哪些方面体现语言的适应性?

导游语言必须适应一定的导游服务对象和一定的语言环境。所谓适应导游服务对象:

(1)要适应导游服务对象的语言习惯。比如,日本人一般对议员、医生、教师等人才称"先生",但有的导游人员为了表示尊敬,对日本旅游者中的青年职员、大学生也称"先生",使他们感到很尴尬。"美好"的称呼语却不能使人得到美的感受。

(2)要适应导游服务对象的接受能力,尤其是外国旅游者。由于民族文化及其思维方式的差异性,对异国异乡的许多事物他们一下子是难以理解和接受的。例如,有位美国旅游者夸赞一位导游人员的英语讲得好,这位导游人员十分谦虚地说:"No,No! 还差得远呢!"弄得这位美国人大为不悦,我夸你,你得谢谢我才是,怎么"No,No"呢? 谦虚是东方人的美德,但美国人却并不这么认为。

(3)导游语言还要适应一定的语言环境。比如,一位导游人员在游客准备用餐时,大谈明天的日程安排,并一五一十地介绍该游览项目是如何如何精彩。时间一长,游客就厌烦了,因为这位导游人员所讲的与当时的环境不相适应,所以就不能给人以美感。

119. 从哪些方面体现语言的情感性?

(1)导游人员要具有情感控制与调节的能力,一进入工作状态,就应激发自己的情感,使自己处于愉快而冷静的心境之中。这样才能油然产生尊重客人的情感和情绪。也就是说,导游人员要尽快地进入角色。

(2)语言的表达问题。一般在讲解和在与客人谈话时要做到轻、和、慢三结合,并适当配合态势语言。这样才可显现出导游人员的温文尔雅和对客人的友善。

120. 导游语言的道德原则是什么？

导游语言要符合一定的道德原则。导游语言的情感表达应具有一定的严肃性，要使人感到说话人的端庄大方、诚挚友善，在热情或冷静的语态中带有几分维护自尊和尊重他人的严肃。要做到这一点，导游人员必须具有良好的职业道德。也就是说，导游人员的语言行为应受职业道德的约束，凡有悖于职业道德的话不能说。比如，一位导游人员在陪同某国旅游团时，这个团要求更改一下游览项目，这位导游人员便与司机嘀咕道："唉，真拿这些洋鬼子没办法"！恰好客人中有懂中文的，听后大为气愤。这句话对国内人调侃，也许不存在什么大的道德问题，但在这种场合、这个时候说，就是一种不友好，是缺乏良好职业道德的体现。

因此，礼貌用语、女士优先、尊老敬贤、言而有信等，都是恪守职业道德的基本原则。那种不尊重他人人格和风俗习惯的语言行为，那种与异性大开低级趣味玩笑的语言行为，那种胡编乱造、蒙骗客人的语言行为等都是不道德的。

121. 导游人员怎样为旅游者传递正确的审美信息？

（1）首先导游人员自己必须掌握一定的美学知识，对祖国、对旅游目的地的山水、文物古迹、美好事物有深刻的认识。

（2）帮助外国旅游者了解中国人的审美观和中国各类景物的审美标准。

（3）用生动形象的语言介绍中国的风光美景和名胜古迹，正确地引导游客从不同角度欣赏我国的自然风光和人文景观。

（4）为了最大限度地提高导游讲解层次，导游人员应尽量了解旅游者所在国（地区）居民的审美观和审美标准，并在导游讲解中进行比较。

122. 幽默在导游中有什么作用？

幽默在某种程度上讲是一种力量。幽默使用恰当时，能给人以信心和启发，使人乐观向上。其作用主要体现为：融洽关系、调节情绪、摆脱困境和寓教于乐。

123. 导游人员怎样为散客进行导游讲解？

（1）如果是个体旅游者可采用对话或问答形式进行导游讲解，使客人感到亲切自然。

（2）游览前，就游览路线向客人提供合理化建议，但须尊重游客的自主决定。

（3）提醒游客上车时间、地点和车型、车号。

（4）如果是散客小包价旅游团，则可陪同旅游团去游览讲解，并随时回答客人的提问。

（5）陪同散客游览时要注意观察游客的动向和周围情况，以防发生走失或意外事故。

124. 调节情绪的作用体现在什么地方？

在导游过程中，导游人员如果把幽默作为一种兴奋剂，那么旅游者低落、冷淡、不安的情绪就会得到有效的调节。例如，一架客机失事后的第二天，一批旅游者将飞往那架飞机失事的所在地。对此，客人们都有一种恐惧、不安的情绪。候机时，大家都沉默寡言。这时，导游人员微笑着对大家说："请各位放心。我是大家的'护身符'，今天陪大家一同前往，保证一切顺利。请允许我在此向大家透露一个信息，我干了十多年导游，坐过几十次飞机，还没有一次从天而降的经历。"客人们一听，都笑了。可见，幽默而机智的宽慰，比生硬、笨拙的劝说更有效得多，一下就使客人增添了精神力量。

在导游讲解时，幽默还能增添游兴。如，一位导游人员在陪同一批美国旅游者游长江三峡，在介绍神女峰时幽默地说："瞧，那就是神女峰。神女一般来说是羞于见外国人的，尤其是美国人。今天，她被各位朋友真诚的向往和纯洁的友谊所感动，特意现身与大家见面。上帝保佑，你们真幸运啊！"客人都高兴得跳了起来。

125. 为什么使用幽默可以帮助摆脱困境？

在导游过程中，导游人员难免会遇到一些令人局促、尴尬的窘境。如果随机应变，恰到好处地说出带幽默意味的话，就会解脱困境，得到轻松、欢乐。例如，一个旅游团队要回国了，在道别时，他们请陪同的导游人员讲话。导游人员表示只讲两句，可一下讲了十来分钟。一位客人半开玩笑地说："先生，你说只讲两句，怎么讲了这么多？"一时，宾主都颇尴尬。但这时，导游人员反应很快，他笑着说："开头一句，结尾一句，中间忽略不计，一共不是两句吗？"幽默、机智的"滑头"话，把自己从困境中解脱出来，客人们也都笑了。

126. 为什么使用幽默能起到寓教于乐的作用？

获得知识，受到教益，这是游客较普遍的旅游愿望。在导游过程中，导游人员用幽默的语言进行讲解，则能起到寓教于乐的作用。例如，一位导游人员在带一批旅游者去八达岭途中，见到京张铁路上有一个火车头在缓慢地上坡，于是这位导游人员讲道："……请看这台蒸汽机车，只有脑袋，没有身子，喘着粗气，爬坡十分吃力。可见此处坡度之大，当年修建铁路工程之难。这条京张铁路是中国人以自己的力量于1905年修建的第一条铁路。如今它已直达阿姆斯特丹，途经乌兰巴托、莫斯科、华沙、柏林，横穿欧亚大陆，可以说是世界上最长的铁路之一了。正前方山腰有一条白线，那就是万里长城，美国宇航员说，从月球上用肉眼可以看到中国的万里长城。请大家先仔细确认一下，以便将来上月球旅行时，能够很快找到长城。"这位导游人员并不是对旅游者进行"那是什么"的说教，而是运用幽默、风趣的语言进行讲解，使旅游者在会意的微笑中自然产生联想，意会导游人员的真正目的，从而愉快地接受他的意见。

127. 导游人员在语言表达方面应特别注意避免什么问题？

（1）词汇贫乏、讲解单调枯燥，令人生厌。

（2）语法错误过多。

（3）怪腔怪调，让人听了别扭。

（4）语言不流畅、不连贯，让人听得难受。

（5）乱用词汇，生造句子。

128. 导游语言按其表达形式可分为哪几类？

（1）口语。口语是以听和说为主要表达形式的语言，是导游人员在为旅游者提供服务中主要运用的语言形式。导游人员的口语表达形式主要可分为独白和对话两种。

（2）书面语。书面语，是一种文学符号形式。在导游服务中，导游人员虽然主要是以口语形式向旅游者提供导游讲解服务，但导游人员解说服务的基础仍需倚重于书面语（书面导游词、各类文学作品、研究报告、科技文章等）。书面语可分为说明体和散文体两大类。

（3）类语言。类语言，也就是态势语言，是以人的姿态、表情和动作等来表示一定语义和进行信息传递的无声语言。态势语言又称体态语言、人体语言或动作语言。虽然它是一种伴随性语言或辅助性语言,然而它也是导游语言中一个不可或缺的组成部分,有时还会起到口头语言不可替代的作用,对于导游人员同旅游者之间的信息传递和情感交流大有帮助。

(4)副语言。副语言,是一种有声而无固定语意的语言,一般包括两大部分:

①声音要素。主要涉及音强、音长、音高和音色等。

②功能性发声。主要包括掌声、笑声、叹息等。

129. 在导游讲解中怎样控制音量?

音量,是指说话时声音的强弱程度。导游人员在导游讲解或同游客讲话时,要善于控制自己声音的强弱,既不能过高,也不能过低。一般说来,导游人员在控制声音强弱时要遵循两个原则:

(1)根据游客人数的多少和旅游地周边的环境来调节音量。游客人数多时,导游人员应适当调高音量,反之则调低音量,音量大小应以每位游客能听清为宜。为了使每位游客都能听得清楚,除须音量掌握适度外,导游人员所站的位置也很重要。导游人员应面向游客,站在半弧形游客的圆心位置上。这样导游人员的声音可直达每位游客。旅游地周边环境应视其是室内还是室外、环境嘈杂还是相对宁静的地方,在室外或嘈杂的环境中,导游人员的声音应适当放大,反之在室内或环境相对宁静的地方声音可适当放低一些。

(2)根据导游讲解和言谈的内容来调节音量。对于一些重要的内容,关键词语或要予以强调的信息,导游人员要加重音量,以加深游客对这些信息的印象、感受和理解。有时,为了强调,除须加重音量外,还要拖长音节或一字一顿地慢慢说出。

130. 导游人员应怎样正确使用首语?

首语是通过头部活动来表达语义和传递信息的一种态势语言。它分为点头和摇头。点头的含义很多,可以表示肯定、同意、承认、认可、满意、理解、顺从、感谢等,而摇头则表示否定、不同意、不满意、不承认、不理解等。世界上大多数国家包括我国以点头表示肯定,而以摇头表示否定,但也有一些国家或民族不是这样,如印度,同意对方意见时,把头向左摇动,以表示肯定,而不同意时则用点头来表示。

131. 导游人员使用态势语言时应注意什么？

导游人员在运用态势语言时，一要恰当，符合游客的民族文化和生活习俗；二要自然，不要矫揉造作；三要把几种语言结合起来运用，以增强语义、强化信息的传递。与此同时，导游人员还应注意克服不良的下意识动作，如，耸肩、抓头、左右摇摆、手舞足蹈等一些无意义而又会分散游客注意力甚至有损语言传播效果的习惯。优秀的导游人员要努力使自己的每一个动作，如，每一次点头及身体的转动等，与口头语言和谐地融为一体，从而使导游语言更具张力。

132. 导游语言的美感在导游人员的实际运用中具体表现在哪些方面？

（1）描述性语言用词要"华丽"。
（2）叙述性语言要流畅。
（3）质疑方式要得体。
（4）说话的语气要亲切。
（5）主题升华。

133. 描述性语言用词"华丽"时须注意什么？

导游人员在讲解中，要通过对具有形象、传神、鲜明、生动等表达效果的语言材料的锤炼，使导游语言在语音、语意、词语、句式等方面表现出独特的艺术魅力，给旅游者以极大的美感享受。

134. 叙述性语言流畅时须注意什么？

导游在讲解说明中，除介绍相关科学知识、历史文化等规范性知识外，还可以穿插一些相关的神话传说、民间故事、历史典故及风土人情等，以使整个导游讲解达到流畅自如、亲切动人、引人入胜的表达效果。

135. 导游语言"现场性"特点包含哪些内容？

导游语言最集中发挥的场合是在景区（点）的实讲阶段，因此，在导游语言中出现了许多与其他行业用语不同的语言词汇和语言形式。归纳起来主要有表现现场的词汇（如，现在、今天、刚才、这里）；现场引导语（如，各位请看、我陪大家……各位随我来、请大家猜一猜）；现场操作提示语（如，曾经、原来、据说、传说等）和面对面的设问语（你觉得怎样？你同意这种讲法吗？这样做对吗？）

136. 怎样才能体现导游语言的准确性?

(1)首先要秉承科学的态度。导游人员要牢记导游服务的基本原则,增强责任心,讲解的词语必须以事实为依据,准确反映客观事实,认真对待语言中的每一个词语,使之符合语境并贴切地反映客观实际。实事求是地用恰当的语言表达正确的内容。

(2)牢牢掌握所叙事物的相关知识。只有牢牢掌握了相关的知识,才能做到侃侃而谈,语言才能流畅、优美。

(3)准确地运用词造句。搭配词组,这是导游语言运用的关键。

137. 导游语言运用"灵活"时应注意哪些问题?

(1)必须考虑时间、地点和环境。

(2)要根据不同的对象和时空条件进行导游讲解,注意因人而异、因地而异。

(3)导游讲解时要适应不同游客的文化修养和审美情趣,满足他们不同层次的审美要求。

(4)注意语言的品位,要谨慎、规范;对初游者要热情洋溢;对年老者,力求简洁从容;对青年要活泼流畅;对文化水平低者,要力求通俗易懂。

138. 在导游讲解中怎样运用汉语的四种语调?

汉语的语调主要有平调、升调、曲调、降调四种。

(1)平调句末音节拖平延长,多表达平静、严肃或者冷淡的感情,也可以在表示不明确的意见或是沉思时使用,说明、叙述时多使用平调。

(2)升调多是末字语调上扬,一般在情绪比较激动、惊讶、愤怒、疑惑、等待回答、暂停待续等情况下使用,一般的疑问、号召或者感召都采用升调表达。

(3)曲调不一定是句末音节,可以把需要的任何一个音节加强、拖长,多在情绪激动、表达委婉、含蓄或者犹豫不决或者更加复杂的感情时使用。

(4)降调末尾的音节短而低,多在情绪稳定或平淡、沉重或坚决、肯定等情况下使用。

在导游交际的过程中,我们有时候用一种语调表情达意,有时候也可以使用各种语调循环往复交错出现,使表达产生抑扬顿挫的美感。

139. 幽默导游语言运用有几种主要方法？

语义交叉法、正题曲解法、移花接木法、模拟套用法、借题发挥法、故意套饰法、颠倒语句法、一语双关法和自我嘲解法等9种。

140. 怎样讲解才可称之为"特色讲解"？

(1) 要给旅游者以实实在在的知识。导游人员讲解内容一般分为两大类：

① 直观事物。即具体看得见摸得着的，如，自然景观和文人景观（此类讲解以直观事物为主）。

② 非直观事物。即看不到摸不着的，但听后能够想象得到的实体事物，如，传说故事、逸闻趣事等（此类讲解以想象得到的事物为主）。

(2) 导游讲解时要进入角色。导游人员带领旅游者到景点后，要立刻进入角色，讲解要起到画龙点睛和答疑解疑作用，同时要配合手势动作、神态表情和声调，努力创造出妙趣横生、引人入胜和情景交融的效果来。

(3) 讲解要尊重史实、尊重科学、讲究艺术，要有自己的特点。尊重史实，是导游讲解的基本要求，也是规范化讲解的具体体现；尊重科学，是指导游讲解要有根有据、准确无误；讲究艺术，就是通过导游讲解能吸引旅游者，给旅游者以美的享受和知识；要有自己的特点，就是要紧跟时代脉搏，不要"陈词老调"、"老黄历"、"过时货"，要有自己的创新。

141. 特色讲解的关键体现在哪几个方面？

(1) 坚持正确、清楚的讲解原则。

(2) 牢牢把握特色讲解的标志是生动、鲜明。

(3) 要充分体现出含蓄、幽默的讲解艺术。

142. 怎样才能做到"言之生动"？

在古今中外的知识宝库中，有许多成语、谚语、寓言、典故、诗歌、神话、故事及富有哲理性的语言等。它们都具有生动性的特点，导游人员可从中吸取丰富的营养使导游语言生动有趣，激发起旅游者浓厚的旅游兴趣。导游人员也可以从游客中学习生动的语言。如一位美国人所说："中国如此广大、美丽，再好的相机、再多的胶卷也不会够用。我认为最好的相机是自己的一双明快的眼睛，用不完的胶卷是自己的头脑，只有他们才能从这儿带走真正完美的记忆。"当一位导游人员遇到照相入迷的旅游者延误团队的时间安排时,可以引用这段生动而富有诗意的语言从而收到良好的效果。导游语言的生动性还表现在手势、动作、表情与语言的和谐并用上,以引起旅游者的注意。

143. 怎样才能做到"言之友好"?

导游人员是"友谊的建筑师",在语言的用词、声调、表情上,都应表现出友好的情感,如,"认识大家我很高兴"、"欢迎大家到中国来"。友好的语言起着温暖旅游者身心的作用,尤其是更能让那些远离家乡的旅游者感到亲切,产生缩短导游人员与旅游者心理距离,强化服务效果的作用。

144. 怎样才能做到"言之文雅"?

礼貌是文雅的属性之一,善良是文雅的内涵之一,恭敬他人才能出文雅,文雅是一种正规语言,故有"雅言"之说,导游人员的"雅言"正是以上几方面的体现。

145. 什么叫幽默导游语言的"语义交叉法"?

语义交叉法,就是用巧妙的比喻、比拟等手法使表面意义同他所暗示的带有一定双关性的内在意义构成交叉,使人在领悟真正含义后发出会心的微笑。

146. 什么叫幽默导游语言的"正题曲解法"?

正题曲解,就是以一种轻松、调侃的态度,对一个问题故意进行主观臆断或歪曲的解释。

147. 什么叫幽默导游语言的"移花接木法"?

移花接木,就是把某种场合中显得十分自然的词语移至另一种迥然不同的场合中,使之与新环境构成超过正常设想和合理预想的种种矛盾,从而产生幽默效果。

148. 什么叫幽默导游语言的"模拟套用法"?

仿拟套用,是指将现成的词语改动个别词或字,制造一种新的词语,以造成不协调的矛盾。

149. 什么叫幽默导游语言的"故意套饰法"？

故意套饰，是指以事实为基础，为了抒发情意，故意言过其实，使人得到鲜明的印象，而又感到亲切。

150. 什么叫幽默导游语言的"借题发挥法"？

为了活跃气氛，增加情趣，故意借题发挥把正经话说成俏皮话。

151. 什么叫幽默导游语言的"颠倒语句法"？

颠倒语句，是针对游客熟悉的某句格言、口号、定理或概念，用词序颠倒的反常手法创造出耐人寻味的幽默意味。

152. 什么叫幽默导游语言的"一语双关法"？

一语双关，就是利用词不达意的谐音和多义性条件，有意使话语造成双重意义，使字面含义和实际含义产生不谐调。双关又分谐音双关和语义双关。谐音双关，是利用词语的同音或近音条件构成言语的多义性（本义和转义），使语句所表达的内容出现一两种不同的解释，彼此之间产生双关。

153. 什么叫幽默导游语言的"自我解嘲法"？

自我解嘲，是指在遇到无可奈何的情况时，以乐观的态度进行自我解嘲使人获得精神上的满足。

154. 导游讲解时为什么要注意语言上的"停顿"？

停顿，是指语音的间歇或暂时性中断。这里的停顿是根据说话内容的要求所作的停顿，而不是说话时的自然换气。其作用是：

(1)能突出说话时的节奏感，使说话节奏抑扬顿挫。
(2)能更充分地强化感情表达。
(3)能更好地吸引旅游者。

导游讲解中，必要的适当的停顿，不仅会使语言更加优美，而且有助于提高导游讲解效果。

155. 体现导游语言的逻辑性应注意哪些方面？

导游语言必须符合逻辑思维的规律，保持语言的逻辑性。导游人员须正确运用形式逻辑,使自己的思维处于正确的、前后一致的、有条理的状态。语言表达要连贯,并保持首尾呼应、表达有序,应根据思维逻辑,把每次要讲解的内容排序;分清楚先讲、后讲的内容,做到层层递进、条理清楚、脉络清晰。

156. 从说话的习惯方面停顿可分为哪几种?

从说话的习惯方面停顿可分语义停顿、暗示省略停顿、等待反应停顿和强调语气停顿四种。

157. 强调语义停顿的作用是什么?

强调语义停顿,是指说话时说到重要的地方,为加深听众内心印象所作的停顿。导游人员讲解到精彩处,故意把问题打住,然后带领旅游者参观,使旅游者在游览过程中联系这个谜底进行思索,这样能牢牢地吸引旅游者以达到最佳导游讲解效果。

158. 暗示省略停顿的作用是什么?

暗示省略停顿,是说话人不明确表示意思,而用含蓄的语言或示意的举动让人领会的停顿。其作用是导游人员不对所讲的内容直接表示肯定或否定,而采用停顿的方法,让旅游者自己作出判断。这样可促使旅游者互动,活跃气氛,给旅游者留下更深的印象。

159. 等待反应停顿的作用是什么?

等待反应停顿,是说话到关键之处有意停顿下来,以激起旅游者反应的停顿。这种停顿有时采用提问式。其作用是看旅游者惊疑、不可思议的表情,这样可以进一步加深旅游者对景点的印象。

第四章　导游人员的带团技能

1. 规范化导游服务应遵循的标准有哪些？
（1）《导游服务规范》（GB/T 15971—2010）国家标准。
（2）《旅行社国内旅游服务质量要求》行业标准。
（3）《导游人员管理条例》。
（4）《导游人员管理条例实施办法》。
（5）《旅行社出境旅游服务质量》。
（6）《旅游景区讲解服务规范》（LB/T 014-2011）。
（7）《旅行社服务通则》（LB/T 008-2011）。

2. 导游服务的基本原则是什么？
（1）"宾客至上"原则。
（2）为大家服务原则。
（3）"服务至上"原则。
（4）"维护旅游者合法权益"原则。
（5）"合理而可能"原则。

3. 导游服务的特点是什么？
（1）独立性强。
（2）脑体高度结合。
（3）知识性强和复杂多变。

4. 导游服务的性质是什么？
（1）社会性。
（2）文化性。
（3）服务性。

(4) 经济性。

(5) 涉外性。

5. 导游服务的发展趋势是什么？

(1) 导游内容的高知识化。

(2) 导游手段的高科技化。

(3) 导游方法的多样化。

(4) 导游服务方式的更加人性化。

6. 什么叫规范化的导游服务？

规范化导游服务，又称标准化服务，是指导游人员严格按照国家和行业主管部门制定的统一标准，按时、按质、按量提供导游服务。

7. 怎样为旅游者提供个性化服务？

现在的旅游者已经不再满足于一般的规范化服务。他们的特殊要求是否能得到特殊照顾，往往成为他们衡量导游服务质量高低好坏的标准。为此，导游人员要心中有旅游者，应从客人的言谈举止、好恶爱憎、兴趣所在中细心揣摩客人的心情与期待，察觉客人的失望与不悦，并根据条件力所能及地予以满足，对他们的问题尽力协助解决。

8. 为旅游者提供个性化服务时须注意什么？

在对团队中个别有困难的旅游者提供个性化服务时，须注意避免其他旅游者产生误会、矛盾或负面影响。首先对团队中所有的旅游者要一视同仁，同样关心，绝对不能依照个人感情行事、厚此薄彼，尽量做到让其他旅游者感到此举合情合理、尽如人意等，而受到其他旅游者的称赞。

9. 旅游服务集体中协作共事的原则是什么？

旅游服务集体，一般是由海外领队、旅游团全陪和旅游目的地地陪构成。他们工作的好坏是旅游接待质量高低的决定性因素。为确保服务质量和旅游活动的正常进行，全陪、地陪与领队之间应建立起良好的协作关系，其原则是：

(1) 主动争取各方面的配合。

(2) 尊重各方的权限和利益。

(3)建立友情关系。

(4)彼此要尊重、相互学习、勇担责任。

10. 怎样做好旅游者的"安慰"工作？

导游人员带团过程中的不顺利，旅游者心中的不悦，都需要导游人员以极大的耐心和热情去"安慰"，帮助自己的服务对象。"安慰"不仅能解脱旅游者的心理负担，而且也是治疗心灵创伤的良药。它能促使旅游者迅速恢复"元气"；又能给人一种努力向上的动力，因此，学会做安慰工作、讲究一些语言艺术对导游人员来说十分必要。

(1)首先导游人员要有一颗爱心和一片真诚。这样才能给旅游者以真正的温暖和希望。

(2)安慰工作要有热情，要讲究艺术，切忌装出一副怜悯的样子，更不应简单地应付和随口说上几句寒暄话。

11. 与旅游者交往中，采用"婉言"时应注意哪些问题？

英国语言教授查弗里说："婉言就是通过一定的措词，把原来令人不悦或比较粗俗的事情说得听上去比较得体、比较文雅。"旅途生活中，导游人员常有一些因环境、地点等许多原因造成不便说或者不可直说的情况，此时，导游人员使用"婉言"可以起到多方面的微妙作用，能使旅游活动较为顺利地进行下去。运用"婉言"时应重言轻说，意在修饰，尤其要注意：

(1)"婉言"运用须合适、恰当。

(2)要充分尊重游客或对方。

(3)婉言要建立在健康、文明和积极向上的基础上，而不是利用婉言去讽刺、挖苦对方。

(4)运用婉言的同时要学会语气委婉。

12. 与旅游者交往中，为什么要重视"道歉"？

古人云："行孰能无过，言孰能无失。"带团过程中，由于接触面广，人际关系复杂，工作节奏快，各种突如其来的事常有发生，为此，导游人员难免不说错话和不做错事。但只要不是原则性的问题，导游人员就应该主动地、真心诚意地向旅游者"道歉"。这不仅可以得到旅游者的谅解，顺利完成各种旅游活动，而且也是导游人员职业道德高尚的体现。

真诚而及时的道歉,可以产生如下积极作用:

(1)化解矛盾,争取原谅。

(2)化解矛盾,争取帮助。

(3)化解矛盾,争取理解。

(4)化解矛盾,争取合作。

13. 如何做才能收到道歉的最佳效果?

(1)导游人员道歉时必须光明磊落、坦诚相见。遇见当事人不必躲躲藏藏,觉得丢脸面。该怎样就怎样。

(2)应把道歉视为与旅游者进行情感交流的纽带,视作是一种工作方法和技巧艺术,这样才能把带领旅游团队的工作做得更好。

(3)真诚道歉时除诚恳的语言表达外,还可运用体态语向旅游者微笑鞠躬、敬礼,做个道歉的手势,也可以写个短信,一张纸条或赠送一束鲜花等。

14. 与旅游者交往,导游人员怎样才能把话"说"好?

俗话说,"话说得好,使人笑;话说不好,使人跳",随着我国旅游业的快速发展,旅游者的旅游意识越来越强,旅游经验越来越丰富。因而,导游语言也越来越显示出它在带团效果上的重要性。从某种意义上说,导游人员带团成功是语言运用的成功。导游人员要把话"说"好。

(1)首先要以情动人,要求导游人员把自己的情感融化于讲解之中,并能充分地表达出来,使情、景交织在一起,最终引起旅游者的联想与共鸣。

(2)导游人员在说话时还要情真意切。这样做,可以使旅游者与自己产生感情,使之成为自己的知心朋友。

15. 怎样与旅游者寒暄?

寒暄,是导游人员与旅游者交往的一种方式。它不仅能使导游人员与旅游者交流感情,又能彼此沟通思想,更能创造出和谐、融洽的氛围。导游人员在与旅游者寒暄过程中:

(1)要迅速表现出"见到你真高兴"的感觉,同时把握好话题,使旅游者在同你寒暄的短短数秒钟里留下一个美好的印象。

(2)要把握一个"度"字,讲究一个"衡"字,既不要过分热情,让人受不了,也不要故作高雅让人难以接近,同时要避免陷入俗套的虚伪寒暄,切忌"表情过剩"。

16. "对症下药法"应注意哪些问题？

(1) 要区别对待不同类型的旅游者。旅游者的类型大致上可分为：急性子型、慢性子型、老好人型、难伺候型、嘲弄型、傲慢型、散漫型、猜疑型、啰唆型和腼腆寡言型等。

(2) 真正树立起"游客第一"、"服务第一"的思想，力求满足游客合理而可能的需求。

17. 什么叫"拟人比喻法"，以此法带团能起到什么作用？

"拟人比喻法"，把不属人的事、物比做人，通过恰当的比喻，赋予这些事、物于人的思想感情和行为，使之形象鲜明动人、通俗易懂，产生风趣和幽默感。其作用是：

(1) 能创造出旅游团的活跃和谐气氛，引出旅游者的丰富想象力，从中获得启发和知识。

(2) 运用此法可以较为婉转地对团队旅游过程中那些不尽如人意的方面进行疏导，从而取得旅游者的谅解，化解消极和不满情绪。

(3) 拟人比喻法通过导游人员的恰当比喻、夸张、寓意和象征等，含蓄地揭露和批评生活中丑陋和不通情理的事物和现象，使游客在轻松和微笑中受到启迪。

18. 什么是"故意示错法"，其作用在哪儿？

导游人员为了创造出一种轻松愉快的带团效果，打破初始陌生、紧张的团队气氛，有意把景点的内容讲错。其作用有：

(1) 能协调旅游者的心理因素，激发旅游者的兴趣，故意示错十分幽默滑稽。

(2) 运用此法能启发旅游者进行思索，使他们在解决疑问中获得知识，在纠正"错误"中增长知识。

(3) 运用此法能激发游客的求知欲望及思考能力。

(4) 运用此法能检验和巩固旅游者已经获得的知识。

19. 运用"故意示错法"进行导游讲解应注意什么？

（1）不可过多地使用此法，只能在比较合适的场合偶然用之。

（2）不可在比较严肃的气氛中运用，否则会破坏整体氛围，带来不良影响，有损导游人员的形象。

（3）此法一般宜在导游人员带团中，导游讲解和交流时间比较长时运用，可以给旅游者一个小小的"刺激"，重新吸引他们的注意力。

（4）特别要注意的是，运用此法时不要有意无意地伤害旅游者的自尊心，更不可将旅游者的某些错误作为导游人员故意示错法使用，否则会引起旅游者的不满。

（5）运用此法前，须进行精心设计和安排，既要做到有难度，又要有隐蔽性和科学性。

20. 导游人员为什么要掌握"说理法"，运用此法时应注意什么？

此法的实质就是如何掌握说理的方法和诀窍。使用此法时应注意：

（1）以事实为依据。在旅途生活中，导游人员和旅游者之间都需要向对方说理，矛盾的处理和问题的解决也都离不开说理的方法。对于导游人员来说，说理不仅是为了工作，也是为了使旅游团队的旅游活动顺利进行，更是为了创造出一种欢乐愉快、令人难忘的旅途气氛。

（2）进行说理时，要互相尊重、平等待人。说理其实就是掌握互相尊重、平等待人的态度和方法。特别是被旅游者误解甚至指责时，更应注意运用说理的方法。说理时一定要注意采取"冷处理"，切不可"热处理"。

（3）要化不利因素为有利因素。导游人员在带团过程中，会碰到一些难题和窘境，最好的处理办法是："明辨事理，有理有节"，巧妙、幽默地"及时改变窘境"，必要时可以采用"合理冲撞"的办法予以回敬，面对个别旅游者抓住一些旅游缺陷，提出十分苛刻的要求时，甚至还可以采用"假痴假呆、装聋作哑"的方法不要让矛盾激化。

21. 导游人员带团时为什么要使用"弥补缺陷法"？

"弥补缺陷法"，是带团过程中，旅游者应得到的服务出现偏差或不到位，导游人员通过努力与各接待部门积极配合，把旅游服务缺陷降到最低限度或比较妥善地解决旅游者投诉问题的一种带团技巧。旅游服务缺陷一般分为：

一般缺陷、轻度缺陷和重大缺陷三种不同程度的缺陷。

22. 把握"全局法"应注意哪几个方面？

(1) 充分认识游客在体质上存在的差异。

(2) 正确处理多数旅游者与少数旅游者的利益关系问题。

(3) 处理好领队与"群头"的关系。

(4) 灵活机动地搭配活动内容。

(5) 重视注意事项的交代。

(6) 灵活掌握，排除干扰。

23. 合理搭配游览活动内容的具体做法有哪些？

(1) 掌握游览中的一般规律，即"有张有弛，先张后弛"、"旅速游缓"、"先远后近"、"先高后低"。

(2) 把握好内容搭配上的艺术处理，游览景点安排要避免雷同；游览要与购物、娱乐相结合。

24. 旅游者产生干扰的原因有哪些？

(1) 导游讲解内容缺乏针对性。

(2) 导游人员讲得太多、太啰唆，客人感到厌倦。

(3) 导游讲解水平一般，既无新意又无特色，且语音、语调、语气没有变化。

(4) 导游翻译的词汇不确切，游客听不懂。

(5) 游览项目安排过于紧张，没给游客留有交流的时间。

(6) 游客过于疲劳，没有精神听导游讲解等。

25. 把握"最佳控制法"应注意哪几个方面？

(1) 导游讲解要得法、精练，讲解内容一般要以短小精悍为宜，一般最佳时长应控制在15分钟左右。

(2) 控制需要随机应变，时间允许时，导游讲解要全面生动，在有限的时间内把重点部分充分地表达出来；时间紧张、景点拥挤、天气恶劣时，导游讲解应简明扼要，重点突出。

(3) 导游讲解中熟练、正确地使用"我问客答法"、"客问我答法"、"自问自答法"、"客问客答法"，保持旅游团队的活跃气氛及相互间的融洽关系。

26. 游览顺序为什么要先高后低?

所谓先高后低,是指导游人员在安排一天的游览项目时,应先安排耗费体力大的登高项目,因为旅游者在游玩第一个景点时,其精神状态及体力最为充沛。反之,一天游览过半,再安排登山活动,也许相当一部分旅游者因体力关系而无法参加活动。比如,游览北京时,通常将八达岭长城和定陵安排在一天。导游人员应在上午安排登长城,下午安排游定陵。否则,等到下午再登长城,可能有些旅游者就只能望城却步了!

27. 导游人员为什么要掌握旅途才艺?其采取的形式和方法是什么?

在旅游途中,旅游者容易产生疲劳,游兴减弱。为此,导游人员最好的办法就是通过自己的一些表演或者通过与游客一起进行有益的娱乐活动,吸引游客的注意力,增加旅游的情趣,从而使游客精神饱满地进行旅游活动。这些表演和娱乐活动必须根据导游人员的自身情况和旅游途中的具体条件而采取不同的形式和方法,也要注意游客所能接受的程度,做到恰到好处。

通常情况下,导游人员可以采取的形式和方法是:个人才艺(包括讲故事、说笑话、朗诵、歌曲演唱、舞蹈、口技、小魔术、快板、简易器乐演奏等)、娱乐游戏(包括猜谜语、绕口令、脑筋急转弯、文字接龙、接唐诗、接成语及巧用"+、-、×、÷"四则运算等)、语言技能(包括聊天,说谚语、歇后语等)。

28. 讲故事、说笑话的目的和基本要求是什么?

讲故事、说笑话是导游人员常用的导游技巧,也是导游人员是否有出色口才的一种表现。

(1)目的。通过讲好一个故事、说好一个笑话,使游客在听故事的同时,犹如身临其境,在听笑话的过程中得到精神的愉悦和放松,尤其是在长途旅行中,能使旅游团队保持团结、愉快、活跃的气氛。

(2)基本要求:

①所讲的故事、笑话内容必须是健康的、积极的。

②不得散布荒诞、迷信、恐怖甚至是反动、黄色的内容。

③不得编造或传播有关现行制度、方针、政策和国家领导人的所谓"政治笑话"。

④即使是民间的神话故事,也应该是追求光明、幸福,揭露阴暗、反动、邪

恶的内容。

⑤选材适当，短小精悍，引人入胜。

⑥讲故事、说笑话时，语速不能太快，吐字要清楚，结构要严谨。

29. 讲故事、说笑话时应注意什么？

（1）十分熟悉故事的内容和情节，使每个细节都能用流利的语言予以描述。

（2）讲故事要融入自己的情感，只有自己被故事所感动，才能让游客感动。

（3）对故事内容和情节还要作适当的编排，设计一些伏笔或制造一些悬念，可以穿插一些与游客的问答，这样可以有效地引起游客的注意力。

30. 怎样引导旅游者进行静态与动态观赏？

风景既有静态，也有动态。而一切美好的事物，又往往处于动与静的交织之中。所以静态观赏与动态观赏中的动与静是相对而言的。静态观赏，是指在一定空间中站在一定的驻足点上，有选择地观赏风景。这种观赏形式时间长、感受深，旅游者可以在静观中获得特殊的体验和感悟，得到更多美的享受；动态观赏，是指旅游者在游览过程中徒步、乘车或乘船，沿着一定的风景线路移动观赏，在移动过程中欣赏不同的景观。旅游者身心投入于风景之中，步移景异，获得空间进程的流动美。

当旅游者观赏景物时，何时静观，何时动观，导游人员应根据具体的景观和时空条件，灵活运用以上两种方法，使旅游者获得最佳的观赏效果。

31. 怎样引导旅游者立于最佳的空间观赏距离？

距离是一种审美原理。在审美活动中审美主体需要与审美对象保持一定的距离才能产生美。这种距离，主要指空间距离和心理距离。

空间距离，是指人与物之间间隔的远近、长短。距离选择得恰当与否，对景观的观赏效果具有较大的影响。有的景观近距离观赏效果非常好，而有的景观却只适合于远距离观赏，比如，三峡胜景神女峰，从长江游轮上远距离观看，看到的是一座亭亭玉立的中国美女像，令人遐思万千；但是如果用望远镜拉近距离观赏神女峰，则看到的只是一堆石头，难以使人产生美感。所以，空间距离适当，可以使人观赏到景物最完美的形象而忽略其琐碎、细微处的影响。

32. 观赏美景除掌握空间距离外为什么还要考虑心理距离?

心理距离,是指人与物之间暂时建立的一种相对纯然的审美关系。导游人员应提醒旅游者,在旅游活动中暂时切断与紧张、烦琐的日常生活及工作的关系,暂时摆脱烦恼和不愉快的心情,用超然、客观的态度,在心理上与现实保持一定距离,进入真正的审美意境。而一个人如果不能超然物外,摆脱平日生活中的烦心与操劳,在心理上仍然不能与现实生活拉开距离,就不可能在旅游审美活动中获得美感。

33. 怎样引导旅游者掌握观赏时机?

观赏时机,是指游览观赏过程中所要把握的季节、时间和气候等因素。光照、时令、气候影响着千变万化的大自然中的色彩美、线条美、形象美等。所有这些美,只有在一定的时机才能显现出来。如果时机把握不当,会使审美效果受到很大影响,甚至欣赏不到风景的美。比如,北京香山的红叶,只有到每年的秋季才能欣赏得到;又如,泰山之巅的日出、峨眉山的金顶佛光都是因为时光转换造成的美景;云蒸霞蔚的黄山美景、缥缈含蓄的庐山云海、阴晴各异的西湖风光则是变化莫测的气候造成的人间仙境,令人回味无穷。所以,观赏风景时一定要把握住时机。这就要求导游人员应十分熟悉景点特性并把握好观赏时机,才能帮助旅游者欣赏到美妙的景色。

34. 怎样引导旅游者掌握观赏节奏?

观赏节奏,主要是指景观的自然节奏与旅游者生理、心理节奏之间的对应状态。一般而言,只有当二者达到和谐一致的状态,才能形成节奏美。景观在空间的高低起伏、长短错落等形态变化,是景观的自然节奏;而旅游者的呼吸、动作、心跳、思想和情趣等是生理、心理节奏。旅游者的生理、心理节奏会直接影响他对景观的审美态度。旅游者外出旅游的审美目的是为了轻松愉快、获得精神上的享受,但是如果游览活动安排得过于紧张,观赏速度太快,超出了旅游者的生理和心理承受能力,就达不到上述的审美目的,给旅游者的身心健康带来不利影响,甚至会影响到旅游活动的顺利进行。

因此,导游人员在安排旅游活动时要把握合适的节奏,做到有张有弛、有急有缓、快慢相应、劳逸结合、导游结合。这就需要导游人员因人、因地、因时调整好观赏节奏,使旅游观赏节奏与人的生理、心理节奏和谐统一,使旅游者感到整个旅游过程轻松自然且充满乐趣,获得美的享受。

35. 导游人员怎样做到"言之有神"?

(1)讲解应具有科学性、知识性、趣味性和艺术性。
(2)要善于把握客人的神情变化,进行有声有色的精彩讲解。

36. 导游人员怎样做到"言之有情"?

(1)言之有情是导游人员在带团过程中难度较高的一种导游方法,要注重用情感去打动游客的心,努力创造良好的带团效果。
(2)要善于通过自己的语言、表情、神态等传情达意。

37. 导游人员怎样做到"言之有据"?

导游人员讲解必须有根有据,令人信服,不得胡编乱造、张冠李戴。

38. 导游人员怎样做到"言之有礼"?

导游讲解须言辞文雅、谦虚敬人,令游客听后赏心悦目。

39. 导游人员怎样做到"言之有喻"?

导游讲解要诙谐、幽默、风趣,使旅游团(者)气氛活跃,游兴提高。

40. 导游人员怎样做到"言之悦人"?

俄国哲学家、文学家车尔尼雪夫斯基说:"美感的主要特征是一种赏心悦目的快感。"能使旅游者赏心悦目产生心理快感的语言就是美的语言,如,导游语言的语音要强弱适度,不高不低;语调既要正确,又要富于变化,使语调听起来抑扬顿挫、悦耳动听、亲切自然;语言的速度要根据旅游者的反应和理解能力、是否有记录等具体情况来决定节奏的快慢,该快则快、该慢则慢,快慢结合、徐疾有致,有时该停要停,停顿适当。再如,不说旅游者避讳的事,当旅游者提出一些办不到的要求时,也应用幽默或婉转的语言加以扭转和修饰,不说"不"而说"让我试一试"。

41. 导游人员怎样做到"言之畅达"?

导游语言要清楚地表达旅游目的,流畅的导游语言反映在用词得当,语法正确,语音、语调、传情 3 个方面的良好协同上。

42. 怎样安排才能使参观游览活动有张有弛？

在景点游览，旅游者经常需要上下坡，虽然劳累，但可以使人获得冒险的享受。导游人员一定要注意使活动节奏与旅游者的生理与心理活动节奏合拍，才能收到好的效果。上坡时，特别是在险要之处攀登时，人的肌肉和思想都呈现紧张状态，如果持续时间长，肌肉可能出现痉挛，神经可能出现休克。特别是老弱旅游者，更容易出现这种症状，所以，爬坡宜缓，中途要有休息时间。如，参观南京中山陵时，从底下走到纪念堂前要走 392 级台阶，其中有 8 个平台。导游人员可以在这些平台上停留一段时间，为旅游者讲解孙中山先生的生平事迹、孙中山先生墨迹"天下为公"的历史背景和由来、纪念碑及其两侧的桂花树等等。这样，走一段，导游人员停下来讲一段，旅游者也得以休息一下，旅游者在走走、停停中来到纪念堂前，既不会觉得很累，又增长了不少知识。

43. 怎样安排才能使参观游览的行进速度有急有缓？

导游人员在带团游览参观过程中，既不能为了赶时间而匆匆忙忙急于赶路，也不能因时间宽裕而慢慢吞吞，把人拖得感到无聊，须缓、急有度。一般情况下，旅游活动要求行速游缓，即行路时快一些，观赏时放慢速度。至于何处该快、何处该慢、何处该停，要根据游览点的具体环境而定。这就要求导游人员要十分熟悉沿途各景点的情况及其观赏价值，让旅游者有时间拍照，还要计划好在哪里休息，让旅游者上厕所和购买纪念品。如，在游览颐和园时，当旅游者从万寿山下来后，可安排他们在长廊活动，边休息边欣赏彩画。总之，导游人员要合理安排行进速度的快、慢及中途休息，使之符合旅游者的生理和心理需要，从而令旅游者感到从容自如、轻松悠闲。

44. 从哪几个方面激发旅游者兴趣？

激发旅游者兴趣的因素主要来自两个方面：一是直观形象（如旅游景观）的作用；二是信息传递（即导游讲解）的作用。因此，要激发旅游者的兴趣，重点还是应在导游技能上下功夫。调节兴趣，一要注重方式，二要考虑对象。

45. 导游如何引导旅游者观赏美景？

（1）注重动态观赏和静态观赏相结合。

（2）选择合适的观赏距离和位置（角度）：包括空间距离和心理距离。

（3）把握良好的观赏节奏：有张有弛，劳逸结合；有急有缓，快慢相宜；导、游结合。

（4）注意恰当的观赏时机。

46. 为什么要调节旅游者的审美行为？

旅游是一种寻觅美、欣赏美、享受美的综合性审美活动。人们外出旅游是出于各种各样的目的，如，崇拜异国异地的文化，向往异国异地的风光等，但是不论出于哪一种目的的旅游，其特征都是通过观赏游览，不断地寻求娱乐和消遣，陶冶性情，愉悦身心，增长知识，增添生活乐趣，获得美的享受。所以，审美是旅游的真正动力。由于宗教信仰、社会环境的不同以及个人经历的差异，旅游者的审美习惯和审美兴趣各不相同，具有一定的差异性与多样性，所以即使观赏同一景物，不同的旅游者所获得的审美感受也会各不相同。因此，导游人员应该成为旅游者审美活动的指导者，对旅游者进行引导和帮助，使其能够自觉、全面地观赏，在较短的时间内获得最大的美的享受。为此，导游人员应注意因势利导，正确调节旅游者的审美行为。

47. 调节旅游者的审美行为一般有哪几种方法？

（1）传递正确的审美信息。

（2）激发旅游者想象思维。

（3）帮助旅游者保持最佳审美状态。

48. 导游人员怎样做到"言之有理"？

（1）讲解的内容、景点和事物等都必须要以事实为依据，要以理服人。

（2）言之有理不仅是讲道理的"理"，另外一层含义即有理让之意。

49. 导游人员怎样做到"言之有趣"？

（1）导游人员的语言必须是生动、形象、幽默和风趣的，要使游客紧紧地以导游人员为核心，听你讲解感到是一种美好的享受和满足，另外还有一种轻松愉快之感。

（2）导游人员在制造风趣幽默时，比拟要自然、要贴切，千万不可牵强附会，这是因为不正确的比拟会伤害游客的自尊心，同时，也会对其他游客产生不良的影响甚至引起反感。

50. 导游人员怎样做到"言之有物"？

（1）导游人员的讲解内容中应该有人、物、景，而不是空洞、干涩的词汇堆积。

（2）导游人员应把讲解内容最大限度地"物化"，使所要传递的知识深深地烙在游客的脑海之中，实现观光旅游的最大价值。

51. 导游人员控制自己的音色应注意哪些问题？

音色，又叫音质，就是声音的特色。一个人音色的好坏既有先天的因素，也与后天的训练有关。一般人经过训练后，都可以使自己的音色更加纯正，达到明亮、柔和的效果。

导游的工作主要是利用有声语言为旅游者服务，所以必须要训练自己的音色，因为游客就在导游人员面前，音色太尖利，会使游客神经紧张，影响讲解气氛；音色中鼻音太多，又会给游客以无精打采的感觉，甚至会使游客厌烦，而明亮、柔和的音色则会使游客感到亲切自然、轻松融洽，容易创造和谐的交际气氛。要吸引游客的"耳朵"，首先要锻炼自己的嗓音。导游人员即使知识再丰富，但如果没有圆润动听的嗓音，游客还是会拒绝听其讲解，进而影响游客的游兴，使"旅游产品"的质量下降。

声音明亮指声音圆润、明朗、有弹性。这种声音显得自然，不做作，同时又刚柔自如，善于表达感情，使讲解声情并茂，还能因为气息长久而传得较远。说话时最忌讳的是无力的、没有弹性的、沙哑的、沉闷的声音。这种声音不但传不远，就是在近的地方听起来也很吃力，让人感觉不舒服。

52. 导游人员掌握运用"语速"应注意哪些方面？

语速，是指说话时语流速度的快慢。一般来说，导游人员的说话速度既不能过快，也不能过慢，一般以每分钟200字为宜。语速过快难以使旅游者的思维与导游人员保持同步，给旅游者留下的印象不深，甚至听后即忘；语速过慢会使旅游者感到厌烦，造成观赏时间的减少。当然导游人员的语言也不能自始至终以一种恒定不变的中速进行，这样旅游者也会感到乏味。理想中导游语速应是语速适中、时快时慢、善于变化：

（1）要根据对象调整语速，对中青年旅游者，语速可略快些，对年老者要适

当放慢些;

(2)要根据导游讲解内容而定,对重要内容,语速放慢,以便旅游者记忆,如重要景观、年代、规模、人名、旅游时间、集合地点等,而对那些不太重要的内容或众所周知的事情,语速可适当加快。

(3)要根据游览时间而定,时间紧时,语速适当加快,时间宽松时,语速可稍放慢。

53. 导游人员怎样激发旅游者的想象思维?

(1)善于将景物形体美和内在美的特征与旅游者的审美需要和美感经验结合起来,努力使导游讲解"寓景于情、借景抒情、情景交融"。

(2)导游讲解中要突出最能引起旅游者审美情趣的内容,激发他们的想象思维,促使他们与审美对象产生情感交流,达到"物我交融"、"物我同一"的境地,从而获得美的享受。

54. 如何帮助旅游者保持最佳审美状态?

审美意识是一种个人意识,不仅依赖于人的审美知识和能力,也取决于人的情感。旅游者的情绪会直接影响到他的审美心境,轻松愉快的心情有助于旅游者去寻找美、欣赏美。导游人员要向旅游者提供热情周到的服务,采用各种有效方法和手段,激发旅游者的游兴,注意调节他们的情绪,使他们的审美情绪保持在最佳状态,在旅游过程中能够始终以饱满、高涨的情绪去欣赏美、享受美。

55. 为什么要引导旅游者掌握审美方法?

旅游者即使是在观赏同一景物时,所获得的审美感受也存在着差异。有的旅游者情感与景物相交融,流连忘返,获得了极大美的享受;有的旅游者则仅仅是匆匆而过的观光客,对景物并未留下什么印象。这种审美感受的差异,除与旅游者的文化素养、审美情趣和思想情绪等因素密切相关外,还与旅游者是否掌握了观赏景物的原理与方式、方法有关。因此,导游人员还须以正确的审美方法引导旅游者,才有可能使旅游者得到美的享受。

56. 从哪些方面引导旅游者掌握审美方法?

(1)引导旅游者从景点的静态与动态中观赏。

(2)引导旅游者选择最佳观赏距离。
(3)引导旅游者把握最佳观赏时机。
(4)引导旅游者掌握观赏节奏。

57. 导游讲解中设问句的作用是什么?

导游人员在使用导游语言过程中,应巧妙、精心地使用一些设问句的形式(设问、反问、正问、奇问、疑问),以调节讲解的速度,营造一种轻松的交际气氛,同时可以使讲解中的重点、难点得到突出和强调。

58. 导游讲解语气亲切时须注意什么?

导游人员在运用导游语言过程中,要采取多种技巧使导游人员和旅游者、旅游者和观赏景物之间的心理距离尽可能地缩短。导游人员在讲解中要尽可能地了解客源地的基本情况,利用对比讲解的方式。

59. 导游讲解主题升华时须注意什么?

在运用导游语言过程中,导游人员针对游览景点,利用丰富的知识,巧妙地对讲解主题进行发掘引申、升华概括,使讲解内容主题突出、产生亮点,给旅游者以启迪,最佳效果是使旅游者产生新的文化"顿悟"。

60. 如何消除旅游者的消极情绪?

导游人员首先要了解游客产生消极情绪的主、客观因素,然后采取相应的补偿法、转移注意方法、分析法等予以消除。

导游不可不知的1000多个服务技巧

第四篇
问题处理篇

第一章　导游服务一般问题的处理

1. 中国公民出境旅游时丢失证件，领队该怎么办？

（1）请当地陪同协助在接待社开具遗失证明，再持遗失证明到当地公安机关报案，取得公安机关开具的报案证明。

（2）持当地公安机关的报案证明、遗失者照片及有关护照资料到我国驻该国使、领馆办理"中华人民共和国旅行证"。

（3）凭"中华人民共和国旅行证"，并携带必备的材料和证明，到所在国移民局办理新签证。

2. 游客要求提供送餐服务该如何处理？

（1）如果客人因身体不适原因要求送餐，导游人员应主动安排饭店免费送餐。

（2）若属其他原因，可以安排送餐，但须事先向客人说明要支付送餐费用。

3. 游客邀请导游人员到酒吧去玩该如何处理？

（1）须婉言拒绝。

（2）告诉客人外出活动要注意安全。

（3）提醒客人不要涉足不健康的场所。

4. 游客因外出自由活动而不随团用餐该如何处理？

（1）应尽量满足其要求。

（2）提醒注意安全。

（3）说明餐费不退。

5. 游客把旅行途中所有困难和麻烦都归咎于导游人员时怎么办？

（1）无论出现什么问题，无论责任在哪一方，导游人员都必须全力以赴，及时、果断、合情合理地处理、解决。

(2)地陪、全陪首先要取得一致意见,适时向领队及团中有影响的人物实事求是地说明情况,求得谅解和支持。

(3)提出可行的补救措施和弥补方案。

(4)继续为客人提供热情周到的服务,力争以实际行动满足和感动客人。

6. 游客邀请导游人员外出品尝风味该如何处理?

(1)一般情况下应婉言谢绝,免得在其他客人中留下亲疏有别的印象。

(2)若接受邀请,首先应表示谢意。

(3)在席间应注意主宾关系,以免喧宾夺主而失礼。

7. 游客要求代办托运该如何处理?

(1)若商店无托运业务,导游人员须协助游客办理托运手续。

(2)游客欲购买某一商品,但当时无货,请导游人员代为购买并托运,对游客的此类要求,一般应婉拒。

(3)实在推脱不掉时,应在旅行社指示下认真办理委托事宜,收取足够的钱款(余额事后由旅行社退还委托者),发票、委托单及托运费收据寄给委托人,旅行社保存复印件,以备查验。

8. 游客要求自由活动时间单独外出购物该如何处理?

(1)游客要求在自由活动时间单独外出购物,导游人员须尽力帮助,当好购物参谋,如,建议去哪家商场、联系出租车、写好便条等。

(2)在游客离开本地外出购物当天要提醒,以防误机(车、船)。

9. 旅游团要求自费品尝风味该如何处理?

(1)导游人员应予以协助,可由旅行社出面,也可由游客自行与有关餐厅联系订餐。

(2)风味餐订妥后旅游团又想不去,导游人员应劝他们在约定的时间前往餐厅,并说明若不去用餐须赔偿餐厅损失。

10. 游客临时提出换餐该如何处理?

(1)了解客人换餐的真实意图,然后按其真实意图处理。

(2)若是餐饮质量不达标,应要求餐厅按标准满足客人要求。

(3)要明确告知客人,除身体不适外,任何换餐费用都要自理。

11. 游客要求延长住店时间该如何处理?

(1)由于某种原因(生病、访友、改变旅游日程等)而要求中途退团的游客提出延长在本地的住店时间,可先与饭店联系,若饭店有空房,可满足其要求,但延长期内的房费由游客自付。

(2)如原住饭店没有空房,导游人员可协助联系其他饭店,房费由游客自理。

12. 游客在来华途中丢失了行李该如何处理?

(1)带领失主到机场失物处办理行李丢失手续。

(2)将该团下榻饭店的名称、电话号码、房号等告知失物处,同时记下失物处电话号码及联系人和有关航空公司办事处地址、电话号码等。

(3)行李未找到之前,应协助客人购置生活必需品。

(4)离开当地时,应帮助失主将接待社名称及电话、全程旅游线路、各地饭店名称及电话转告航空公司有关部门。

(5)若行李确系丢失,协助失主向有关航空公司索赔。

13. 游客违法行为处理的一般程序是什么?

(1)讲清道理,指出其行为的不法性质及责任。

(2)根据情节轻重报告有关部门。

(3)严重和屡教不改的,立即报告并配合司法部门查明罪责,严肃处理。

14. 游客遇同室人睡觉打鼾,要求换房该怎么办?

(1)首先应请领队在团内进行调整。

(2)调整不成时,可与饭店联系解决。

(3)若重开单间,应事先说明房费应由提出要求者自付。

15. 游客要求购买饭店房中的物品该如何处理?

(1)应积极协助与饭店有关部门联系。

(2)尽量满足游客的要求。

16. 游客想自费观看演出该如何处理？

(1) 可介绍他们到秩序好、安全有保障的剧院去。

(2) 提醒他们注意安全并协助安排好往返交通。

(3) 一切费用自理。

17. 游客要求前往不健康的娱乐场所该如何处理？

(1) 须断然拒绝。

(2) 介绍中国的传统观念和道德风貌。

(3) 严肃指出不健康的娱乐活动和不正常的夜生活在中国是被禁止和违法的。

18. 游客请导游利用自由活动时间陪同购物该如何处理？

(1) 如时间允许，又不影响为其他游客服务，可陪同前往。

(2) 若不能陪同前往，可为其写好便条，注明商店位置和欲购物品名称。

(3) 如商店较远，帮助客人叫出租车，并向司机交代有关服务事宜。

(4) 提醒客人注意安全并及时返回。

19. 如何减轻时差对人体的影响？

(1) 在飞机上应当大量喝水，不要喝含酒精的饮料，避免体内脱水。

(2) 穿宽松的衣服，以利体内血液流动。

(3) 飞行过程中尽量在机舱内多走动，舒展筋骨。

20. 台湾同胞不慎丢失了"回乡证"该如何处理？

(1) 由旅行社开具遗失证明。

(2) 协助失主持证明和照片到中国旅行社或户口管理部门或侨办申请补发一次性"中华人民共和国出入境通行证"。

21. 游客要求购买古玩或仿古艺术品该如何处理？

(1) 应带其到文物商店购买，买妥物品后要提醒其保存发票，不要将物品上的火漆印（如有的话）去掉，以便海关查验。

(2) 游客要在地摊上选购古玩，应予以劝阻，并告知中国的有关规定。

(3) 若发现个别游客有走私文物的可疑行为，须及时报告旅行社和有关部门。

22. 旅游团中有客人不愿随团活动该如何处理？

（1）如果时间许可又有可能安排，应尽量满足其要求。

（2）与司机商量，尽量为客人提供方便，或让客人坐出租车，并指点线路。

（3）提醒客人记住酒店名称、电话号码，注意安全。

（4）客人租车费用和游览门票均须自理，综合服务费中的单项服务费不予退还。

23. 原定的双人房被三人房取代，客人不愿入住该如何处理？

（1）应与酒店交涉，要求重新安排双人房，若本酒店没有，建议考虑邻近酒店。

（2）如确有困难，则向游客说明，请求谅解，退回差价。

（3）事后给予物质补偿，提供更为优质的服务让客人满意。

24. 游客发现自己买到的贵重工艺品是赝品，要求导游人员协助退货该如何处理？

（1）首先导游人员应积极协助，进行追究，不得敷衍搪塞，必要时，可向有关部门投诉。

（2）如经权威部门鉴定确系售假，根据《消费者权益保护法》第四十九条规定，应予以双倍赔偿。

25. 游客无特殊原因执意退团该如何处理？

（1）导游人员须配合领队做好说服工作，劝其继续随团旅游。

（2）针对游客提出的要求，作耐心解释。

（3）若劝说无效，游客执意要求退团，可满足其要求，但须告知其未享受旅游项目的综合服务费不予退还。

26. 游客出错，导游人员该如何处理？

（1）发现游客出错时，导游人员首先可以用手势、眼神、声调、态度等来告知游客的问题所在。

（2）在指出游客的错误时态度要善意，语气要温和。

(3)也可用一些暗示或婉转的方法示意其不对,同时加强与其接触,使游客在潜移默化中接受导游人员的观点和意见。

27. 游客要求再次前往某商店购物该如何处理?

(1)对于这种情况,导游人员应热情帮助,如有时间可陪同前往,车费由游客自理。

(2)若因故不能陪同游客前往,可为其写张便条,写清商店名称及欲购商品的名称,请其乘出租车前往。

28. 游客参观完某一景点后要留下继续参观,然后再单独返回该如何处理?

(1)从安全和团队整体计划方面考虑,劝其随团活动。

(2)劝说无效后,提醒他注意安全并按时返回下榻饭店。

(3)告知返回饭店的路线和乘车方法。

29. 游客想购买中国瓷器(礼品),但确定不了买哪种好该如何处理?

(1)应向客人如实介绍中国瓷器的品种。

(2)实事求是地协助客人进行选择。

(3)帮助客人对瓷器的质地和品牌进行鉴别。

(4)由客人作出最后的决定。

30. 游客要求导游人员组织他们到附近的海滨游泳该如何处理?

(1)耐心劝阻客人,不要到自然水域中去游泳。

(2)请示旅行社后可组织到海滨游泳场游泳,并提醒游泳者注意安全。

(3)委婉而明确地表示拒绝,并严肃指出其行为的严重后果。

31. 游客请导游人员帮助租自行车上街该如何处理?

(1)婉言拒绝,提醒其骑车上街存在安全隐患。

(2)建议其租用自行车尽可能只在庭园空旷区进行体验骑行。

(3)提醒其骑车须注意的安全事项及相关事宜等。

32. 如何接待旅游途中已多次遭遇不愉快的旅游团?

(1)详细了解该团的有关情况,做好克服困难的心理准备。

(2)积极与各接待方取得联系,在交通、住房、餐饮等各方面尽力提供超常服务,以挽回影响。

33. 游客要求去不对外开放的地方该如何处理?

(1)应婉言拒绝。

(2)必要时,提醒对方须尊重中国方面的有关规定。

34. 与游客交谈时出现忌讳问题该如何处理?

(1)在不违背大原则的前提下求同存异。

(2)尽量注意避开游客对某些话题的忌讳。

(3)采用"话题转移"的方法或借口暂时离开一会儿。

35. 游客不慎遗失交通票据该如何处理?

(1)旅游团队的交通票据一般由全陪或地陪保管,如游客临时借用一下交通票据后不慎遗失,应立即向航空港(车站、港口)票务管理部门报告,出示团体购票凭证,请求准予登机(车、船)。

(2)如果不获许可,须马上补票,费用由遗失票据的游客承担。

36. 游客在华不慎丢失了护照该如何处理?

(1)由当地接待社开具丢失护照的证明。

(2)请失主准备照片。

(3)协助失主持遗失证明到当地省级公安机关报失并申请办理新护照。

(4)协助失主持新护照到其所属国驻华使(领)馆补办入境签证手续。

(5)办证所需的一切费用由游客自理。

37. 游客在离开某城市前要求自由活动该如何处理?

在即将离开某城市之前,为了避免误机(车、船),一般应提醒游客不要自由活动,特别是需要较长时间的活动,如到热闹的地方购物,以免影响整个团队准时抵达机场(车站、码头)。

38. 游客想单独留在饭店休息而不随团活动该如何处理?

(1)了解原因,尽量劝其随团活动。

(2)如客人是因身体不适,应通知餐厅安排膳食并提供送餐服务。

(3)告知客房服务员注意照顾客人。

(4) 游览结束后,应去看望客人,以示关心。

39. 游客丢失财物该如何处理?

应急客人之所急,积极帮助失主寻找,具体做法是:

(1) 请失主回忆最后见到失物的时间、地点,问清失物的详细情况,积极帮助寻找。

(2) 请失主留下详细地址、电话,以便找到后及时归还。

(3) 若失物未能找到,由旅行社开具证明,以备失主出海关时查验或向保险公司索赔。

40. 游客在中途站下车后未能赶上火车该如何处理?

(1) 迅速与列车长联系,讲明情况,请求帮助。

(2) 将该游客的姓名、特征及该旅游团的名称、下一站的地接社名称、全陪人员姓名、入住饭店名称及电话等通知停车站,请求帮助寻找,并协助安排客人乘下趟车赶赴目的地。

(3) 若是国际游客,可请该停车站协助安排客人在该站等候,由全陪在前方停车站下车并返回接回客人。

(4) 接到客人后要表示高兴,不可过分责怪,同时做好适当提醒。

41. 外国游客请导游人员转递物品该如何处理?

(1) 原则上不予接受。

(2) 在推托不了的情况下,导游人员应详细了解情况并向旅行社领导请示,经同意后将物品和信件交旅行社有关部门转递。

42. 外籍游客委托导游人员帮助寻找在华亲人该如何处理?

(1) 导游人员可通过旅行社请当地公安户籍部门帮助寻找。

(2) 一旦有结果应及时告知游客并帮助他们取得联系。

(3) 若一时找不到,可让游客留下地址,待找到后书面通知客人。

43. 导游人员在何种情况下不宜同意游客自由活动?

(1) 旅游团即将离开本地时。

(2) 游客要去治安较乱、有危险或情况较为复杂的地方。

(3) 游客要去单独游泳、划船、登山、攀崖。

(4) 入境游客要求到不对外开放的地区、单位参观游览。

44. 外国游客要求会见中国同行洽谈业务该如何处理？

(1) 须向旅行社汇报。

(2) 在领导的指示下给予积极协助。

45. 游览途中因天气原因需要改变原定计划该如何处理？

(1) 将原因向领队和全陪说明，取得支持。

(2) 向旅游团做好解释工作，稳定游客情绪。

(3) 根据组团社和接待社的安排做好工作。

46. 旅游团领队提出增加参观景点时该如何处理？

(1) 在"合理而可能"的情况下尽量满足游客要求，但要说明增加游览景点产生的费用由提出者自己承担。

(2) 若无法满足，应详细解释，说明情况，取得谅解。

47. 外国游客要求会见在华外国人该如何处理？

(1) 不应干涉。

(2) 如果游客要求协助，导游人员可给予帮助。

(3) 若外国游客盛情邀请导游人员参加使领馆举办的活动，导游人员应先请示领导，经批准后方可前往。

48. 小贩向游客强拉强卖该如何处理？

(1) 给游客打好"预防针"，告诉游客不要上当受骗。

(2) 若游客被小商小贩缠住，导游要上前阻拦。

(3) 必要时向当地有关部门报告。

(4) 提高警惕，及时提醒游客注意安全。

49. 发现旅游团中游客与我国境内文物走私犯有联系该如何处理？

(1) 导游应严肃指出事情的严重性。

(2) 了解情况，立即向旅行社和有关部门汇报。

(3) 协助有关部门查明事实并进行处理。

(4)以适当方式将此情况向领队、全体团员进行通报。

50. 导游人员送站时发现原定的硬卧车票改变为硬座车票该如何处理?

(1)迅速与票务人员联系,弄清情况。

(2)告知全陪、领队及团中有身份或有威望者,求得谅解。

(3)请领队和其他人协助向客人解释,诚恳地向客人道歉。

(4)将车票的差额退还给客人,并给予一定的补偿。

51. 新闻或报刊记者要求随团活动该如何处理?

(1)若是以私人身份随团活动,先要征得游客同意并报告旅行社。

(2)请记者交纳入团费用,要求记者以普通游客身份随团活动,服从团队统一安排。

(3)若记者是因公随团,则要请示领导同意方可接受其入团。

52. 少数游客要求一起离团活动该如何处理?

自由活动时,导游人员应与大多数游客在一起,不可置大多数人于不顾而陪同少数人单独活动,要确保旅游计划全面贯彻实施。

53. 由于客观原因,旅游团要提前离开某地该如何处理?

(1)尽量抓紧时间,将计划内的参观游览安排完成,若有困难,应突出本地最具代表性、最具特色的旅游景点。

(2)向旅行社报告与饭店车队联系,及时办理退房、退餐、退车事宜。

(3)及时通知下一站,做好变更接待计划安排。

54. 游客对旅游安排不满,要求中途退团该怎么办?

游客要求途中退团,不管是属哪种情况,导游人员首先要问清原因,然后再作详细分析(因为游客要求中途退团的理由是很多的)。若是游客对旅游接待服务质量有意见,则导游人员须加强这方面的工作并督促各旅游接待部门提高服务质量,共同提高服务水平;若是游客对价位及期望值过高,导游人员应耐心说服并做好解释工作。若游客坚持要在中途退团,导游人员要按以下规范操作:

(1)及时向旅行社汇报,并请示该退的费用问题等。

(2)办理游客离团手续。

(3)重新安排游客返程事宜,并告之所需费用均须自理。

(4)告知游客未享受的综合服务费不予退还。

(5)将减人的信息通知各有关旅游接待部门。

(6)继续做好其他游客的思想和服务工作。

另外,有关费用问题,原则上应按旅行社的要求办理。

55. 旅游团要求向灾区捐赠款物该如何处理?

(1)首先向客人表示谢意。

(2)及时请示有关领导。

(3)帮助办理捐赠手续。

56. 如何预防游客丢失证件、钱物、行李的事故发生?

(1)每离开一地,都要提醒游客携带好随身物品。

(2)切实做好每次行李的清点、交接工作。

(3)每次游客下车后,导游人员都要提醒司机清查车内,关闭车窗、锁好车门。

57. 因特殊原因游客要提前离团该如何处理?

游客因患病、家中出事、工作急需,或其他特殊原因要求提前离开旅游团,终止旅游活动,经接待方旅行社与组团社协商后可以满足,至于未享受的综合服务费,按旅游协议书规定部分退还,或不予退还。

58. 个别游客要拜见我国宗教界著名人士该如何处理?

(1)首先了解游客要求会见我国宗教界著名人士的目的、人数。

(2)向旅行社汇报并派人与这位宗教界著名人士联系。

(3)若同意会见,可约定时间、地点并协助落实。

59. 旅游团中发现有特殊身份和地位的人该如何处理?

(1)立即向旅行社汇报,听候指示,并按照领导的意见办。

(2)不必过于张扬和显得特别殷勤。

(3)暗中给予一定关照;

（4）导游要以加倍的努力带好整个旅游团队。

60. 游客产生抱怨时该怎么办？

（1）导游人员要始终保持微笑和认真倾听的姿态，让游客把话说完。

（2）在向游客解释时须态度和气并使用柔性语言。

（3）若是游客态度强硬，导游人员要以柔克刚。

（4）如果旅游接待服务确有缺陷，应表示歉意能改正的立即予以改正。

（5）若是游客的抱怨没有道理，导游人员也须耐心劝说，切忌嘲笑和愚弄游客，更不能"针尖对麦芒"对着干。

61. 游客需要办理延长签证手续该如何处理？

（1）先到旅行社开证明。

（2）然后陪同游客持旅行社的证明、护照及集体签证到公安局外国人出入境管理处办理分离签证手续和延长手续，费用自理。

（3）离团后一切费用自理。

62. 团队旅游终结后继续留下的游客需要帮助该如何处理？

（1）协助其重新订妥航班、机票、火车票或饭店等，并向其讲明所需费用自理。

（2）如其要求继续提供导游服务或其他服务，则应与接待社另签合同。

（3）团队旅游终结后续留游客活动的一切费用自理。

63. 游客不慎丢失了身份证，而该团即将乘飞机返回原地该如何处理？

（1）由当地旅行社出具遗失证明。

（2）协助失主持证明到公安局报失并取得公安部门开具的证明。

64. 游客因"没能如愿见到在华朋友"而愤然要求中断旅游该如何处理？

（1）配合领队说服游客随团继续旅游。

（2）若接待社在该游客"会友未成"的问题上有失误之处，应设法弥补。

（3）若劝说无效，可满足其要求，但应说明未享受的综合费用按规定不能退还。

（4）帮助其办理分离签证、重订航班和办理其他相关退团手续。

(5)所有费用均由游客自理。

65. 游客向导游人员请教烧香拜佛的礼仪该如何处理?
(1)可向游客讲解一些中国汉化佛教的知识。
(2)必要时可做些拜佛的示范动作,适当解释这些礼仪的规范要求。

66. 外国游客问导游人员是否信佛教该如何处理?
(1)实事求是地说明自己是否信佛。
(2)向游客宣传我国的有关宗教政策,即宗教信仰自由。
(3)讲解中不应有意宣传、鼓励游客信教。

67. 导游人员应如何预防游客走失?
(1)做好提醒工作,请游客记住地接社名称、车号、饭店名称。
(2)提醒游客应随团活动,外出时不要走得太远,返回饭店不要太晚。
(3)做好各项工作的预报:行程、用餐时间、用餐地点、游览线路、集合时间、停车地点等。
(4)时刻与旅行者在一起,经常清点人数。
(5)游览参观时全陪、领队一般随团走在队伍后面,注意游客不要走散。
(6)导游人员的讲解要对游客有吸引力。

68. 港澳同胞不慎丢失了自己的旅行证明该如何处理?
(1)由当地旅行社出具遗失证明。
(2)请失主准备照片。
(3)协助丢失证件的港澳同胞到公安机关出入境管理部门补办一次性"中华人民共和国入出境通行证"。

69. 游客与寺院僧人发生争执时该如何处理?
(1)导游人员应既热情又有礼貌地将游客请出争吵的现场。
(2)向僧人表示歉意。
(3)向游客表示问题原因是出于自己没交代清楚寺规并再次强调说明寺院的有关规定,婉转地请游客尊重寺院僧人和寺规。

70. 游客要求延长逗留期限该如何处理？

团队旅游活动结束后，由于某种原因，游客提出不随团离开旅游地或出境，要求延长逗留期限，地陪应酌情处理。

(1) 若不需办理延长签证的，一般可满足其要求。

(2) 无特殊原因，游客要求延长签证，原则上应予婉拒。

(3) 若确有特殊原因需要留下，但须办理签证延期的，地陪应请示旅行社领导，向其提供必要的帮助。离团后一切费用自理。

71. 客人将物品遗忘在已离饭店该如何处理？

(1) 首先了解物品的型号、形状等特征，并问明物品放置的位置。

(2) 通知上一站饭店总台及接待社，请求帮助查找。

(3) 将该团在华日程活动及联系地址告知上一站地接社人员，及时转交。

(4) 如没有找到，报告旅行社领导处理。

72. 宗教旅游团要过礼拜该如何处理？

(1) 导游人员可答应先与宗教管理部门联系后予以答复。

(2) 取得宗教管理部门同意后，安排其前往指定教堂。

73. 中国公民出境旅游时丢失证件，领队该怎么办？

(1) 请当地陪同协助在接待社开具遗失证明，再持遗失证明到当地公安机构报案，取得公安机构开具的报案证明。

(2) 持当地公安机构的报案证明和遗失者照片及有关护照资料到我驻该国使、领馆办理新护照。

(3) 新护照领到后，携带必备的材料和证明到所在国移民局办理新签证。

74. 旅游团即将离站，但游客对当地的接待服务表示十分不满时该如何处理？

(1) 首先表示歉意并欢迎大家提意见。

(2) 认真听取游客的意见并做好记录。

(3) 将游客的意见和不满如实地向旅行社汇报，并把自己的看法和观点与旅行社进行交流沟通。

(4) 尽快对游客提出的意见予以反馈。

(5)将游客的意见和不满加以汇总,通知下一站接待社予以注意。

75. 台湾地区游客回到内地故乡所在地要求单独活动该如何处理?

(1)如果不影响团队整体计划,可满足要求并提供必要的帮助。

(2)提醒其带上饭店便签,不要在外过夜。

(3)记下游客要访问人员的姓名、地址和联系方式。

76. 如何做好旅游营养食品的补充?

(1)补充水分。多喝富含营养的杏仁露、椰子汁、浓缩橙汁等饮料。

(2)补充维生素。适当多吃葡萄、苹果、柑橘。

(3)补充蛋白质。争取睡前吃一些点心,如牛奶配面包、红烧鱼、炒鸡蛋等。

(4)补充精神营养,晚上适当到歌舞厅唱唱歌、跳跳舞或拍手助兴或静坐观赏,劳逸结合。

77. 怎样帮助游客减轻失眠带来的不安和烦躁?

(1)提醒游客尽量保持原有的生活习惯。

(2)提醒游客睡前不要喝茶、吸烟,注意被褥、枕头厚薄高低适度。

(3)睡前洗个温水澡。

(4)晚餐时可饮少量的酒,但不宜多次和过量。

(5)尽量保持情绪安定,肢体摆得舒适,全身肌肉放松。

(6)不时有意打哈欠,每打一次哈欠,把身体位置稍作变动,使肌肉更加放松。

(7)情况严重者建议到医院接受治疗,服用一定药物。

78. 游客与他人发生争吵该如何处理?

(1)要赶紧上前制止,最好请领队、全陪或游客一起来劝阻。

(2)在劝阻时要以正面劝说为主,同时也要给争吵者有个下台阶的理由。处理此类事情"宜粗不宜细"。

(3)此类事情处理速度要快,问题解决得差不多时就应把旅游团迅速转移,以免发生新一轮的争吵。

79. 外国游客想与中国朋友联络,请导游人员帮忙该如何处理?

(1)可根据客人提供的线索帮助其进行联系。

(2)经对方同意后协助他们会面。

(3)导游人员一般不参加会面,也没有充当翻译的义务。

80. 与旅游团同住饭店的散客希望参团活动应怎样处理?

(1)原则上应予婉拒并讲清道理。

(2)如客人坚持要跟团活动,则应征求领队和客人的意见。

(3)如领队和客人同意,则应照章收费。

81. 游客彻夜不归该如何处理?

(1)立即和领队、全陪向其他游客询问有关情况并报告旅行社,迅速组织人员寻找。

(2)必要时由旅行社通报公安部门,提供走失者的特征、出走时间等有关情况。

(3)找到后,应表示高兴,问清情况作出善意批评,但不要指责。

(4)若发现其他情况,应酌情设定相关的处理方案。

82. 部分游客在夜间玩耍以致影响他人休息该如何处理?

(1)首先好言相劝,请不要妨碍他人的休息。

(2)劝说无效则请领队协助制止。

(3)敦促闹事者向其他客人赔礼道歉。

83. 爱好摄影的游客要求单独游览以便自由拍照该如何处理?

(1)可以同意单独活动,但要讲清集合的时间、地点及游览线路。

(2)提醒其带好下榻饭店的便笺,以备紧急情况时有所帮助。

(3)提醒单独游览应注意的各类事项。

84. 如何预防游客生病住院可能发生的费用纠纷?

有些重病客人如突发脑溢血、心脏病等,经医生诊断必须留下住院治疗者,如果团员因经济困难需要旅行社先垫付其医疗费用,应请该团中病人的亲属、领队或病人自己留下凭证,以便日后索还。同时向患者或其亲属说明回程票是否自理、团体票是否有退票的可能性及患者未完成的行程部分应该如何处理,是否可以退还部分费用等。导游人员应该把这些容易引起日后经济纠纷的问题,让病人极其家属详尽了解,并形成文字签名为准,以做日后处理的凭证。

85. 对护照、签证安全事故的预防?

(1)领队一般不应替客人保管护照、签证,应交由客人自行保管,以免造成整团护照、签证遗失的局面。若因特殊情况需由领队保管,领队必须小心谨慎。

(2)领队一般只保管团员的护照、签证副本,尤其是前几天,若护照、签证遗失,根据副本即刻即能取得相关资料。

(3)应提醒团员多带些照片以备急用,若遗失了护照或签证,可缩短申办时间。

(4)让团员养成多用旅馆保险箱的习惯,以减少护照、签证的遗失率。

(5)出发之前了解旅游线路,办好相应的与进出国次数相等的签证,最好在所有进出国的签证下来后再出团,否则沿途办签证将有不少麻烦。

(6)领队应随身备有我国派驻海外相关单位地址名册,以备应急之用。

86. 住宿事故的预防?

(1)若因沿途行车延误,到达目的地超过预定的时间时,应先和饭店联系并告知将到达的时间,最好能取得所需的房号,这样就可以保障自己的房间不会被饭店误认为取消预订而卖出,特别在旅游旺季最为重要。

(2)若预定的饭店因为超额售房而无法提供房间时,导游人员应坚持要饭店兑现承诺,用同等级或更好的饭店替代。对由此而造成的团体的不便,导游人员可要求饭店给以适当的补偿,给每一团员房间送鲜花、水果以表示对造成不便的歉意,或喝免费午茶等。

87. 对旅游者越轨行为的预防?

对有预谋的旅游者,若能尽早发现可疑现象,先给以必要的提醒或警告,或许可使其知难而退。对那些不了解情况或无知的游客,应事先介绍情况或注意事项,介绍中国的有关法律,提醒他们该做什么,不该做什么。这样他们可能就不会作出越轨的行为了。

88. 游客在国外旅游时走失应怎样处理？

（1）对自由活动中单独外出的团员,应发给饭店卡片,以便万一迷路可乘车返回,但最好是提醒他们结伴而行,避免单独活动。

（2）在参观途中,一般须告知旅游者若迷路,可在原地等候,待领队沿途来寻找。

（3）若无法找到走失游客,应立即向警方报案,并留下联络地址和电话。

（4）如在旅游团离开时仍未找到的游客,应向我国驻外使馆机构报告,并向当地警察机构确认,并将有关资料,如,机票、签证及下一站行程表和相关内容留给旅游代理商,以便找到走失者后及时送往下一站会合。

（5）若是旅游者有蓄意走失等离团行为,则应向有关机构报告备案。

（6）在处理走失事件时,不能因个别人走失而影响整团活动的安排。

89. 当地导游人员诱导游客去不正当的娱乐场所应怎样处理？

境外的娱乐场所大都属商业性质,带有色情的节目很多。在泰国,导游人员所介绍的所谓"气功表演"、"人体艺术"、各种"秀"等节目,基本上都是色情节目。根据国家出境旅游管理的有关规定,领队不得组织或协助当地导游人员组织游客涉足色情场所。在夜间自由活动期间,如当地导游人员邀请游客去观看色情表演节目或参加其他自费项目,领队应予以拒绝,并以适当方式阻止有意前往的游客。

90. 在境外旅游期间,遇到小孩、商贩纠缠游客该怎样处理？

在境外,常有一些小孩、小商贩单独或成群地手持物品兜售,纠缠外国旅游者购买,有的乘机讨钱、要物或暗中行窃。遇到此类情况应主动避让,设法摆脱。如实在无法脱身,可适当打发一点零钱,然后尽快脱身,免遇纠缠受损。

91. 在境外旅游期间,遇有女性尾随纠缠游客该怎样处理？

在境外一些旅游热点城市的街头、饭店、文娱场所,常有一些女性尾随或纠缠游客,以其姿色骗取钱财。因此,遇有不相识的外国女性主动搭腔、尾随、纠缠时,可以不懂语言为由不予理睬,并设法摆脱,也可利用汽车、电梯等交通工具及时甩开,以免上当受骗或因纠缠而受到警察的盘问。

92. 在境外旅游期间,夜间有人敲游客房门或打电话该怎样处理?

在一些地方,妓女或暗娼经常深夜出入饭店,卖身索钱,一些不法分子也在深夜乘机做案。因此,客人在就寝时,门要落锁。如有人敲门,最好通过窥视镜看清对方,问明事由后再开门。如不认识来者,不要开门,以免上当;紧急情况时,应打电话告诉领队来处理。当深夜有人打电话时,如不明来话人身份,也不明电话内容,不要随意应允,以防一些"上门服务者"索要钱财或发生其他意外。

93. 在境外旅游期间,乘坐计程车应注意哪些问题?

在境外一些地方,出租车司机往往索要小费,不给小费就以找不开零钱为由变相收取小费,还有些歹徒司机在途中谎称引擎出现故障而要求乘客全部下去推车,乘机甩掉乘客,掠夺车上物品。因此,我方人员除按规定付车费外,对小费可适当处理;万一遇到推车时,要记住车号或车上留人,以防万一。

第二章　导游应急问题处理

1. 在风景区游览过程中,忽然发现有游客走失,地陪应如何处理?

(1)了解情况,迅速查找。一般情况下由全陪和领队带人分道去找,地陪带领其他游客继续游览。

(2)向风景区和当地公安派出所报告,请求援助,并向接待旅行社报告,必要时向公安机关报案。

(3)与饭店联系,询问走失者是否已回到下榻的饭店。

(4)若是未找到游客,旅游团可按计划时间返回住地,导游人员可与领队、全陪商量留下两个人继续寻找,待找到后可搭乘其他车辆返回宾馆。

(5)做好善后工作,找到走失者后,导游人员须问清走失原因。如属于导游人员责任,地陪应向走失者道歉;若责任在走失者,应予以安慰,提醒以后注意。

2. 地陪应如何防止游客走失?

(1)多做提醒工作,让游客记住接待社的名称、旅游车号、标志、下榻饭店名称及电话,最好戴上店徽。团体游览时,提醒大家不要走散,自由活动时,不要走得太远,不要太晚回饭店,不要去热闹、拥挤,秩序混乱的地方。

(2)做好各项安排的预报。地陪要报告一天的行程。上、下午游览点及吃中、晚餐的餐厅名称、地址,在景区(点)示意图前,地陪应讲清旅游线路、所需时间;旅行车停车地点须特别交代清楚,强调集合时间和地点。

(3)导游人员从始至终要与旅游者在一起,并经常清点人数。

(4)地陪、全陪和领队要密切配合,全陪或领队应主动负责断后工作。

(5)导游人员要以高超的导游技巧和丰富的讲解内容吸引旅游者。

3. 旅游团中的游客之间产生矛盾该怎么办?

一旦发现游客之间有矛盾并发生争执,导游人员首先应该加以劝阻,然后认真倾听双方的诉说,根据游客之间的矛盾分别做好双方的思想工作。必要时采取一些措施,比如,有目的地执行"四不政策",即不安排他们同桌吃饭,不组织他们同组旅游,不让他们在旅游车上同座,不安排他们同房住宿。

导游人员在规劝时应遵循"中间立场"的原则,决不偏袒任何一方,同时要注意本身的态度和方式方法,做到"有理、有利、有节",分化和缓解游客之间的矛盾和争执。

4. 带团游览过程中,如果发生坏人行凶抢劫游客,地陪应怎么做?

(1)挺身而出,保护旅游者的人身、财产安全。

(2)立即报警、报告旅行社、派人支援。

(3)安定游客情绪,继续参观游览。

(4)协助有关部门做好善后工作,并努力做好防范工作。

(5)写出事故报告。

5. 游客进入佛殿燃香,导游人员该怎么办?

在旅游团到达寺院之前,导游人员在讲解过程中要重点向游客介绍寺院有关规定,比如,在佛殿内不准用带闪光灯的照相机拍照,不允许进入佛殿燃香,不可以在寺院内追踪嬉闹、大声说笑等。同时也要说明小心火柱和防止火灾的道理。

旅游团进入寺院后,导游人员要告知游客香不在多,心诚则灵,三支即可。还有,在寺院的庭院内点燃香后要放在香炉里,然后再进入佛殿拜佛,这才是文明进香的表现。

6. 外国游客在我国旅游期间所带财物被盗应如何处理?

(1)确认被盗后,应立即报告旅行社、公安机关和保险公司,协助查找线索,力争破案。

(2)若找不回被盗物品,导游人员应协助失主持旅行社出具的证明到当地公安机关开具失窃证明,以便回国出关查验之需及向保险公司索赔。

(3)安慰失主,缓解他的不快情绪。

7. 入境旅游团实到人数比接待计划上减少时应如何处理?

(1)应该查看一下该旅游团的团体签证是否在入境时办理了未到游客的签证注销手续,没有办理的应请领队马上办理该项手续。

（2）立即通知接待社有关人员对住房、用车、用餐及赴下一站的交通票据等项安排作出调整；

（3）提醒接待社有关人员通知各地接待社有关该旅游团人数变更的情况。

8. 入境游客在乘国际航班来华途中丢失了行李应如何处理？

（1）导游人员应详细了解情况，协助查找线索，帮助其解决因丢失行李而造成的生活不便。

（2）如找不回行李，应出具旅行社证明，到有关部门去办理索赔手续。

9. 下榻的饭店发生火灾事故时，应如何引导游客自救？

（1）导游人员要镇定地判断火情，引导游客自救。

（2）若身上着火，可就地打滚或用厚重衣物压灭火苗。

（3）必须穿过浓烟时，用浸湿的衣物披裹身体，捂住口鼻，贴近地面顺墙爬行。

（4）大火封门无法逃出时，用浸湿的衣物、被褥堵塞门缝或泼水降温，等待救援。

（5）摇动色彩鲜艳的衣物呼唤救援人员。

10. 游客在海滨游泳发生溺水事故该如何处理？

（1）如发生游客溺水，导游人员应该迅速对其进行抢救，立即清除溺水者口鼻内的污物。

（2）垫高溺水者腹部，使其头朝下并压迫其背部，使吸入的水从口鼻流出。

（3）将溺水者仰卧，进行人工呼吸。

（4）迅速将溺水者送往医院，途中不要中断抢救。

11. 游客很晚还在房间内酗酒喧闹应如何对待？

（1）应予以规劝并严肃指明可能造成的严重后果，尽力阻止。

（2）不听劝告、扰乱社会秩序、侵犯他人并造成物质损失的肇事者必须承担一切后果，直到承担法律责任。

12. 如果外国游客出言不逊，对我国进行攻击和诬蔑时该怎么办？

（1）若是外国游客由于对中国的方针政策及国情有误解或不理解，在认识上存在分歧,导游人员须积极地宣传中国,认真回答游客的问题,阐明我方对某些问题的立场、观点,求同存异。

(2)若是外国游客站在敌对立场上攻击和诬蔑我国,导游人员就应严正驳斥、理直气壮、观点鲜明、立场坚定,必要时报告有关部门严肃处理。

(3)报告旅行社,并写出事故报告。

13. 外国游客违反我国法律该怎么办?

(1)对于因对中国的法律和传统习惯缺乏了解而作出违法行为的外国游客,导游人员要讲清道理,指出错误责任,并报告有关部门,视其情节作出适当处理。

(2)对明知故犯者,导游人员要提出警告并配合有关部门严肃处理。

(3)若发现外国游客中有人进行违法犯罪活动,应该立即报告,并配合司法部门查明情况,严肃处理。

14. 小贩向游客强拉强卖,导游人员该怎么办?

导游人员在前往有此类情况发生的旅游景区时,首先要给游客打好"预防针",告知游客不要上当受骗,并说明当地的土特产品及旅游纪念品在旅游定点商店都能买到。若游客被小商小贩纠缠时,导游人员要勇敢地上前阻拦,必要时向当地旅游管理部门或当地市场管理部门报告,以免游客受到伤害和损失。

15. 航班晚点或取消,游客情绪低落并大吵大闹,地陪应如何处理?

(1)地陪应向游客道歉并说明这是由于天气原因造成的,请游客能给予理解,稳定情绪。

(2)立即问清第二天飞机时间、班次,并安排行李等事项。

(3)尽快解决游客的食宿问题。

(4)通知游客第二天起床、早餐、行李及发车的时间、地点。

(5)通过旅行社计调部门通知下一站。

16. 外籍游客即将离境,发现旅游期间某贵重物品不知在何时何处遗失,导游人员应如何处理?

(1)安慰游客。

(2)让游客回忆最后使用该物品的时间、地点。

(3)立即返回汽车上查找或贵客休息处查找。

(4)打电话向下榻宾馆客房部询问并请求协助查找。

(5)留下客人的姓名、详细地址和电话,以备找到后返还给失主。

(6)客人走后,如遗失物品找到,可通过与失主去向相同的其他团队的导游人员设法代转,物归原主;如果时间不允许,旅行社应设法在近期内转交或邮寄。

(7)如果没有找到,应以信函方式向客人说明情况并致歉。

17. 部分游客要求离团上街购物该如何处理?

(1)应尽量动员他们随团活动,并介绍景点的新变化。

(2)若游客坚持己见,可征得领队、全陪意见先送他们去商业街,并告之集合时间、地点,以便必要时接他们回宾馆,并把自己的联系方式告知他们,以便随时联系。

(3)最好能留全陪带队,随他们去购物,以确保安全。

18. 团队在游览中遇有游客晕车该如何处理?

在游览前,导游人员应了解游客中有无晕车的情况,事先通知他们服用晕车药,并劝告他们少进食,上车后应照顾他们尽量坐在车的前部,靠车窗的位置,以缓解晕车,如已发生晕车就应让患者勒紧裤带,防止内脏震动加重病情,同时与司机联系,求得协助。

19. 团队在游览中遇有游客中暑该如何处理?

导游人员应尽量减少旅游者在日光下暴晒,让他们带好遮阳伞,注意多休息,喝一些清凉饮料,以防中暑。若发现中暑者,团队中如有医务人员,应就地抢救。如无医生,应在游客的协助下把患者抬到阴凉处,做些力所能及的抢救工作,让患者平卧。解开衣裤、全身放松,在领队或家属的陪同下服用十滴水、仁丹或其他防暑药物。如患者处于昏迷不醒状态,则应立即送往就近医院抢救。

20. 游客提出的问题你一时回答不出该怎么办?

(1)游客提出的问题导游人员一时回答不出,首先不要紧张,流露出尴尬的神态,也不要望文生义或胡编乱造地瞎说一气,而应实事求是地向游客解释清楚,并可请教其他游客是否能解答问题,态度要诚恳、谦虚。

(2)导游人员也可请教景点工作人员及正在带团的其他导游人员。实在不方便的话则可把所提问题及游客姓名、通信地址或是住房号码记下来,当天旅游活动结束后(或在游客自由活动时间)赶紧与旅行社或资深导游人员取得联系,或查阅资料,将所获答案在第二天带团时及时告知游客,若是旅游团已离开本地,则可以通信的方法将问题答案告知游客。

21. 游客在购物时发现钱包丢失,导游人员应如何处理?

(1)分析钱包丢失的时间、地点,如案犯尚未逃离现场,应带领其他游客将其捉拿归案,扭送公安机关。

(2)如案犯已经逃脱,应让游客回忆犯罪嫌疑人的特征、向当地公安机关报案,告之事情发生的经过、时间、地点、作案人特征,并将受害人姓名、单位、电话及包的样式、钱物数量讲清,以便破案时联系。

(3)及时向旅行社汇报,迅速写出事故报告。

(4)做好善后工作,安抚受害者及其他旅游者。

22. 因特殊交通情况,导游人员接机(站)晚点应如何处理?

(1)应诚恳地向旅游者赔礼道歉。

(2)实事求是地说明交通情况。

(3)热情主动做好导游服务工作,以取得游客的谅解。

23. 旅游团即将离站,但游客对景区(点)旅游管理十分不满,导游人员该怎么办?

游客有意见或不满属正常现象,问题是导游人员要认真对待游客的意见和不满,冷静分析这些意见和不满的正确性和合理性,然后分清责任,该由谁负责就由谁负责。因此,当旅游团即将离站,但游客对景区(点)旅游管理流露十分不满的情绪时,导游人员唯一有效的做法就是认真听取游客意见,并做好记录。其次,将游客的意见和不满如实地向旅行社汇报,并把自己的看法和观点与旅行社交流沟通。最后,将游客的意见和不满加以汇总,通知下一站地接社。导游人员也可提出改进意见及弥补措施,提醒他们要注意,不要犯同样的错误,以免造成更坏的影响。

24. 海外旅游团入境后发现行李丢失应如何处理？

（1）海外旅游者的行李在旅途中丢失，虽不是地陪导游人员的责任，但应帮助旅游者找回行李。

（2）主动带游客到车站失物招领处办理行李丢失手续，说清行李的件数、大小、标准、特征等，填写失物登记表，并告知团队下榻饭店名称和电话号码，以便联系。

（3）如果找到行李，导游人员应设法将行李交还失主。如果行李确实丢失，失主可持车票、托运行李单向有关运输部门索赔。

25. 旅游团入住饭店后发现有游客未拿到行李该怎么办？

（1）应在旅游团住房内寻找，是否行李员送错了房间或是本团客人拿错了行李。

（2）如果找不到，须立即与旅行社行李员和饭店行李员联系，查清原因。

（3）如仍未找到，地陪应向旅行社汇报，请示处理办法。

（4）如果是旅行社的原因，请失主填写一份丢失行李物品及全部清单、地陪导游人员须写一份情况说明，由旅行社向保险公司申请索赔。

（5）地陪导游人员应写出书面事故报告存档。

26. 怎样处理旅途中拦阻旅游车事件？

（1）不予理睬，告诉司机不要停车。

（2）如果设置路障或站在路中间不让通过时，打"110"报警。

（3）导游人员要挺身而出，下车与拦车者进行说服教育，必要时组织旅游者与之斗争。

（4）事后协助公安部门破案。

27. 遇极端天气机场关闭，旅游团需在某地延长游览时间导游人员应如何处理？

（1）向旅行社汇报，重新安排该旅游团的用餐、住宿、用车等事项。

（2）调整接待计划，酌情增加旅游景点，适当延长主要景点的游览时间，晚上安排文娱活动，使游客更加尽兴。

（3）及时与机场联系，尽早将旅游团送走。

第四篇　问题处理篇

28. 在旅游旺季,旅游团不能及时入住预订饭店,游客有意见怎么办?

（1）先与领队联系,讲明实际困难,做好工作,请求领队协助工作。

（2）将不能及时入住的真实情况向全团客人耐心说明,求得谅解。

（3）适当调整节目安排,可先让客人游览并联系在其他饭店用餐,按饭店告知的时间带客人入住下榻饭店。

（4）精心安排游览,认真导游讲解,以一流服务稳定游客情绪,做好工作。

（5）请旅行社领导出面做工作,可宴请或赠送纪念品等,总之要千方百计转化客人情绪。

29. 部分游客要求离团,观看行程计划以外的文娱活动,导游人员该如何处理?

（1）如果时间允许,经请示旅行社同意后给予调换。

（2）如果无法安排,导游人员要耐心解释,明确告之行程计划内的演出票已订好,不能退换,请他们谅解,若部分游客坚持不随团活动,导游人员应协助他们退票,但费用自理。

（3）与司机商量,如果顺路,尽量为少数旅游者提供方便。如果是两个不同方向,则应为他们安排车辆,但费用自理。

30. 个别游客向导游人员表示出特别的好感,该如何处理?

（1）首先表示感谢。

（2）注意不可过多地亲近这部分客人,一视同仁地为所有的游客服务。

（3）多参与团队的各项集体活动,尽量不参与个别人邀请的小型活动。

31. 什么情况下可以准许游客提出的单独活动要求,同时应做哪些工作?反之,在什么情况下不能准许,为什么?

（1）在不妨碍团队整体活动的情况下,可以准许,但要约好下次见面的时间和地点。如果游客不懂中文,可写便条说明游客去的地方及所住宾馆。

（2）如遇准备登车、登机、登船的情况,则不可准许游客单独活动,以免游客掉队;如果去的地方治安环境不好,也可不同意游客单独活动,以保证游客安全。

32. 游客不愿听讲解,导游人员该怎么办?

游客不愿听讲解,导游人员首先要控制住自己的情绪,并分析原因,然后再根据具体情况对症下药。比如,游客自感疲劳、太累,导游人员应给予游客一定的休息时间,有时在旅途中也应提醒游客抓紧时间休息,同时,自己也尽量减少一些讲解介绍。若是游客对导游人员有意见,则须及时调整讲解内容,既突出重点,又简明扼要,努力把导游词讲出新意和特色,以诱发游客的联想和兴趣。若是游客的交流时间太少,则须在安排游览项目时稍微放宽松些,给游客留有适当的交流时间。若游客正在忙于个人事务或考虑自己的问题,导游人员最好不要去"打扰"他们。

33. 带团期间导游人员如何预防治安事故的发生?

(1)提醒游客不要让陌生人进入房间,不要与私人兑换外币。

(2)建议游客将贵重财物存入饭店保险柜,离开旅游车时不要将贵重物品和证件留在车内。

(3)旅游活动中,导游人员要始终和游客在一起,注意观察周围的环境和动向,经常清点游客人数。

34. 接待儿童游客应掌握的"四不宜"原则,主要包括哪些内容?

(1)在旅游活动中,导游人员不可顾此失彼,照顾了儿童而冷落了其他游客。

(2)不宜为讨好儿童而给其买食品、玩具等。

(3)不宜单独带游客的孩子外出活动。

(4)儿童生病,不宜建议其家长给孩子服药,更不能将自己携带的药品给其服用,而应该建议家长请医生诊治。

35. 在接待截瘫游客时,导游人员应该注意哪些问题?

(1)根据接待计划,了解这些游客是否需要轮椅,如果需要,导游人员应提前通知饭店或其他有关部门进行准备。

(2)与旅行社计调部或其他有关部门联系,安排便于这些游客乘用的旅游车,以便存放轮椅和其他物品。

(3)提前到机场办理有关手续,以便做好对此类游客的接待工作。

36. 在接待聋哑游客时,导游人员应该注意哪些问题?

导游人员应该将其安排在旅游车前排就座,以便他们在导游人员讲解时通过辨别口型而获取信息。导游人员讲解时,应该面向他们,并放慢旅游讲解速度,使他们能够了解更多的讲解内容,讲解中若能配以手语则效果更好。

37. 在接待视力有障碍游客时,导游人员应该注意哪些问题?

接待有视力障碍的游客,导游人员应将其安排在旅游车的前排就座,以便其揣摩导游人员讲解的内容。导游人员在讲解时,应主动站在其身边。参观游览中,凡是允许触摸的东西或物品应尽量让其触摸。

38. 导游人员如何预防老年游客的走失?

导游人员在到达游览景点后,要反复向老年游客讲清游览线路和登车地点,并在游览过程中时刻注意他们的行走方向,以防掉队走失。同时要明确地告知老年游客,一旦走失,千万不要着急,不要到处乱走,而要留在原地等候,以便导游人员沿原路寻找他们。

39. 在接待宗教界游客前,导游人员应做好哪些准备工作?

(1)了解我国的宗教政策,掌握我国宗教发展的基本情况,学习相关宗教知识。

(2)根据接待计划了解接待对象信奉的宗教教义、教规、习俗等情况,以免接待中发生差错。

(3)了解当地教堂的位置和开放时间,以便游客提出特殊要求时有所准备。

(4)注意游客在当地停留期间是否有礼拜日,如有,则须征求旅游团领队和游客的意见,了解是否需要安排去教堂活动。

40. 在接待宗教界游客时,导游人员应该注意哪些问题?

(1)游客在饮食上的禁忌和特殊需求,导游人员须提前通知饭店的餐厅或用餐的餐馆。

(2)对宗教游客的讲经、祈祷等特殊要求,导游人员务必要为其提供方便。

(3)在导游讲解和交谈中,导游人员应注意不要向他们宣传"无神论",要避免涉及有关宗教问题的争论,更不要将宗教与政治、国家联系起来进行评论。

41. 游客要求自由活动时，哪些情况下需要劝阻？

（1）旅游团计划去另一地游览或即将离开本地时，若有人要求留在本地活动，为不影响旅游团活动计划的顺利进行，导游人员要劝其随团活动。

（2）当地治安状况不理想，导游人员要劝阻游客外出活动，更不要单独活动，但必须实事求是地说明情况。

（3）游览江河湖海时，游客提出希望划小船或在非游泳区游泳的要求时，导游人员不能准许，更不能置旅游团于不顾而陪少数游客去划船、游泳。

（4）游客要求去不对外开放的地区、机构参观游览时，导游人员不能答应此类要求。

42. 游客要求转递物品时，导游人员该如何处理？

游客要求转递物品时，导游人员须先问清转递何物，若是应税物品，须请其纳税，若是贵重物品，导游人员一般要婉拒，无法推托时，要请游客写委托书，注明物品名称和数量，当面点清、签字并留下详细通信地址。收件人收到物品后要写收条并签字盖章。导游人员须将委托书和收条一并交旅行社保管。游客要求转递的物品中若含有食品，则须婉言拒绝，请其自行处理。

43. 游客要求转递信件或资料时，导游人员应如何处理？

导游人员应尽量说服游客自己去邮局办理，但可以提供必要的协助。若游客要求转递的是重要资料或信件，最好让其自行处理。若导游人员转递，则应做好必要的记录并留下委托人的详细通信地址。收件人收到信件或资料后要出具收条并交旅行社保存。

44. 游客要求转递物品、信件的收件人是外国驻华使领馆及其工作人员，导游人员应如何处理？

导游人员应该建议其自行办理，但可给予必要的协助。若游客确有困难不能亲自转递，导游人员应该详细了解情况并向旅行社领导请示，将物品和信件交旅行社，由其转递。

45. 外国游客要求导游人员陪其购买古玩或旅游纪念品应如何处理？

（1）可以带他们到指定的涉外文物、工艺品商店去购买。

（2）买妥物品后要提醒他们保存好发货票。不要把物品上的火漆印弄掉，以便出关时海关查验。

46. 导游人员如何协助游客购买中药材、中成药?

外国游客想要购买中药材、中成药时,导游人员应告知我国海关的有关规定:入境游客出境时携带用外汇购买的、数量合理的中药材或中成药,需向海关交验盖有国家外汇管理局统一制发的"外汇购买专用章"的发货票,超出自用合理数量范围的不准带出(前往国外的,总值限额人民币300元;前往港澳地区的,总值限额人民币150元)。

47. 游客要求代办托运物品,导游人员应如何处理?

可告知外汇商店一般经营托运业务。若商店无托运业务,导游人员须协助游客办理托运手续。

48. 游客要购买的商品无货,要求导游人员代买后托运,应如何处理?

导游人员一般应该予以婉拒。实在推托不掉时,要向有关领导请示。一旦接受了游客的委托,则应在领导指导下认真办理受托事宜,收取足够的钱款(余额在事后由旅行社退还委托者),事后将发票、托运单及托运费收据寄给委托人,旅行社保存复印件以备查验。

49. 游客要求其亲友随团活动,导游人员该如何处理?

(1)先征得领队和旅游团其他成员的同意。

(2)与旅行社有关部门联系,如无特殊情况可允许其到旅行社办理入团手续:出示有效证件、填写表格、交纳费用。

(3)若是外国外交官员随团活动,应该请示旅行社,严格按照我国政府的有关规定办理。

(4)若随团活动的亲友身份是外国记者,应该向有关部门请示,获准后方可允许其办理缴费等入团手续。

(5)在旅游活动中注意不要被其亲友干扰旅游团原有活动计划。

50. 如果游客要求单独外出购物,导游人员要提供哪些帮助?

游客要求单独外出购物时,导游人员应予以协助,当好购物参谋并用中文便条写明商店的名称、地址和游客下榻饭店名称等,让游客随身携带。在旅游

团快要离开本地时,导游人员一般要劝阻游客单独外出购物。

51. 游客要求退换所购商品,导游人员应怎么做?

游客购物后发现商品有问题或对商品不满意,要求导游人员帮其退换时,导游人员应该积极协助,必要时陪同前往。

52. 游客晚间想出去购物,导游人员该怎么办?

游客晚间想出去购物,作为导游人员一般要给予满足和协助,必要时可陪同游客一起前往并当好游客的"参谋",热情介绍和指导游客购物。若导游人员有事,一时走不开,也要做好以下几项工作:

(1)提醒游客妥善保管好自己的钱包。
(2)记好饭店名称、店徽,以防迷路。
(3)建议游客去定点商店或大型商场,并为其写好商店名称及地址。
(4)为游客安排好出租车。
(5)关照游客要尽早返回宾馆。
(6)告知游客返回宾馆后要和导游人员取得联系等。

53. 游客买到假冒伪劣商品,导游人员该怎么办?

当游客买到假冒伪劣商品,出现情绪激动时,导游人员要尽自己最大的努力来稳定游客情绪,以免出现不必要的麻烦。同时,导游人员要问清游客所购何物?在什么商店购买?是否有购物发票,以及认定其为假冒伪劣商品的理由等。然后再与购物商店及有关工商行政管理部门取得联系,并陪同游客到所购物品的商店进行交涉。在与相关部门交涉过程中,导游人员要始终维护游客的利益,据理力争,并按照《消费者权益保护法》办事。事后,导游人员要把详细经过向旅行社汇报。

54. 游客要求入住高标准客房,导游人员应如何处理?

游客要求入住高于合同规定标准的房间,如饭店尚有空房,可予以满足,但游客要交付退房损失费和房费差价。

55. 游客要求入住单人间,导游人员应如何处理?

住双人间的游客要求住单人间,如饭店有空房,可予以满足,但房费自理。

第四篇 问题处理篇

56. 游客要求购买客房中的摆设,导游人员应如何处理?

游客看好客房内的某一摆设要求购置时,导游人员可协助其与饭店有关部门联系。

57. 旅游团就餐过程中游客要求换餐,导游人员应该如何处理?

在用餐前3小时提出换餐要求,地陪要尽量与餐厅联系,按有关规定办理。临近用餐时游客提出换餐要求,一般不予受理,但导游人员要做好解释工作。

58. 游客要求单独用餐,导游人员应如何处理?

导游人员要耐心解释,并告知领队请其调解解决。如游客坚持单独用餐,导游人员可协助其与餐厅联系,但餐费自理,并告知综合服务费不退。

59. 游客要求自费品尝风味餐,导游人员应如何处理?

旅游团要求外出自费品尝风味餐,导游人员应予以协助,与有关餐厅联系订餐。

60. 游客要求自己点菜,导游人员该怎么办?

首先导游人员要问清游客要求自己点菜的原因。然后,可针对不同原因采取不同措施。一般来说,游客若坚持自己点菜,导游人员要耐心解释旅游团队餐是按照协议和旅行社规定标准提供的,若游客自行点菜用餐,不但餐费自理、综合服务费不退,而且旅行社也将受损失。与此同时,导游人员要协助餐厅服务员将游客另作安排,同时,在餐间密切关注游客的用餐情况。

61. 部分游客因食用海产品而出现呕吐、腹泻、乏力和昏迷症状,导游人员应如何处理?

发现食物中毒产生的急性肠炎症状,如果抢救不及时,将会有生命危险。导游人员应该:

(1)立即设法催吐,并让患者多喝水以加速排泄,缓解毒性。

(2)立即将患者送往医院抢救治疗,请医生开具诊断证明。

(3)立即报告旅行社并追究供餐单位的责任。

62. 游客之间闹矛盾提出分餐,导游人员该怎么办?

对游客提出的分餐要求首先要了解为何原因,做好耐心细致的说服解释工作及教育工作。若游客坚持自己的意见和态度,导游人员则可请领队出面调解协商或者自行解决矛盾,也可在旅游团内部调整,将游客原有的用餐座位重新安排。

一旦发生此类情况,导游人员一般还是及时调整游客用餐座位为好。但是,必须告知游客,谁提出分餐,谁的综合服务费及用餐费不退,分餐后的餐费自理。

若是导游人员所带的旅游团是国内游客,他们又坚持分餐,其他游客也不愿调换座位,那导游人员则可与餐厅联系,让他们按标准单独用餐。

63. 游客突患一般性疾病,导游人员应如何处理?

(1) 劝其及早就医,并多休息,必要时陪同其去医院诊治。

(2) 关心其病情,安排好患者的用餐。

(3) 禁止导游人员擅自给患者用药。

(4) 说明看病的费用自理。

64. 旅游车前往某景点途中游客患重病,该如何处理?

必须立即将其送往就近的医院,或拦车将其送往医院,必要时暂时终止旅行,让旅游车先开到医院,还应该及早通知旅行社,请求指示和派人协助。

65. 旅游团在途中遭遇车祸,部分游客受伤,应如何处理?

(1) 立即抢救伤员,由全陪或领队陪同送往就近医院。

(2) 及时报警并保护现场。

(3) 报告旅行社并通知有关单位(上级主管部门)负责人和保险公司赶赴现场处理。

(4) 做好团内其他游客的安抚工作,组织他们继续参观游览。

(5) 写出事故书面报告。

66. 游客在飞机上突患心脏病,该如何处理?

(1) 如果飞行途中游客突发心脏病,导游人员应该采取措施就地抢救,请求机组人员在飞机上寻找医生,并通知下一站急救中心和旅行社做好抢救

第四篇 问题处理篇

准备。

（2）在抢救过程中，导游人员应要求领队或患者亲属在场，并详细记录患者患病前后的症状及治疗情况。需要签字时，导游人员应该请患病亲属或领队签字。导游人员还应该随时向当地接待社反映情况。

（3）游客病危但亲属又不在身边时，导游人员应提醒领队及时通知患者亲属。患者亲属赶到后，导游人员应协助其解决生活方面的问题。如果找不到亲属，则一切按照患病游客所在国家驻华使领馆的书面意见处理。

（4）导游人员须安排好旅游团其他游客的活动，全陪应继续随团旅游。

（5）患病游客转危为安，但仍需住院治疗不能随团离境时，接待社领导和导游人员要不时去医院探望。帮助患病游客办理签证、延期签证及出院、回国手续和交通票证等善后事宜。

（6）患病游客住院期间的医疗费用自理，离团住院时未享受的综合服务费由旅行社之间按规定退还本人。患病游客亲属在华期间的一切费用自理。

67. 老年游客突发心脏病应如何处理？

（1）立即与附近医院或急救中心联系。

（2）在医护人员到来之前，轻轻将患者仰卧休息，切忌变化体位或挪动。

（3）如果脉搏消失、呼吸停止，应该立即实施胸外按压人工呼吸。

（4）医护人员到达后，在医生的指导和心电图监护下将其送往医院抢救。

68. 游客擦伤应如何处置？

如果伤口较浅，出血不多，可用卫生棉稍加挤压，以挤出少许被污染的血液；如果伤口很脏，则可用清水冲洗后再用酒精消毒，最后用创可贴或纱布包扎。

69. 游客被蝎、蜂蜇伤应如何处理？

（1）导游人员要设法将毒刺拔出、用口或吸管吸出毒汁，然后用肥皂水，条件许可时用5%的苏打水或3%的淡氨水洗敷伤口，同时让伤者服用止痛药品。

（2）如导游人员或游客能识别中草药，可用板蓝根、薄荷叶或两面针等捣烂外敷。

（3）如果伤势严重，必须送往医院治疗。

70. 游客骨折的救治方法有哪些？

（1）若是开入性骨折，首先应将骨折的肢体抬高并进行止血。

（2）若是闭合性骨折，则应就地取材进行固定。

71. 游客发生急性脑梗或脑溢血的处置方法是什么？

遇有游客发生急性脑梗或脑溢血，应该立即让其平躺，上身稍微垫高一些，使其头部偏向一边，以防吸入呕吐物引起窒息。患者若出现昏迷，应该取出其口腔内的义齿，以保持其呼吸道畅通，并尽快送往医院抢救。

72. 在带团过程中，有游客面色苍白、精神萎靡、体热发烧该如何处理？

（1）要劝说患者尽早去医院就诊，并注意休息。如有必要，导游人员应陪同患者去医院就医。

（2）如果患者留在饭店休息，导游人员要前去询问身体情况并安排好用餐，需要时应通知餐厅为其提供送餐服务并告知客房服务员加以关照。

（3）向旅游者讲清看病的费用自理。

（4）严禁导游人员擅自给患者用药。

73. 旅途中有人要拦截旅游车，导游人员该怎么办？

在旅游途中，若遇少数不明身份的人想要拦截旅游车，导游人员应提醒司机不要停车，也不要减速，更不予搭车。必要时要向游客讲清楚，旅游车不允许有与旅游团无关乘客同车的规定与道理。同时，为了确保游客的生命财产安全，确保整个旅游接待计划的顺利实施，导游人员必须作出如此决定，相信司机和广大游客会给予理解和支持。

74. 在游览过程中突遇下雨，导游人员该怎么办？

一旦发生上述情况，为了游客的身体健康，避免遭受雨淋而产生游客生病感冒的问题，导游人员须立即采取措施，迅速把游客带到景区（点）附近的商场或建筑物内避雨，也可赶紧与旅游车司机取得联系，让其赶紧来接游客上车。如果观光游览刚开始，雨又下个不停，导游人员则可动员游客购买雨具或一次性雨衣，以使旅游活动照常进行。到了用餐时间导游人员可与餐厅协商，给游客准备一些姜茶，晚上睡觉前一定要提醒游客洗个热水澡，适当吃些预防感冒的药物等。

同时,导游人员也须具有一定在雨中讲解景点的能力,使游客在雨中也能得到美的享受。如果在露天旅游时遇到雷雨天气,应注意避雷,不要在树下、空旷的田野里停留,应迅速带领游客到室内避雨。

75. 游客与他人发生争吵,导游人员该怎么办?

如果有游客与他人发生争吵,导游人员要赶紧上前制止。此时,最好请领队、全陪或游客一起来劝架,免得引起不必要的误会。在劝架时要以正面劝说为主。除此之外,劝架时间要短,把争吵者的距离要拉开。另外,游客在集市购物时,个别摊主故意缺斤少两损害消费者利益,游客势必要与摊主论理,有的可能与其发生争吵,此时,导游人员要设法通过有关部门,让摊主向游客赔礼道歉,并赔偿一定的经济损失。

76. 游客与领队闹矛盾,导游人员该怎么办?

导游人员对待游客与领队之间的矛盾,总的来说应该执行"三要三不要"的原则。三要,即要始终保持中立立场,不偏不倚;要防止矛盾进一步恶化;要从侧面说服教育领队与游客。三不要,即不要发表自己的看法和意见;不要介入矛盾之中;不要寻根究底,弄清是非。

77. 地陪、全陪、领队之间有矛盾,导游人员该怎么办?

地陪、全陪、领队之间产生矛盾,最主要的原因是相互之间缺乏沟通与交流。为此,不管导游人员此时担任何种角色,一旦发现同行之间发生矛盾和意见时,首先自己要全力去弥补已经出现的裂痕。其次,地陪、全陪、领队之间要尊重对方的权限范围,维护对方的利益,在此基础上要积极主动地配合对方的工作,建立真正的友情关系,彼此尊重、相互学习、取长补短、勇担重任、加强沟通,并严格按照旅游接待计划及操作规范进行工作。最后还要经常检查自己的工作,检讨自己的言行,听取对方的意见和建议,确实做到有事大家商量,出现问题大家合力解决。

78. 游客出难题时,导游人员该怎么办?

面对游客出难题,导游人员既不能直截了当地解决问题,也不能故弄玄虚含糊不清。在这种情况下,采用"模糊"的语言或许可以奏效。导游人员所说的"等一会儿"、"适当的"等都是模糊语言,既没有回避问题,又绕开了难题的实质,使那些出难题的游客无法抓住把柄,同时也为自己留有余地。这样不管以后的情况发生何种变化,至少不会导致自身的尴尬和难堪。

79. 地陪、全陪、领队手中的行程计划不一致,导游人员该怎么办?

(1)发生上述情况时,导游人员(特别是地陪)要尽快向自己所属的旅行社汇报,并取得下一步的执行计划。若是地接社的责任,地陪则应代表旅行社向全陪、领队说明情况并赔礼道歉。

(2)若地陪一时无法得到旅行社的明确指示,游客准备出游时,那地陪可选择地陪、全陪、领队各自手中计划一致的景点或相同的内容进行游览,等到旅行社有了明确的指示后再执行其他方面的活动内容和游客享受的标准。

(3)导游人员在核对和商定日程时,应采取积极配合、相互尊重的合作态度,以免出现僵持的局面。

80. 游客出现逆反心理时,导游人员该怎么办?

发现游客出现逆反心理时,要及时采用灵活的导游方法,既可故意将某种需要耐心解释的问题和事情不泄露给对方,也可尽量不让或少让游客得到某种有"价值"的信息。这样或许会使游客更加重视那些有价值的情况和问题,加上本身存在的逆反心理,他们就会十分爽快和不假思索地接受导游人员的意见。

游客的内心是极其复杂的,有时候导游人员越是耐心地做解释工作,游客越不接受导游人员的观点;相反,导游人员越不对游客解释,反而有可能成功地劝说游客。

81. 开玩笑导致不快时,导游人员该怎么办?

若是导游人员和游客之间开玩笑,首先,要了解和熟悉游客的脾气、爱好、习惯等,开玩笑要适可而止。不要因想和游客搞好关系就把玩笑挂在嘴边。其次,开玩笑在次数上或时间上要适度控制,不要涉及游客的自尊、短处及生理缺陷,更不要用游客的痛苦和烦恼作为开玩笑的素材。

一旦发现自己与游客开玩笑过头时,导游人员要有礼貌地向游客赔礼道歉,也可将话题巧妙地转移到另一话题上去,同时运用风趣幽默的语言来消除可能出现的不快。若是游客之间开玩笑导致不快时,导游人员要赶紧劝阻,同时可以将旅游团队进行转移,用自己的精彩讲解和介绍去分散游客心头的不悦。

82. 与游客交谈时出现忌讳问题,导游人员该怎么办?

导游人员在与游客交谈时,话题的选择应该讲究"投其所好",在不违背大原则的前提下尽量采用求同存异,即避开不同点,寻求共同点,尽量回避因国情不同和意识形态的差异所造成的不同看法和观点,力争相互谅解、相互谦让。同时,要注意游客对某些话题的忌讳,若是导游人员敏感地意识到忌讳问题即将出现或已经出现时,要立即停止并巧妙地采用"话题转移"的方法,顺其自然地转到另一个话题上去,或者借口暂时离开一会儿,使得交谈话题暂时中断,这样就不会出现尴尬的局面了。

83. 游客不听劝告,导游人员该怎么办?

如果发生游客不听劝告的事情,导游人员必须冷静地想一想自己的决定及言行是否有不足之处和错误的地方,然后再分析一下游客不听劝告的原因,根据不同的情况作出不同的判断。此时,地陪最好请领队、全陪一起来(或分别找游客)做好说服工作,同时,也可请其亲朋好友做劝说工作。导游人员除须以理服人外,态度上要和气,耐心解释也须讲究方式方法,采用暗示的方法、真诚相待的方法、启发引导的方法、规劝说服的方法等。

84. 游客想寻找亲朋好友,导游人员该怎么办?

游客想寻找亲朋好友,导游人员首先要搞清游客提供的有关情况和线索,比如,其亲朋好友的姓名、家庭地址、职业、工作单位及联系电话等,然后,根据这些情况进行电话联系或抽空帮助寻找。如果一时找不到或线索中断,导游人员可请当地公安部门或有关街道、社区帮助寻找并及时向旅行社汇报。若能有幸找到,导游人员则应立即通知游客。若还是寻找不到,就请游客留下通信地址及联系方法,等到有消息之后再设法通知游客。

85. 游客提出要脱团,导游人员该怎么办?

(1)导游人员首先要向游客说明情况,劝其随团活动(耐心做好劝说工作的目的,也是避免游客产生误会)。若游客坚持要脱团,导游人员可以同意其单独活动,但同时要告知其此后旅游团队的活动地点、游览时间、路线等。目的是让游客知道游览情况,以便于其与团队保持联系。

(2)导游人员应给游客留有一张中文便条,以备出现紧急情况时能派上用场,还得提醒游客注意安全,妥善保管好自己随身携带的财物。最后要向游客声明,脱团后的一切责任及费用均由其自己负责,当天的综合服务费、餐费、景点门票不予退还。

86. 游客正当权益受到侵害时,导游人员该怎么办?

当游客的正当权益受到侵害时,导游人员要勇敢地站出来确实维护游客的权益。

(1)要督促有关旅游接待部门严格按照合同中的有关标准向游客提供服务。

(2)导游人员具有向有关旅游接待部门提出赔偿游客损失的责任和权利。

87. 到不熟悉的地方去陪团,导游人员该怎么办?

(1)不能有"反正有地陪,我用不着担心"的想法,而应积极地做些准备,比如,可以向老导游人员学习取经,特别须请教关键性的几个环节,包括机场位置,去旅游景点及宾馆所需的时间,当地的风土人情、土特产品及旅游景点特色等。

(2)导游人员可将旅游团起始地与旅游目的地的情况作比较,寻找共同点与不同之处,从而加深对不熟悉景点的印象。以使自己在与游客一同前往旅游目的地时,可以凭借学到的景点知识先向游客介绍景点的大概情况,到达旅游目的地后要虚心向地陪学习,再适当购买一些介绍当地旅游景区(点)的书籍,并认真做好记录,有条件的话还可拍摄一些照片,为以后带团做好充分的准备。

88. 游客下车购物、拍照未能赶上火车,导游人员该怎么办?

事情发生后,导游人员要迅速与列车长取得联系,讲明情况请求帮助;另一方面,须赶紧与领队商量对策。其办法有几条:

(1)立即向旅行社汇报,听候指示。

(2)紧急与下一站地接社取得联系,并通报情况。

(3)尽快由领队在前方停靠站下车,再乘车返回原地接回游客。

(4)妥善保管好误车游客的行李物品,接到误车的游客后,导游人员要表示高兴,不可过分责怪批评游客,同时,也要向游客们宣传教育,引以为戒。

89. 游客打扰你的讲解,导游人员该怎么办?

在介绍景点时,如遇到个别游客打扰你的讲解,导游人员最好能冷静地想一想,认真地分析一下情况,若来不及细想和分析,不妨采用"先人后己"的办法,即可以先让那位游客暂时作为一名"讲解员"。游客"讲解"得不好也没关系,在他讲完后,由导游人员给予补充,当然,要尽量肯定和赞赏游客讲得合理和有特色的部分。但必须注意的是,导游人员切忌不能让游客反客为主,自己要牢牢把握住整个旅游团队的主动权,让游客临时讲解一下景点内容的目的是在于缓和一下尴尬的局面,而绝不是被个别游客牵着鼻子走,更不能让他来控制整个团队。

若是游客对导游人员所讲内容持不同意见和观点,导游人员也不必与游客争执,更不要翻脸,而是在求同存异的基础上,个别地、友好地与其交流、探讨,相互取长补短。

90. 对待自由散漫型的游客,导游人员该怎么办?

对待自由散漫型的游客,导游人员总的指导思想应是有礼貌地耐心说服,但在服务技能使用上要区别对待并盯紧、看牢,时时提醒。

导游人员要自始至终地牢牢盯住,防止他们走散,同时告知他们前往下个景点的线路,以免出现不愉快的事情。另外须设法把他们吸引在自己的身边或故意亲近他们,时时讲解一些他们感兴趣的事情,在适当的时候提供一些机会和时间来满足此类游客的好奇心和心理上的平衡。

总之,游客出现自由散漫的情况是正常现象,在此期间,导游人员要以精彩的讲解和富有成效的组织工作将因游客自由散漫而影响整个旅游团队顺利进行的情况防患于未然。

91. 游客向你借钱,导游人员该怎么办?

一般地说,借钱的行为是在双方有了一定的了解和熟悉的基础上发生的。游客向导游人员借钱也正说明了这一点。但导游人员对游客毕竟不是十分了解,因此,在与游客打交道的过程中,还是尽量避免与游客在钱财上产生债务关系为好。其次,须看游客借钱的用途和数目大小。假如借钱数目较大,而实际购买的东西或消费又没多大意义,导游人员便可婉言拒绝,或者借口说身边尽是公款没带多余的钱。假如游客确实需要,导游人员也愿意给予帮助,那么在发生债务关系时,最好有不属于团内游客的第三者在场,所借钱款数目比较大的还须有必要的手续,以免发生不愉快的事情。其次,导游人员也不妨留意一下该游客对所借钱款的消费用途,必要时要做好游客的"顾问"和"参谋"。以后,更要注意做好收回借款的工作,讲究一些方式方法。

92. 发生游客投诉,导游人员该怎么办?

一旦发生游客投诉,导游人员要立即采取个别接触的方式,最好把游客请到远离旅游团队的地方,然后,头脑冷静,不带任何情绪地倾听游客的投诉内容,认真做好笔记,分析游客投诉的性质,找出其核心问题,最后才向游客作出耐心解释。若是游客投诉旅游接待单位,那导游人员就要做好协调工作,并由双方妥善解决。如果游客投诉的是导游人员,导游人员则须冷静、理智地认真考虑问题出在哪里?怎样才能消除游客对自己的投诉?从实际情况看,唯一行之有效的方法就是加倍努力,把服务重点放在游客的投诉问题上来。若是游客投诉无理,导游人员也应一如既往地为游客热情服务。

如果有些投诉确实难以解决,导游人员也应把当时的情况实事求是地记录下来,并请游客及其相关人员留名签字,做好留证工作,以便返回后向旅行社汇报,为解决投诉提供资料依据。

93. 导游人员怎样与游客交谈?

与游客交谈时,导游人员的态度和语气是极为重要的。交谈时既不要以自己为中心,滔滔不绝,容不得游客插嘴,也不要不顾他人喜怒哀乐,说个没完没了,以显示自己的水平、才华,更不要夸大其词、危言耸听。这些都会给人留下自私、傲慢和放肆的感觉,也是一种不尊重人的表现。

导游人员讲话时的目光要保持平视,眼神要轻松、柔和地望着对方,但不可直愣愣地盯住别人。

适当地做些手势也是必要的,但是,不应该出现不尊重他人的举动,比如,挖耳朵、摆弄手指、双手插兜和不时地看手表等。这些举动同样会使游客觉得导游人员心不在焉、傲慢无礼。

听游客讲话时导游人员要注意自己的神态,切忌东张西望,或表现出一种漫不经心或躁动不安的表情。而是要表现出对游客谈话内容抱有较大的兴趣,并适时地点头、微笑,或简单重复游客讲话的要点,必要时给予一些赞扬和赞同。

听游客讲话要让他把话讲完,不要在游客讲得正起劲时突然将其打断,或抢白和提出不同看法和意见等。若在听游客讲话时有急事,或身边的手机响了,应向游客表示歉意,切忌一走了之,这同样是一种失礼的表现。

94. 游客提出过高要求时,导游人员该怎么办?

面对游客的表现和过高要求,导游人员首先应该明白,要想完全克服和"消除"他们那种不切实际的做法是不可能的,也是不符合实际的。稳妥的办法是靠导游人员的智慧及使用得当的导游技巧去妥善处理好。具体做法是:

(1)严格按照旅游接待计划进行各项活动,并确实落实好各项活动事宜。

(2)最大限度地运用各种导游艺术来吸引游客,把游客紧紧地吸引在自己周围。

(3)经常与游客沟通,互通信息,减少不必要的麻烦和误会。

(4)经常核对旅游计划,监督旅游接待单位的服务质量、执行等级标准等情况,切实维护游客的合法权益。

95. 在景区游览过程中,导游人员应该如何预防游客掉队的情况发生?

(1)细致认真,多做提醒工作。导游人员要提醒游客在团队游览时不要走散;要记住接待社的名称、旅行车的车号和标志、导游人员的联系方法及下榻饭店的名称、地址和电话等。

(2)做好各项活动安排的预报工作。导游人员每天要向游客通报一天的行程,讲清上、下午的游览景点及午、晚餐的用餐地点和餐厅名称;到景点后,导游人员要向游客介绍游览线路,告知停车地点,强调开车时间。

(3)随时清点人数。导游人员在景点讲解时,要注意游客的动向,经常清点人数,出现人数不对时及时寻找。

(4)地陪、全陪和领队要密切配合。地陪导游人员在前面带队讲解,全陪、领队应在旅游团后面做好断后工作,以防止游客走失。

96. 因不可抗因素导致被迫改变部分行程计划时,地陪导游人员应采取哪些措施?

(1)立即与接待社联系,根据接待社的意见,做好一切相关事宜。

(2)实事求是地向游客说明情况,求得谅解。

(3)提出新景点的替代方案,通过与游客协商,使新方案得到认可。

(4)以精彩的导游讲解、热情的服务激起旅游者的游兴。

(5)按照有关规定给予游客相应的补偿,必要时应由旅行社领导出面,向游客致歉。

97. 因途遇交通事故而无法及时抵达接站地点,地陪导游人员应如何处理?

(1)立即与旅行社联系说明情况,不能认为与己无关而敷衍了事。

(2)耐心细致地向旅游者解释说明,以消除误解。

(3)尽量采取补救措施,使游客损失降低到最小。

(4)必要时请旅行社领导出面赔礼道歉,或酌情给予游客一定的物质补偿。

98. 发现所接旅游团不是计划要接的旅游团,地陪导游人员该如何处理?

(1)及时与旅行社联系,向领导进行汇报,查询错接旅游团信息,根据查询结果分别进行处理。

(2)如果该旅游团也属本社接待范围,经领导同意后可将错就错,不用交换旅游团。

(3)如果错接发生在两家接待社之间,地陪应立即向领导汇报,设法尽快交换旅游团,向旅游者实事求是地说明情况并诚恳道歉。

99. 因不可抗因素导致接待社未能按计划买到机票,旅游团队被迫延期起程,应怎样处理?

(1)与旅行社有关部门联系,重新落实旅游团(者)的用房、用餐、用车情况,及时安排离开本地时的机(车、船)票。

(2)调整活动日程,酌情增加游览项目,适当延长在主要景点的游览时间,努力使活动内容充实。

(3)及时通知下一站或提醒旅行社有关部门与下一站联系,使其了解旅游团(者)的日程变化。

(4)重新设计旅游计划时,地陪导游人员应征求领队和全陪的意见,并共同向旅游团做好解释和说明工作。

第四篇 问题处理篇

100. 自由活动后,有游客未按时归队,导游人员应怎么处理?

(1)立即用电话与走失者联系或派全陪及走失游客的亲朋等人寻找。

(2)游客意外走失,导游人员应立即报告旅行社领导,请求指示和帮助;通过有关部门通报管区公安机构并提供走失者的可辨认特征,以便寻找。

(3)做好善后工作。找到走失者后,导游人员应问清情况,必要时提出善意的批评,提醒走失者引以为戒,避免此类事故再次发生。

(4)如果游客走失后出现其他情况,应视具体情况作为治安事故或其他事故处理。

101. 境外游客因故须立即回国,请求导游人员提供帮助应如何处理?

(1)立即向领导汇报。

(2)如果是集体签证,协助办理分离签证手续。

(3)帮助重订或改签航班、机票。

(4)所需费用游客自理。

(5)协助全陪结算并退还终止行程后的综合服务费。

102. 入境游客向团内其他外籍游客散发宗教传单该如何处理?

(1)一定要予以劝阻,并向他们宣传介绍我国的宗教政策。

(2)对不听劝阻并有明显破坏活动者,应报告司法机关处理。

103. 游客酗酒闹事,导游人员应怎么处理?

(1)如果游客酗酒,导游人员应先规劝并严肃指出可能造成的严重后果,要尽力予以阻止。

(2)如果游客不听劝阻,应该请求保安予以支援。

(3)待游客酒醒后与饭店进行协商,处理相关赔偿事宜,对于酒后扰乱社会秩序、侵犯他人并造成物质损失的肇事者,必须承担一切后果,直至追究其法律责任。

104. 根据生理和心理特征,导游人员应如何做好对儿童游客的关心和照料工作?

(1)导游人员在儿童饮食起居方面须密切关注,并多向家长了解其生活习惯。

（2）天气变化时，导游人员要及时提醒家长给孩子增减衣服；人多拥挤时，要帮助家长带好孩子；在工作时间或陪同旅游者活动时，不要单独把客人的孩子带走，也不宜给儿童买零食和玩具。

（3）儿童生了病，导游人员应及时建议家长请医生诊治，而不宜建议服用什么药物，更不能将自己随身携带的药品给孩子服用。

主要参考书目

[1] 王连义主编.导游技巧与艺术.北京:旅游教育出版社,2002.8.

[2] 张明清主编.导游业务与技巧.北京:高等教育出版社,2003.12.

[3] 窦志萍编著.导游技巧与模拟导游.北京:清华大学出版社,2006.4.

[4] 王健民著.出境旅游领队实务.北京:旅游教育出版社,2007.9(第二版).

[5] 姜若愚,张国杰主编.中外民族民俗.北京:旅游教育出版社,2005.8.

[6] 问建军主编.导游业务.北京:科学出版社,2006.

[7] 吴忠军主编.中外民俗.大连:东北财经大学出版社,2006.1.

[8] 王兴斌主编.中国旅游客源国概况.北京:旅游教育出版社,2003.8.

[9] 彭淑清主编.景点导游.北京:旅游教育出版社,2006.1.

[10] 李瑞玲主编.导游实务.郑州:郑州大学出版社,2002.9.

[11] 刘咏梅编著.旅游文物鉴赏.北京:旅游教育出版社,2005.10.

[12] 蒋炳辉.导游带团艺术.北京:中国旅游出版社,2002.4.

[13] 张京鹏.旅游心理学.北京:科学出版社,2003.8.

[14] 蒋文中主编.导游部操作实务.北京:旅游教育出版社,2006.1.

[15] 窦志萍,岳怀仁主编.模拟导游.北京:高等教育出版社,2008.5.

[16] 王昆欣主编.旅游景观鉴赏.北京:旅游教育出版社,2006.1.

[17] 陈尉德主编.导游讲解实务.北京:旅游教育出版社,2004.1.

[18] 刘德兵主编.中国旅游客源地与目的地概况.北京:高等教育出版社,2009.7.

[19] 李国茹,张立峰主编.旅游接待礼仪.长春:东北师范大学出版社,2006.10.

[20] 黄明亮,刘德兵主编.导游业务实训教程.北京:科学出版社,2007.1.

[21] 黄明亮,万建敏,赵利民编著.导游旅途才艺宝典.北京:旅游教育出版社,2007.6.

[22]黄明亮主编.新编导游实务.南昌:江西科学出版社,2006.1.

[23]黄明亮,赵利民等编著.模拟导游.大连:东北财经大学出版社,2007.9.

[24]黄明亮主编.中国旅游客源国(地区)概况.北京:科学出版社,2010.

[25]黄明亮主编.带团要领——现代导游实务.南昌:江西人民出版社,2005.7.

[26]李元杰 等主编.导游知识千题解.北京:旅游教育出版社,1999.1.

[27]国家旅游局.旅游景区讲解服务规范(LB/T014-2011).

[28]国家旅游局.旅行社服务通则(LB/T008-2011).

[29]百度百科 http://baike.baidu.com/.